KB235636

상트페트르부르크에서 와인잔을 깨다

장훈태 교수

도서출판 누가

상트페테르부르크에서 와인잔을 깨다

장훈태 교수

상트페테르부르크에서 와인잔을 깨다

상트페테르부르크에서 와인잔을 깨다

· 초판 1쇄 발행 2008년 5월 20일

· 지은이 장훈태
· 펴낸이 정종현
· 펴낸곳 도서출판 누가

· 등록번호 제 20-342호
· 등록일자 2000. 8. 30.
· 서울시 동작구 상도 2동 186-7
· Tel (02)826-8802, Fax (02)825-0079

· 정가 15,000원
· ISBN 978-89-92735-19-3 03230

1991년 말에 해체된 소련은 종교적으로 보면 무신론을 표방하던 세속적 국가였다. 사실 이데올로기 때문에 종교자체가 완전히 말살된 상태에 놓인 것이 아니라 지하로 숨어버렸다는 말이 더 올바른지도 모른다. 이러한 영향은 1992년 독립국가연합의 정식 출범이후 현재까지 소련을 구성했던 러시아 연방과 중앙아시아를 비롯한 여러 국가에서 펼쳐지고 있는 활발한 종교의 부활 현상을 보면 이해가 된다.

사실 러시아는 정교회의 부활이 푸틴 정권에 더 강하게 일어났고, 중앙아시아 여러 국가에서는 이슬람의 모스크 사원의 복구와 부활을 보면 알 수 있다. 다시말하면 공산화 이전의 영예를 회복하는데 있어서 많은 교회와 수도원을 되찾는데 성공하고 있다. 더 분명한 것은 자유로운 종교 활동을 하도록 제도적, 법적 장치를 확보하는데 성공한 사실에서 뚜렷이 나타난다.

나는 러시아에 대한 두려움을 갖고 있었다. 구소련시기에 종교가 크게 탄압되었고, 서구 사회처럼 종교의 자유가 없었고, 늘 자아비판과 함께 개인의 삶이 자유롭지 못하다고 들었기 때문이었다. 국가의 엄격한 통제 및 성직자와 교회에 대한 물리적 박해가 있었던 나라였기에 더욱 거부감이 있었는지 모른다. 그러나 어느 선교사님으로부터 "러시아 한번 가시지 않을래요. 아마 이번 기회에 다녀오시면 아주 좋을 것입니다." 정교회와 구소련시대의 흔적들, 문화와 예술, 다양한 민족, 전통과 현대가 맞물려 있는 도시와 농촌을 보며 선교적 계획을 세울 수 있을 것이라는 기대감도 갖게 되었다.

나는 곰곰이 생각한 끝에 러시아 땅을 밟기로 했다. 그곳은 공산주의 혁명과 러시아 정교회, 소수의 이슬람, 기독교의 부흥을 눈으로 확인하는 기회가 될 것이란 생각을 가졌다. 1917년에 교회의 조직을 정비하기 시작한 정교회는 볼세비키 혁명 정당과 대립을 피해가는 과정을 들을 수 있을 것 같았고, 작은 소망으로 정교회 신부와의 만남도 가질 수 있을 것이란 기대감이 컸다. 사실 그대로 다 목격하지는 못했지만 1917년 12월 11일 이후 교회의 모든 행사가 정부 당국에 의해 박탈되었다는 역사적 이야기를 비롯하여 최근의 사실들까지도 들을 수 있어 감사한 마음이 들었다.

나는 러시아를 방문하면서 몇 가지 감사한 일이 있다. 교회와 국가의 분리가 무엇이며 학교와 교회의 분리가 어떤 것인지를 듣게 되었다. 러시아 정교회가 지녔던 특권적인 것들이 박탈당하고 교회의 재산을 당국에 빼앗기게 되었다. 과거 70년 동안 러시아 정교회는 폐쇄되어 빵공장, 피혁공장으로 변신하였다. 교회는 양로원이나 고아원 운영을 할 수 없게 되었고, 종교 교육과 신자들을 위한 대외적인 업무도 할 수 없게 되었다. 예배를 드리기 위해서는 18세 이상의 성년 20명이 최소한 조직되어야만 했다. 정부의 까다로운 간섭과 제도적인 억압은 교회가 더 이상 성장할 수 없는 지경에 이르렀다. 그러면서 제2차 세계대전이 일어났고 종전 후 러시아 정교회의 외형적 변화가 일어났던 사실도 들을 수 있었다.

더욱 더 놀란 것은 흐루시초프의 교회 탄압정책과 러시아 정교회의 감소는 급격하게 진행되었다. 브레즈네프시대의 러시아 정교회는 종교문제위원회와 러시아 정교회 문제 위원회로 이원화되어 있던 종교 관련 기구가 하나로 통합되어 종교문제 협의회를 통해 정교회가 국가를 상대로 활동할 수 있었다는 이야기도 들었다. 또한 고르바초프 시기는 종교적 상황의 변화가 시작되었다고 한다. 고르바초프는 종교에 대해서 관용적인 태도를 가졌던 것으로 알려져 있다. 아무튼 러시아 정교회는 공산주의 정권하에서 그 생명력을 유지한 것만은 사실이다. 이제 러시아 정교회는 정부와 하나가 되어 지역마다 교회들이 복구되고 있다. 이에 과거부터 존재해왔던 루터란 교회, 침례교회와 소수의 장로교가 서서히 기지개를 펴면서 오순절 교회는 급성장하고 있다. 오늘날의 러시아 상황을 듣고 보면서 나는 하나님께 감사를 드렸다. 나의 좁은 견해를 넓게 해 주시기 위해 이곳까지 보내 주시고, 러시아 비자를 받도록 인도하신 하나님께 한없이 감사기도를 드렸다. 지금도 마음속에는 러시아와 그 민족들이 눈에 선하다.

특별히 고려인 이주 70주년이 되는 해에 방문한 것도 의미가 크다. 우리 민족의 정체성을 확인하고, 고려인들의 한국어와 고국 사랑에 대한 뜨거운 마음을 전달받을 수 있었기 때문이다.

러시아를 향한 중년 선교사들의 헌신에도 불구하고 이제는 러시아 비자법으로 선교사들이 어려움을 겪고 있다. 이러한 어려움이 있다 해도 과거 공산주의와 국가의 엄격한 통제하에서도 긴밀한 관계를 유지하면서 그 생명력을 지켜 왔던 정교회처럼 고난의 터널을 통과하는 기독교회가 되었으면 하고 기도한다.

나는 금번 여행을 아주 값지게 생각한다. 짧은 기간 동안 김나지움에서 공동체 생활과 미르선교학교 학생들과의 긴밀한 대화는 매우 도움이 되었다. 그리고 도시 중앙으로 흐르는 네바 강변에서 신혼부부들이 와인잔을 깨는 것을 보았다. 왜 저들은 와인잔을 깨면서 입맞춤을 하는 것일까……. 상트페테르부르크시민들은 와인잔을 깨어야 인생이 잘된다고 믿는가란 생각은 지금도 지워지지 않는다. 아무튼 러시아에 대하여 아무런 지식도 없던 나에게 황영삼의 〈공산주의 시기 러시아 정교회 존속과 변화〉라는 글이 큰 도움이 되었다. 그리고 한국어로 출판된 러시아 관련서적 허승철외 『러시아 문화의 이해』, 이길주외 『러시아 상상할 수 없었던 아름다움과 예술의 나라』, 강태용신부 『동방정교회』, 이덕형 『천년의 울림』, 이진숙 『러시아 미술사』 그리고 러시아 주재 기자들의 글, 선교사님들의 통역, 러시아 정교회 신부 등이 많은 도움이 되었다. 특히 이덕형과 이진숙 씨의 책은 러시아의 문화예술, 미술을 이해하는데 많은 도움이 되었음을 밝혀 둔다. 그리고 나의 러시아 방문을 마치고 돌아올 때 아프간에서 피랍되었던 선교팀들의 소식을 듣고 슬퍼했었던 것과 나의 글이 부족함에도 격려를 아끼지 않았던 동료 교수와 크리스타 선교회의 기도후원자들을 잊을 수 없다. 무엇보다 나의 선교지 방문을 기뻐하며 격려하시는 백석대학교 설립자이신 장종현 박사님, 지금은 하늘나라로 거주지를 옮기신 김준삼 박사님께도 깊은 감사를 드린다.

　나의 여행기 제목을 정할 때 도움을 주신 김춘식 박사, 몸이 불편함에도 기꺼이 교정을 맡아 주신 박현희 님께 감사를 드린다. 나의 부모님과 아내와 자녀들에게도 감사의 마음을 전하고 싶다. 무엇보다 출판 시장의 어려움 가운데서 또 하나의 열매가 나올 수 있도록 힘써주신 누가출판사의 정종현 목사님과 새 생명의 탄생을 앞에 두고 편집에 힘써주신 김민경 선생님께 감사의 마음을 전하고 싶다.

2008년 4월 15일

백두대간 작은 산골짝에서 장훈태

| 차례 |

러시아를 알면 선교가 보인다

러시아 선교를 위한 초대

3개월 전 일이다. 교수님! 러시아 선교가서 봉사하고 싶지 않습니까? 러시아는 많은 분들이 가지는 않지만 그래도 가볼만한 곳이기도 합니다. 과거 70년간 공산주의였고, 동방정교회가 남아 선교의 전략적 기지라 더욱 연구가치가 있는 곳입니다. 러시아로 가서 선교사들과 현지 지도자들을 위한 강의와 사역, 동방정교회의 역사를 알고 오는 것이 유익할 것이기에 러시아 단기선교를 권합니다. 이는 어느 본국 선교사로부터 제안을 받은 내용이다.

사실 나는 러시아를 다녀온 경험이 없다. 그곳에 어떠한 종교가 존재하는지 책을 통해 어렴풋이 알고 있지만 확실하게는 모른다. 더욱이 러시아에 대한 깊은 지식도 없어 더욱 갈 수 있는 곳이 안 된다고 늘 생각해 왔다. 이제 러시아를 향해 갈 수 있는 길이 열린다고 생각하니 더욱 감사가 넘친다. 하나님의 은혜라고 생각한다.

러시아 상트페테르부르크 항공권 구하기

러시아의 지명을 정확히 알지도 못한 상황에서 항공권 예약은 더욱 힘이 들었다. 올 여름 단기 선교는 경비가 적게 드는 곳으로 이동하려 했지만 결국은 러시아를 가게 된 것은 더 없는 기회이며 영광이다. 그런데 러시아로 가는 항공권을 구입하기 위해 몇 군데 여행사에 부탁을 했다. 여행사마다 가격은 차이가 있지만 대한항공 가격은 상상외로 비쌌다. 결국 풀코보(FV)러시아 항공편으로 출발하기로 하고 계약을 했다. 여행사에 항공권 대금을 지불했는데 조건이 많다. 일정변경은 절대 금물, 환불은 출발 전 50%, 출발 후에는 아무것도 없다는 것이다. 내가 지금까지 여행을 하면서 항공권에 많은 제약이 있는 것을 이용하기는 처음이다.

러시아 풀코보 항공은 전자티켓이 아니라 여전히 과거에 사용했던 것 그대로다. 비행기 표를 제시해야만 탑승권을 받을 수 있다. 그만큼 한국과의 항공협약이 잘 이루어진 것 같지는 않다.

러시아로 가는 비행기

한국 인천공항에는 러시아 비행기가 취항하지 않는지 러시아 풀코보 항공을 이용하는 데도 대한항공에서 항공권을 취급한다. 나는 은근히 러시아 비행기라는 말에 두려움을 갖고 있었다. 하지만 모든 염려를 주께 맡기고 탑승하려고 해도 두려움이 앞선다. 그만큼 믿음이 부족했다. 러시아로 가는 탑승권을 받아 들고 출국수속을 마친 다음 23번 게이트에서 비행기를 기다렸다. 내가 탈 비행기가 무엇인가를 바라보았다. 러시아 비행기인가하고 말이다. 그런데 러시아 풀코보 항공이 아닌 대한항공이란 사실을 알고 깜짝 놀랐다. 덕분에 나의 두려움과 염려는 순식간에 사라지고 마음에 안정감이 찾아오기 시작했다.

비행기 탑승시간은 2007년 7월 7일 오후 1시 55분, 출발시간은 오후 2시 25분이다. 그러나 비행기에 탑승하고 나서 1시간은 기내에서 기다

렸다. 중국 상공을 지나는 모든 노선에 대한 조절인 것 같다. 러시아 상트
페테르부르크까지는 8시간 55분이 걸린다. 장거리 여행이지만 이번 여
행은 많은 도움이 될 것으로 기대가 된다.

두 권의 책을 사들고

러시아로 출발하기 전 나는 두 권의 책을 샀다. 하나는 『러시아 여행안
내서』이고, 다른 하나는 『회사가 당신에게 알려주지 않는 50가지 비밀』
이란 책이다. 이 책은 나에게 많은 교훈을 주는 책이었다. 내가 학교에서
사역하고 있지만 학교에 대한 긍정적인 생각을 어떻게 해야 할 것이며,
상사들에게 어떤 마음을 갖고 대해야 되는지도 잘 알려주고 있었다.

이 책을 보면서 우리 대학의 설립자를 생각하게 되었다. 내가 그분을
만나고 나서 지금처럼 힘들어하는 모습은 처음 보았다. 늘 하나님의 신
존재 의식을 느끼며 미래 지향적인 대학으로 발전시키려고 수많은 노력
을 했음에도 불구하고 그분은 어려움을 겪고 있다. 그가 겪는 고통을 우
리는 알지 못한다. 그러나 그에게 하나님의 은총이 임하여 모든 문제가
순조롭게 해결되고 평탄의 길이 주어지길 기도할 뿐이다. 오늘도 출발하
기 전, '잘 다녀오겠다'고 안부전화는 드렸지만 마음은 무겁다. 우리 대
학의 설립자가 불편하니 나도 불편할 수밖에 없다,

내가 두 번째로 구입한 책의 내용은 대략 이렇다. 당신은 안전하다고
믿는가? 란 항목에서는 법은 당신을 지켜주지 못한다. '정리해고'의 의
미는 당신이 생각하는 것과 다르다. 당신의 입지가 위태로워져도 아무도
이야기해 주지 않는다. 회사가 대외 홍보용으로 내세운 가치규범을 믿지

마라. 능력이 뛰어나다고 해서 안전한 것은 아니라는 것이다. 그리고 당신은 중대한 실수를 저지르고 있지 않는가? 란 질문에서는 나에게 많은 도전이 되는 내용들이었다.

나이 차별’ 은 엄연히 존재하며, 거기에는 이유가 있다. 직장에 ‘언론의 자유’ 가 없다. 문지기를 따돌리면 문 안으로 들어가지 못한다. 너무 똑똑한 체하는 것은 똑똑한 것이 아니다. 남의 말 하길 좋아하면 조직의 반역자로 낙인찍힌다. 전송버튼을 눌렀는가? 이메일이 위험한 이유. 직장 친구는 위험하다. 잘못된 진영에 자리 잡으면 적으로 간주될 수 있다. 직장에서 자신의 사생활을 털어놓는 것은 위험하다. 회사는 오래 기억하지 않는다는 내용이다. 이 부분을 기내에서 읽으면서 나의 업무 스타일과 윗분을 대하는 태도, 직장에서 동료와의 관계성 등 모든 업무를 정리할 필요를 느끼게 되었다.

이제 러시아 시간으로 저녁시간이면 도착을 하게 될 것이다. 우리보다는 시간이 늦으니까 말이다. 아무튼 이번 단기선교 여행을 통해 하나님의 섭리와 계획을 알고 나의 선교 비전을 새롭게 발견하는 시간이 될 것으로 기대한다.

러시아 국제공항 풀코보

한국시간으로 밤 12시가 조금 지나서야 공항에 도착했다. 현지 시간으로 오후 7시가 조금 넘었다. 한국과의 시차는 5시간이다. 여름철에는 섬머 타임으로 인해 한 시간 정도가 빠르다.

공항에 도착하여 입국장으로 걸어가는 길은 그리 멀지 않고 복잡하지

않아서 좋았다. 외국인이 입국하자 자동적으로 입국장 문이 열린다. 문 앞에 서서 기다리면 된다. 나의 차례가 오자 입국심사를 받고 밖으로 나오니 가방을 찾는 안내 표지판이 보이지 않는다. 이 때문에 가방을 찾는데 많은 시간이 걸렸다. 최근 한국 관광객의 출입이 잦아 세관 검사는 그다지 까다롭지 않다. 개인 소지품이면 그대로 들고 나가도 괜찮을 정도로 편리해졌다.

공항 밖으로 나오니 비가 내린다. 여름철에 많이 내리는 비는 아니지만 그래도 가끔은 비를 뿌려주어 고맙다고 한다. 날씨는 선선하지만 약간의 추위가 찾아오기도 했다. 한랭성 기후라 그런지 바람도 세고 사람들은 모두가 긴 옷을 입고 다녔다.

공항에서 숙소까지는 한 시간 정도가 걸린다. 숙소는 과거에 공장이었지만 지금은 LA 은혜 교회 파송 선교사의 수고로 영재학교

가 세워져 운영되는 곳이다. 숙소로 가는 동안 레닌 도로, 모스크바로 가는 도로, 전차, 레닌 동상, 혁명 기념탑 등을 보았다.

과거 공산주의 유물은 그대로 남아 있는 상트페테르부르크이지만 그래도 문학의 도시답게 뭔가 감추어진 듯하다. 도시의 건물은 주상복합이다. 건물외벽의 색깔은 정부 즉 미술가의 판단에 의해 색을 칠해야 하기 때문에 모든 것이 자기 마음대로 되는 것이 없다고 한다. 건물은 리모델을 하되 외벽도 마음대로 할 수 없고 실내만 수리가 가능하다는 것이다. 건축물의 외형은 살려두고 내부 시설이 낡았을 경우 새롭게 고칠 수 있다는 얘기다. 그만큼 정부의 힘은 아직도 절대적이라 할 수 있다.

숙소로 이동하는 동안 네바 강을 건넜다. 이 강은 핀란드 만으로 연결되는 것으로 러시아의 무역에 상당한 영향을 주는 곳이라 한다. 네바 강의 다리는 밤 12시부터 다음날 4시까지는 상판이 들린다. 화물선이 지나도록 하기 위해 야간을 이용하여 상판이 들리는 것이 명물이란다.

상트페테르부르크 도시의 건물은 이탈리아 등 유럽식 건축 양식이다. 도시 건물들은 매우 아름답고 예술적이다. 이 도시를 모방하여 만든 도시가 북한의 평양이다. 일직선의 도로, 도로 옆의 동일한 건물들이 이 도시와 거의 비슷하다는 것이다.

도시 외곽지역으로 가면서 자연의 아름다움과 제2차 세계대전 때 군사도로 즉 생명의 도로를 지나게 되었다. 이곳은 독일군과 러시아 군의 전투 당시 식량을 공급하던 도로로 지금도 도로 표지판에는 '생명의 도로'

라고 표시되어 있다. 아무리 전쟁이 좋아도 국민들과 군인들에게 양식이 없다면 싸울 수 없다. 군인에게 필요한 것은 무기이지만 그보다 더 중요한 것은 양식이다. 양식을 먹지 않은 군인은 싸울 수 없다.

도착 예배를 드리고

우리는 공항에서 1시간 정도 떨어진 그레이스 김나지아에서 예배를 드리게 되었다. 김나지아로 들어서는 순간 놀라움을 금치 못했다.

우선적으로 학교 주변의 경관이 뛰어나다는 점, 최근 부자들만 모여 사는 집성촌이 형성된 곳이란 점, 학교 내의 하늘로 높게 뻗어 올라간 나무들, 건물 안의 게스트하우스 등 모두가 우리를 놀랍게 했다.

학교 로비에서 짐을 정리하고 도착 예배를 드리기 위해 조그만 강의실로 들어갔다. 기독교 교육을 하기 위한 노력이 보이는 교실이다. 학생들의 의자가 한 곳에 모아졌다. 우리 일행은 강의실의 의자를 예배드리기 좋게 정리하고 모두가 앉아서 감사의 기도를 드렸다. 현지 선교사의 집례로 찬송가를 부르고 여호수아 1장 1절-6절까지의 말씀을 읽었다. 여호수아가 가나안으로 들어가기 전 하나님께서 말씀하시는 내용이다. 모세가 죽은 후에 여호와께서 모세의 시종 눈의 아들 여호수아에게 특별히 당부한 내용의 말씀을 듣게 되었다. 그 말씀의 핵심은 '내가 곧 이스라엘 자손에게 주는 땅으로 가라, 발바닥으로 밟는 곳을 다 내게 주었고, 온 땅과 해지는 저편 대해까지 너희 지경이 되고, 평생에 능히 당할 자가 없으니 염려하지 말고 가라' 는 내용이다. 마지막으로 '내가 너를 떠나지 아니하며 버리지 아니하리니' 란 말씀으로 매듭을 짓고 기도로 마루리 하였다. 하나님의 말씀은 매우 간략하게 선포되었다. 그곳의 여건상 몸은 춥고 떨리니 어쩔 수 없다. 예배 후에는 은혜 영재학교의 설립자 선교사의 간단한 학교 설립배경에 대한 설명을 들었다.

학교가 설립된 것은 첫째, 러시아인들의 생활 속에 하나님이 계신다는 것을 확실하게 교육하기 위해서다. 그들은 인사말에서도 하나님은 구원이시라는 것을 고백한다고 한다.

둘째, 미래의 영적 지도자 양성을 위해서다. 과거 러시아인들이 기독교 신앙을 1,000년 동안 믿어 왔지만 확실한 영적 지도자가 없어 부흥의 불길이 일어나지 않아 차세대 지도자 양성을 목적으로 학교를 세웠다.

셋째, 러시아 교회의 부흥을 위해 말씀의 종이 필요한데 이를 위해서는 교육이 우선이기 때문이다. 이런 취지에서 학교를 설립했고 앞으로 러시아의 위대한 리더를 양성하는 학교가 될 것이며 이로 인해 러시아의 새로운 변화가 있을 것으로 기대한다는 것이다.

현재 이 학교는 방학 중이다. 모든 학생이 기숙하면서 교육을 받고 방학에는 각 가정으로 되돌아간다. 현재 중학교, 고등학교 과정이 개설되어 교육하고

있고, 13년째 학교를 운영하고 있다는 설명을 들었다.

영재학교 졸업생 80%가 취업하여 비즈니스, 호텔의 매니저 일을 하면서 하나님의 은혜에 감사하고 있다고 한다. 자신들이 학교를 다니는 동안 하나님을 발견한 것이 감사하고, 참된 교육을 받게 된 것이 더없이 감사함을 표현한다는 것이다. 이 학교의 설립자인 선교사는 힘을 주어 말한다. 다윗 같은 자가 일어나 거대한 러시아를 복음화하길 기대한다고…….

백야의 땅 상트페테르부르크

저녁 9시 30분이 되어도 해질녘처럼 밝은 곳, 밤 12시가 되어도 저녁때와 같은 곳, 새벽 3시인데도 동트는 아침과도 같은 곳이 상트페테르부르크이다. 하루 20시간 이상 해를 볼 수 있는 곳으로 백야와 함께 도시 전체가 축제와 같은 곳이 상트페테르부르크이다. 정말 밤이 없는 곳이란 생각이 드는 곳이다. 상트페테르부르크의 중심을 가로지르는 네바 강을 따라 놓여 있는 13개의 네바 강 다리는 4월 말부터 심야에 개폐를 시작한다. 백야 축제를 알리듯이 네바 강 위의 다리들이 일제히 웅장한 철조물을 들어 올리는 순간 다리 주변과 강 위의 유람선에서는 축제가 시작된다고 한다.

하얀 밤에 피어오르는 불꽃이 하나의 공간을 만들고, 울려 퍼지는 선상의 음악은 그 공간을 채워가는 곳, 칠흑 같은 긴 겨울을 떠나보내고 하얀 밤의 축제가 상트페테르부르크를 찾아 왔다며 사람들은 즐거워한다.

상트페테르부르크는 차이코프스키가 탄생시킨 주옥같은 3대 발레, '백조의 호수', '호두까기 인형', '잠자는 숲 속의 미녀'를 세계 최초로 초연한 마린스키 극장은 백야의 열기를 더해주는 곳이라고 한다. 마린스키의 키로프 발레단은 전통 클래식 발레부터 네오 클래식, 현대 발레까지 다양한 발레의 진수를 보여주는 곳이다.

나는 이곳에서 첫날밤을 보내게 되었다. 기내에서 여행용품으로 나누어 준 안면대를 차고 잠을 자야만 하는 곳, 저녁과 낮의 구별이 없어진 신비로운 하얀 밤, 새벽 3시가 다가오면 어스름한 백야의 자취가 사라지고 해가 네바 강 너머로 다시 떠오르는 곳이다. 내가 잠을 자려는 방은 커튼도 하얀색이다. 창밖이 밝아 깊은 잠을 잘 수 없는 하얀 밤, 안면대를 하고서야 대충 잠을 잘 수 있었다.

백야의 땅에서 첫날밤은 거의 뜬눈으로 지냈다. 다음날 아침 묵상예배에 설교를 맡았기 때문에 긴장감으로 깊은 잠을 잘 수 없었지만 침대에서 잠을 청해 본다. 아침 일찍 일어나 성경을 묵상하고 하나님께서 주시는 말씀을 전해야겠다는 생각을 하고 잠을 청해 본다. 어느 기자의 말대로 상트페테르부르크는 "세계가 한 권의 책이라면 이곳은 잠 못 이루는 밤에 들려주는 달콤한 이야기의 한 페이지가 될 것이다."

차가운 밤이 아닌 선선한 곳, 백야의 나라 러시아, 이곳에서 첫날밤을 보내고 있다. 낮과 밤이 분명한 한국과는 완전히 다른 곳에 와 있다는 것을 실감하고 있다.

러시아 들여다보기

상트페테르부르크의 도시

나는 러시아 상트페테르부르크로 가는 항공기에 몸을 실었다. 나의 생각을 지배하고 있는 것이 무엇인가를 생각하면 할수록 아무런 정보도 없다. 다만 상트페테르부르크라는 도시 이름밖에 없다.

상트페테르부르크는 도시 건설이 300주년이나 된 유럽에서 가장 아름다운 곳이다. 러시아 근대화 결의에 불탄 황제 표트르 대제는 핀란드만에 소택지(늪과 못이 많은 습지) 간척사업을 시작해 불과 9년 만에 러시아 제국의 수도가 될 도시의 기초를 다졌다.

서구 문명을 흡수하고, 러시아의 부에 의해 성장한 상트페테르부르크는 300년이 지난 지금도 유럽에서 가장 아름다운 도시 중 하나로 손꼽히고 있다. 이 도시를 내가 갈 수 있다는 것 또한 축복이다.

이 도시는 1703년, 서구에서 유학한 표트르 대제가 러시아 근대화의 중요한 요소로서 발트 해에 펼쳐진 항과 요새, 조선소를 건설하기 시작한데서 출발한 것이다. 그는 자신의 수호성인의 이름을 따서 새로운 도시를 독일풍의 '상트페테르부르크'(성 페크로의 도시)라고 불렀다.

그렇지만 소택지를 도시로 만드는 것은 쉽지 않았다. 운하를 파고, 말뚝을 세우고, 건축 재료를 운반하고, 해빙되면서 발생되는 홍수와도 싸워야 했다. 이를 위해 동원된 스웨덴 포로 병사들과 농노 4만 명이 질병과 배고픔 때문에 목숨을 잃었다고 한다.

이런 도시 건설의 힘든 상황 속에서도 도시 건설은 진행되었으며 당시 이웃 국가인 스웨덴과의 전쟁에서 승리를 얻은 표트르 대제는 1712년에 러시아의 수도를 모스크바에서 상트페테르부르크로 옮겼다. 이후 서구에 열린 문이 된 상트페테르부르크는 계속적으로 발전하였다.

이 도시에는 표트르 대제의 동상(1682-1725), 표트르 대제 외에 역대 황제가 성당에 안치되어 있고, 고대 로마 관습을 따른 로스트라 등대기둥이 있다. '피 위의 성당'이라 불리는 스파스 나 클라비, 데바 강가의 휴식처, 전 세계에서 가장 크다고 하는 이사크 성당의 천장 돔 등이 있어 역사의 아름다움을 말해주고 있다.

이 도시에는 역사를 증명할 만한 유적들이 남아 있다. 예카테리나가 예술을 사랑했다는 곳이 있다. 에르미타쥐(예카테리나 2세의 거처)는 '은신처'라는 뜻을 갖고 있다. 그녀는 자신이 거처할 곳을 직접 건축을 했다고 전해진다. 이곳의 미술품은 초일류가 대부분이고 건축물들도 미술품들에 비해 결코 뒤지지 않는다.

그리고 상트페테르부르크 근교의 궁전인 페트로드보레츠, 차르스코에 셀로가 있다. 제정 러시아 황실의 우아한 생활을 접

해 보고 난 후 이곳을 가보면 역사의 흐름을 정확히 인지할 수 있다. 이곳에는 호박의 방이 있다. 유명한 예카테리나 궁전의 호박의 방은 원래는 1709년에 프로이센의 프리드리히 1세가 표트르 대제에 선물한 것으로 알려져 있다. 예카테리나 2세에 의해 다시 다듬어지면서 이 세상에 둘도 없는 한 쪽 면이 모두 호박 패널로 뒤덮인 방이 만들어졌다. 그러나 제2차 세계대전 당시 철수하던 독일군에 의해 약탈당한 후, 그 행방은 묘연해졌고, 빈약한 사진 자료만 남아 호박의 방은 전설적인 곳이 되었다. 그 소재에 관해서는 소문만 무성했는데 계속 탐색하던 중 2000년 독일에서 그 일부가 발견되어 러시아로 반환되었다.

도시 건설 300주년을 맞이하여 1983년부터 시작된 복원 사업이 끝나 지금은 환상적인 호박의 방이 현실로 되살아나 직접 눈으로 볼 수 있게 되었다고 한다.

러시아 일반적 개요

1. 개요

러시아를 생각하면 마피아, 추운 나라, 보드카 등 부정적인 이미지를 많이 연상하게 된다. 이런 생각은 러시아에 대한 부정적인 뉴스가 많은 영향을 주었을 것이다. 사실 러시아 사람들은 '예' 아니면 '아니오' 할 정도로 극단적인 민족성을 갖고 있다.

러시아를 알기 위해 먼저 러시아 혁명역사를 이해하는 것 또한 중요하다. 러시아는 크게 세 번에 걸쳐 혁명이 일어났었다. 첫 번째, 1905년의 혁명이다. 1905년 1월 22일 제정 러시아 군대, 시위대를 유혈 진압한 것

이 시초이다. 그 때를 보통 '피의 일요일'이라고 한다. '피의 일요일 사건' 이후 전국적인 총파업과 무장봉기가 일어났다. 당시 혁명세력은 빵, 토지 평화를 앞세우며 노동자와 농민을 혁명 주력군으로 이용했다. 그러나 혁명 구호는 혁명 동조 세력을 끌어 모으려는 주술에 불과했고 결국 어느 것도 실현되지 않았다는 것이 시민들의 생각이다.

두 번째, 2월 혁명이다. 1917년 2월 23일로 국제 여성의 날 집회가 전쟁종식, 제정타도를 외치던 것이 시위로 발전했다. 같은 해 3월 17일 황제 니콜라이 2세가 퇴위를 발표했고, 10월 23일에는 볼세비키 임시정부 타도를 결정하기에 이르렀다. 그리고 곧 바로 세 번째의 10월 혁명으로 발전한 것이다. 1917년 11월 7일 혁명군, 케렌스키 임시정부 각료들을 체포하고 혁명 정부를 수립하기에 이르렀다. 러시아의 양력인 그레고리력보다 13일이 늦은 율리우스력 기준으로 10월 혁명으로 불린다. 11월 8일에는 혁명군, 소비에트 정부 수립을 선언하고 토지 포고령을 발표했다.

과거 옐친이 대통령으로 있었을 때만 해도 세계에서 가장 규모가 큰 연방공화국이었으나 지금도 세계에서 가장 큰 나라이다. 러시아는 나라가 큰 관계로 자원부국이다. 거기에다 문화, 예술 분야에서 천부적인 재능을 가지고 있는 나라이다.

러시아는 북쪽으로 북해, 동쪽으로는 태평양을 끼고 있으며, 남쪽으로 북한과 중국, 몽골, 카자흐스탄, 아제르바이잔, 그루지야, 우크라이나,

벨로루시, 라트비아, 폴란드, 리투아니아, 에스토니아, 핀란드, 노르웨이 등 14개 국가와 국경을 접하고 있다. 러시아는 극동에서 유럽을 아우르는 대국가이다. 동서의 길이가 약 9,000km, 남북 최대 길이가 약 4,000km, 최소 길이 약 2,500km에 이른다. 총 17,075,400㎢의 면적으로 세계 최대이다. 2위인 캐나다에 비하여 약 1.7배의 영토를 차지하고 있다.

러시아는 21개의 공화국, 49개주, 5개 변방주(kari), 1개 자치주, 10개 자치관구, 2개의 연방 특별구(모스크바, 상트페테르부르크) 등 총 89개의 연방구성주체로 구성되어 있다. 러시아와 관련된 내용을 보다 구체적으로 언급해 보자. 러시아에 대한 이해가 높은 것이라 생각된다.

한국과 러시아의 시차는 6시간(한국 시간-6시간=모스크바 시간, 섬머 타임시간은-5시간)이다. 러시아의 지형은 서부 및 서시베리아는 평원지역이며, 동시베리아는 산악지대로 되어 있다.

러시아는 연방주체로 21개 공화국(республика), 49개 주(область), 6개 변강(край), 1개 자치주(автономнаяобласть), 10개 자치구(автономныйокруг), 2개의 연방적 의의를 갖는 시(городфедеральногозначения: 모스크바, 상트페테르부르크) 등 총 89개의 연방구성주체(субъектфедерации)로 구성되어 있다.

2000년 5월 푸틴 대통령은 러시아 89개 구성주체를 7개 연방지구로 나누고, 전권대리인을 파견하였다. 7개 연방지구와 전권대리인은 아래와 같다.

- 시베리아 연방지구(중심지 노보시비르스크): 레오니드 드라체프스키(독립국가연합 장관)
- 북카프카스 지구(로스토프): 빅토르 카잔체프(전 북카프카즈 군관

구 사령관)

- 중앙 연방지구(모스크바): 게오르기 폴타프첸코(레닌그라드 주 대통령 전권 대리인)
- 프리볼즈스키 연방지구(니즈니 노브고로드): 세르게이 키리옌코(전 총리)
- 북서 연방지구(상트페테르부르그): 빅토르 체르케소프(연방보안국 차장)
- 우랄 연방지구(예카테린부르그): 표트르 라트이셰프
- 극동 연방지구(하바롭스크): 콘스탄틴 풀리콥스키 등.

1992년 1월 소련이 해체되면서 완전한 독립국가가 되었으며, 현재 느슨한 형태의 국가연합체인 독립국가연합(Commonwealth of Independent States: CIS)에 속해 있다.

그리고 러시아의 국경일은 매우 많은 편이다. 1월 1-2일은 신년, 1월 7-8일은 러시아 정교 크리스마스, 3월 8일은 국제 여성의 날, 5월 1일은 노동절, 5월 9일은 전승기념일, 6월 12일은 독립기념일, 11월 7일 화해의 날(구 혁명 기념일), 12월 12일은 헌법기념일로 지킨다. 단 토요일이나 일요일과 국경일이 겹치게 되면 월요일이 국경일이 된다.

러시아의 시민권(гражданство)은 속인주의(부모 일방이 러시아 시민일 경우)와 속지주의(러시아 영내에서 출생할 경우)를 병용하고 있으며, 다만 혼인은 국적 취득에 영향을 미치지 못한다. 그러나 러시아에서는 이중 국적을 보장하고 있다. 이에 따라 외국으로 귀화한 사람이 재차 러시아 국적을 회복하여 이중국적 자가 됨으로써 러시아내 선거권-피선거권을 가지는 경우도 있다.

2. 러시아의 인구

러시아를 여행하거나 선교하기 위해서는 일반 적인 이해가 있는 것이 좋 다. 러시아의 정식 국명은 '러시아 연방'이다. 국기 는 1883년에 제정되었으 며 구소련 붕괴 후인 2000년에 다시 국기로 제

정되어 오늘에 이르고 있다. 러시아 국기는 3색으로 되어 있는데 맨 위는 백색, 청색, 적색이다. 백색은 고결, 청색은 정직, 적색은 용기를 나타낸 다.

러시아의 국가 원수는 블라디미르 푸틴 대통령이다. 그는 2004년 8월 부터 현재까지 재임하고 있으며 금번 동계올림픽을 유치하는데 결정적 인 역할을 했다. 면적은 한반도의 78배나 되며, 인구는 1억 5,000만 명이 넘는다. 수도는 모스크바이며 민족 구성은 매우 다양한 편이다. 이 부분 은 다음에 구체적으로 말하게 될 것이다.

러시아의 인구 변동사항은 1959년 1억 1753만 명, 1979년 1억 3755만 명 등과 비교해볼 때, 1959년 이후 현재까지 32년간 약 3,000만 명이 증 가하여 연평균 인구 증가율이 1%가 되지 않는다. 특히 1980년대 후반부 터 5% 미만의 인구 증가율을 보이다가 1992년 이후 인구가 감소하고 있 다. 이러한 인구정체는 낮은 출산율과 비교적 높은 영아사망률에 기인하 고 있다. 1980년대 중반 이후 출산율은 하락하기 시작하여 최근에는 10%대에 정체되어 있다. 이는 공업화 도시화에 따라 여성의 경제활동

참가율이 높아졌을 뿐만 아니라, 낙태가 보편화되었고 무엇보다도 주택의 양적, 질적 낙후로 인해 출산기피현상이 확산되고 있기 때문이다. 이에 따라 일찍부터 정부는 낙태 및 피임 제한, 가족수당지급, 유급출산휴가, 출산에 대한 사회적 태도 개선, 주류 판매 제한, 보건서비스 개선 등 각종 인구정책을 펴왔다. 한편 영아사망률이 높은 것은 여성의 일상화된 음주습관과 깊은 관련이 있는 것으로 추정되고 있다. 사망률은 1992년 현재 인구 1,000명당 12.2명으로 최근에 다시 높아지는 추세이다.

평균 수명은 남자 64.2세, 여자 74.5세(1989)로 1950년대 이전보다는 크게 증가하였지만 아직도 선진국에 비해 현격한 차이를 보이고 있다. 러시아의 여초 현상은 오래된 현상이다. 1993년 현재 여자 100명당 남자 88.7명으로 여전히 여자가 훨씬 많다. 이는 제 1 · 2차 세계대전 중 성인 남자가 많이 사망한 데 기인하며, 그 결과 현재 고령층에서 여초 현상은 극심하다.

한편 연령별 인구 구성을 보면 노년층의 비율이 계속 증가하고 있어 인구노령화에 따른 노동력 수급문제가 큰 현안으로 되고 있다. 전반적으로 인구증가율이 낮지만 농촌은 도시에 비해 비(非)러시아계 민족이 러시아인보다 높은 인구증가를 보이는데, 출산성향으로 보아 이러한 추세는 상당 기간 계속될 것으로 예상된다.

도시인구는 1930년대 이래 공업화를 추진하면서 급속히 증가해 왔다. 구소련 전체로 볼 때 제1차 세계대전 직전 도시인구비율은 18%에 머물러 있었으나 1961년에는 50%를 넘어섰으며, 최근에는 70%를 넘어섰다. 러시아연방의 경우 1993년 현재 도시인구는 약 1억 890만 명으로 전체 인구의 74%에 이른다.

도시성장의 지역별 패턴을 보면, 1950년대까지는 코미 · 툴라 · 쿠즈

바스의 석탄산지, 카라간다 철광석산지, 볼가-우랄의 원유산지 등 자원 채취지역과 서시베리아의 농업개척지를 중심으로 국지적인 도시인구 증가가 이루어졌다.

1960년대 이후에는 유럽러시아를 포함하여 동부시베리아 경계에 이르는 전 지역에 걸쳐 도시인구가 증가하였다. 특히 이 시기에는 마그니토고르스크, 첼야빈스크, 노보쿠즈네츠크, 카라간다 등 신흥 공업도시가 집중 성장하였다. 그 결과 전체 인구분포에 있어서도 상트페테르부르크에서 오데사에 이르는 러시아의 서쪽 경계에서부터 동쪽의 바이칼 호 부근의 쿠즈바스 지역에 이르는 삼각형지역, 즉 '비옥한 삼각형(fertile triangle)' 내에 전체 인구의 대부분이 거주하고 있다.

현재 러시아에는 모스크바(약 880만 명, 1993)를 필두로 인구 100만 이상의 도시는 상트페테르부르크, 니즈니노브고로드, 노보시비르스크, 예카테린부르크, 옴스크, 첼야빈스크 등 총 12개이며, 50만 이상 도시는 33개이다(1990).

한편 농촌인구는 시베리아와 극동지역의 일부 및 남부 유럽러시아 일부 지역을 제외하고는 거의 전 지역의 농촌에서 절대적인 감소를 보이고 있다.

러시아는 160여 개의 크고 작은 민족으로 구성된 다민족국가이다. 그중 러시아인이 전체 81.5%를 차지하는 절대다수 민족이며, 타타르인(3.8%), 우크라이나인(3.0%) 튜바시인 1.2% 등도 비교적 많은 편이다. 이외 소수민족으로는 추바슈인, 바슈키르인, 키르기스인, 다게스탄인, 우드무르트인, 마리인, 코미인, 코미페르먀크인, 체첸인, 오세트인, 불가리아인, 한국인, 부랴트인, 야쿠트족, 카바르딘인, 카렐리야인, 카라칼파크인, 헝가리인, 집시, 북방족(에벤키족, 네네츠족, 한티족, 추코트족 등), 칼미크인, 잉구슈인, 투바인 등이 있다.

러시아는 이처럼 다민족으로 구성되어 있으면서도 미국과 같이 민족 간 융화가 제대로 이루어져 있지 않다. 대신에 일찍부터 정부당국은 여러 민족을 강제적으로 융화시키기보다는 자치를 허용하고 소수민족의 고유 언어 및 관습 등을 상당히 인정하는 등 갈등을 최소화하려는 정책을 펴왔다. 그 결과 소수민족의 대부분은 자신의 민족공화국 내지 민족자치주 또는 그 밖의 자치행정단위에 살고 있다. 다만 러시아인은 전역으로 퍼져나가 다른 민족의 자치지역 내에서도 지배민족이 되는 경우가 많다.

그러나 러시아인의 출산율이 계속 떨어지고 있는 반면 다른 소수민족들은 높은 출산율을 유지하고 있어 민족 간의 구성 비율은 점차 변하고 있다. 한편 최근 민족의식이 표출되어, 타타르스탄과 체첸 두 공화국은 다른 독립국가연합 회원국과 동일한 수준으로 독립해줄 것을 요구하고 있으며, 이외 여러 자치주와 자치구도 공화국으로 승격시켜줄 것을 요구하고 있다. 특히 타타르인은 과거에는 상당히 러시아인으로 동화되어 군대 및 행정 관료에서 다른 소수민족에 비해 주도적인 역할을 해왔는데도 불구하고 소련 해체 후 민족의식이 고양되고 있다.

3. 러시아의 언어

광활한 땅 러시아에서는 120여 민족이 각각 다양한 언어를 사용하고 있다. 그러나 러시아의 공식 언어는 러시아어이다. 시골 작은 마을 사람들도 러시아어를 한다. 러시아어를 모국어로 하는 지역도 결코 좁지 않아 방언이 많다고 한다. 사투리가 섞인 러시아어부터 동사를 전혀 변화시키지 않는 방언까지 러시아어는 다양하다는 것이다. 여행 중에 만나는

일반사람들은 영어를 잘 못한
다. 그러므로 서툴게라도 영어
보다는 러시아어를 말하게 되면
사람들의 태도가 확 달라진다.

따라서 세계에서 러시아만큼
다양한 언어가 공용되고 있는
나라는 없으며, 민족구분도 주
로 언어구분에 따른다. 구소련
이래 러시아는 소수민족언어에 대해 유화적인 정책을 펴왔다. 그리하여
취학 후 8학년까지는 학교에서 소수민족언어에 의한 교재 사용 및 학과
운영이 실시되고 있으며, 소수민족 고유 언어로 신문 및 방송 제작이 이
루어지고 있다.

다만 고급관료나 전문직에 종사하기 위해서는 러시아어 구사를 필수
조건으로 하고 있다. 현재 러시아에서 쓰는 언어를 계통적으로 분류하면
다음과 같다.[1)]

인도유럽어족 : 인도유럽어족은 다시 크게 슬라브어족과 기타 인도유
럽어족으로 구분할 수 있다. 슬라브어족에는 러시아어 외에 최근 독립한
국가의 언어인 우크라이나어 · 벨로루시아어 · 리투아니아어 · 라트비
아아어 등이 포함된다. 러시아어는 러시아인 외에 러시아 전역에서 사
용되는 공통어이며 국제어의 하나이다. 현재 러시아에서 사용되는 다른
인도유럽어로서는 카프카즈 일대의 오세트어 · 독일어 · 집시어 등이 있
다.

우랄알타이어족 : 우랄알타이어족은 크게 핀우그르어와 투르크어, 몽

---

1) 김영진 외 6명, 『러시아 여행』(서울: 산호와 진주, 2004), 486-7.

골어, 만주퉁구스어로 구분된다. 핀우그르어에 속하는 집단으로는 북서부 핀란드 접경지대의 카렐리야인, 중부 볼가 지역에서 우랄 지역에 걸쳐 분산되어 있는 코미족 · 모르도바족 · 우드무르트족 · 마리족, 북극지방의 수렵민족인 네네츠인, 서시베리아 저지 삼림지대에 분산되어 있는 한티족 · 만시족 등이 있다. 투르크어족은 구소련의 중앙아시아 지역에 밀집해 있는데, 현재의 러시아에는 타타르족 · 추바슈족 · 바슈키르족이 큰 집단을 구성하고 있다. 그 밖에 투르크어에 속하는 소수집단으로는 레나 강 유역의 야쿠트족, 사얀산맥의 투바족, 알타이산맥의 하카시야족이 있다. 몽골어족으로는 바이칼 호 주변의 부랴트족과 카스피 해 북서부 연안의 칼미크족이 있다. 한편 만주퉁구스어를 사용하는 종족은 동시베리아와 극동지역의 에벤키인과 한국인이 대표적이다.

기타 어족 : 카프카즈 지방에서 사용되고 있는 카프카즈어 · 나흐어 · 다게스탄어 등을 소그룹으로 하는 이베로카프카즈어족과 동부시베리아와 극동지역에 산재해 있는 코랴크어 · 추크치어 · 에스키모어 · 알류트어 등의 고시베리아어가 있다.

4. 러시아에서 색깔 알기

러시아를 여행하면 우선적으로 떠오르는 장면이 몇 가지 있을 것이다. 이는 발레, 예술, 구소련의 공산주의 등 매우 다양할 것이다. 러시아를 여행하면서 가장 인상적이었던 것은 색깔을 잘 배합한 건물과 성당 등을 보게 된다. 특히 빛의 갈래로서 동슬라

브족이 상징적 의미를 부여한 내용은 기독교 수용 이후, 정교의 이콘에 나타난 색채의 상징적 의미를 이해하는데 도움이 될 것이다. 러시아인들은 색채에 대하여 큰 거부감을 갖지 않는다. 이유는 자연신을  숭배하던 그들의 인식 속에 이콘과 유사한 색채에 대한 감각적 표상과 그 구체적 내용이 이미 확립되어 있었다는 사실을 의미한다.[2]

흰색: 한낮의 은빛과도 같으며, 순수와 정화를 상징한다. 긍정적으로는 우유, 계란, 남성의 정액 속에 체현된 생식력과 연관된다. 흰색은 러시안들의 민중시가에도 드러난다고 한다. 흰색은 기독교의 부활과 광명, 정교의 부활을 상징하기도 한다.

검은색: 검은색은 죽음, 어둠, 미지의 대지와 숲, 불결한 악마적 속성을 상징하는 부정적인 의미로 사용된다. 러시아에서 검은 소리라는 말은 우리의 흰 소리라는 표현과 같이 거짓말을 의미하기도 한다.

붉은색: 흰색과 검은색의 중간색으로서 이중적인 상징의 의미가 가장 다양하게 나타나는 색이라고 한다. 붉은 색은 결혼, 장례, 제의에서는 탄생과 죽음과 각각 연관되고, 대지의 풍요와 불길한 징조를 막아주는 정화의 힘으로 간주된다. 붉은 색은 러시아 문화에서 가장 러시아적인 것으로 사용되고 있다는데 주목해야 한다.

초록색: 주기적으로 성장하다가 사라지는 그러다가 다시 변화의 상징인 초록은 동슬라브족들이 성스러운 색으로 간주하는 색이다. 이 색은

---

2) 이 부분은 이덕형의 『천년의 울림 러시아 문화 예술』이란 책을 참고하였음을 밝혀 둔다.

젊음을 상징하고, 초록의 부재는 늙음을 상징한다. 초록은 인간에게 잠재적으로 위험한 색인 동시에 초록접시에 담긴 물은 주술을 시작할 때 제일 먼저 준비하는 물이라고 한다. 비잔틴의 이콘에서 초록이 지상적인 현세의 삶을 천상적인 신성한 삶과 구분해 주는 색으로 상징하는 것과 유사하다.

푸른색: 천상의 공간과 악령들이 사는 바다와 연관된 색이라고 한다. 이 색은 저주를 막기 위해 어린 아이에게 푸른색 구슬을 부적처럼 가지고 다니게 한다.

황(금)색: 황색과 노란색, 황금빛은 가장 고귀한 성스러운 빛과 절대적 존재의 이미지를 상징화한다.

러시아의 끼에프 루시의 정교(正敎)의 수용 이후 노브고로드의 이콘에서는 비잔틴 이콘의 전통적인 황금빛을 붉은색으로 대치하기도 한다. 그만큼 러시아에서 색깔은 민족성, 종교적 상징, 인간의 삶과도 깊은 관계가 있다. 내가 러시아에서 가장 인상 깊었던 것은 색깔의 배치를 위해 건물마다 정부가 지정한다는 것이었다. 이는 어떻게 보면 획일적인 정책이라고 하지만 옛 슬라브족에서 유래되어 온 것과 무관하지 않다.

5. 러시아의 종교와 기후

러시아의 종교는 기독교, 러시아 정교회를 비롯하여 이슬람, 유대교, 불교가 공존하고 있다.

그 외에 러시아 시골 지역의 민속신앙과 바이칼 호수 주변으로부터 영향을 받은 무속신앙이 있다.

러시아의 기후는 전형적인 대륙성 기후이며 국토의 대부분은 한랭한 기후로 짧고 서늘한 여름과 길게 이어지는 혹독한 추위의 겨울이 특징이다. 여름과 겨울의 기온차는 30-75℃나 된다. 유라시아의 1-2월 평균기온은 -10℃이지만 시베리아는 -15-35℃이며, 내륙지역은 -50℃이하인 곳도 있다.

6. 러시아의 문학과 예술

러시아 하면 늘 볼쇼이 발레단, 푸슈킨과 톨스토이, 도스토예프스키, 차이코프스키와 같은 몇몇 위대한 문학가, 예술가들을 흔히 떠올리게 될 것이다. 그러나 진정한 러시아의 문화는 문학, 음악, 발레 등 예술의 모든 분야에서 나타난다. 구소련 시절에는 정치적인 문제로 침체를 맞이하기도 했지만 해빙 이후에는 옛 명성을 되찾아 가고 있다. 러시아의 문학, 음악, 미술, 영화, 발레 등에 나타난 러시아의 매력을 이해하도록 해야 한다.

1) 러시아 문학

나는 어릴 적부터 러시아 문학을 좋아한 적이 있었는데 주로 19세기경의 것으로 알고 있다. 우리의 귀에 익숙한 푸슈킨[3], 톨스토이, 도스토예프스키,[4] 고골리 등의 작품을 좋아 했다.

---

3) 푸슈킨(1799-1835)은 러시아 국민 문학의 아버지라 불린다. 그의 위대한 시는 한국에서도 널리 애송된다. "삶이 그대를 속일지라도 슬퍼하거나 노하지 마라"가 있다. 이 시는 러시아인으로 출생하여 제일먼저 배우는 시이다. 푸슈킨의 예언자라는 시는 더 많은 감명을 준다. "일어나라 예언자여/보라 그리고 들으라. 내 의지로 가슴을 채우라. 바다와 세상을 돌아다니며 말로써 사람들의 가슴을 불태워라"는 아주 유명한 시일뿐 아니라 진리를 전하는 존재의 시다. 푸슈킨은 단순히 "노블리스 오블리제"를 다하는 귀족을 넘어서 양심적인 지식인으로 진리를 다하기 위하여 죽음을 무릅쓰고 예언자의 역할을 기꺼이 맡는 자다(이진숙의 글 푸슈킨을 보라).

먼저 18세기 이전의 러시아 문학이다. 러시아어로 쓰인 문학은 비교적 늦은 10세기말 그리스 정교가 국교로 수용된 이후부터이다. 그 이전에는 다른 나라와 마찬가지로 민중들의 입에서 입으로 전해 내려오는 구비문학의 풍요롭고 다양한 세계가 펼쳐지고 있었다. 이 시기에 특징적인 것은 동슬라브 민족이 키예프 공국을 세운 후 블라디미르 대공이 그리스(비잔틴)정교회를 도입(988)하면서부터 비롯되었다. 키예프 공국은 성경번역과 기독교 보급을 위해 교회슬라브어를 도입하게 된 것이 기록문학으로 나타나기 시작했다.

19세기 러시아 문학의 대표는 국민시인 푸슈킨을 시작으로 많은 작가들이 문학의 꽃을 피우고 세계적인 문학으로 발돋움하는 계기가 된 시기다. 이 시기의 문학은 낭만주의, 사실주의를 특징으로 하고 있다. 19세기 초의 러시아 낭만주의는 조국 전쟁의 승리에 따라 미래에 대한 밝은 기대감이 알렉산드르 1세의 반동정치에 의해 좌절되고 그에 대해 서구의 자유사상에 물든 청년 작가들이 환멸과 배신을 느낀 것에 의해 시작된다.

사실주의는 낭만주의에 대항하는 문예사조이다. 사실주의의 근본 의미는 인간을 둘러싼 현실을 묘사하고 반영하는 데 있다. 사실주의자들이 현실을 어떻게 인식하고 묘사하는가는 시대에 따라 문화적 토양에 따라 각기 다른 모습으로 나타나지만 근간에는 현실반영이라는 문제가 깔려 있다. 19세기의 러시아 문학은 사회적으로 겪고 있는 도덕적 가치의 문제를 전 세계가 함께 고민할 수 있도록 하고 있다. 특히 톨스토이와 도스트예프스키와 같은 작가들이 세계인의 찬사를 받았던 러시아 문학의 황금시대로 불린다.

---

4) 그의 책 가운데 가장 유명한 것은 시베리아 유형에서 돌아와서 쓴 악령이다.

소비에트 문학은 볼세비키 혁명에서 내전과 신경제정책을 거쳐 제 1차 작가동맹(1934)에서 사회주의적 사실주의가 부르조아 문학이 새로운 프롤레타리아 문학으로 건설된 시기이다. 볼세비키 혁명 이후부터 1921년 혼란시기까지 소비에트 문단은 문학의 카페시기였다. 이때는 다양한 문학 협회가 탄생하고 소멸되면서 프롤레타리아의 문화건설 과정과 방법에 대해 열띤 논쟁이 있었다.

그후 신경제 정책 시대에 접어들면서 표현의 자유가 상당히 허용되어 소비에트 문학이 활기를 찾았으나 제2차 세계대전으로 러시아 작가들은 냉혹한 시기를 맞이했다. 스탈린의 지시에 따라 작가는 체제를 비판하지 않으며, 소련의 현실을 긍정적으로 받아들여야 하고, 부르조아적 색채를 배제한다는 지침을 따라야 했다. 여기서 개인의 인권이 아니라 당의 지도적 역할, 대중 집단에 그 우월성을 두고 있었다.

그러나 1953년 스탈린이 사망한 후 소련은 새로운 변화가 일어났다. 많은 작가들이 감옥과 수용소에서 석방되었고 검열제도는 완화되었다. 이 시기를 상징하는 '해빙' 이라는 말 그대로 문학 부분에서도 얼었던 물이 녹아내렸다.

그리고 개혁과 개방 이후 러시아 문학은 1980년대 이후는 어두운 분위기를 반영하는 문학작품이 나왔고, 후반기에는 다양한 저널리즘이 발전했다는 점이다. 그러나 소련연방이 해체된 후 러시아 문학은 정부로부터 소외되면서 급기야 위기 상황을 맞이하게 되었다. 정부의 재정 지원으로 관료화된 예술 동맹이 재정지원이 중단되자 스스로 해체되었다. 결국 소련의 붕괴는 문화의 퇴조 현상을 초래했고, 러시아 문학은 전진과 퇴보의 기로에 서 있게 되었다.

2) 러시아의 음악

나는 러시아의 음악 가운데 차이코프스키의 것을 좋아한다. 러시아의 음악하면 먼저 떠오르는 사람들이 바로 차이코프스키, 라흐마니노프, 스트라빈스키 같은 음악가들이다. 러시아의 음악은 서구 유럽의 영향을 많이 받아 성장했지만 러시아 색깔을 확보해 음악 분야는 독창적이고 고유한 세계를 다져나갔다.[5]

고전주의를 대표하는 클린카를 시작으로 국민악파 5인 그룹, 차이코프스키, 라흐마니노프, 스트라빈스키 등이 조화롭고 아름다운 선율을 선보였다. 이로 인해 러시아의 음악은 세계적으로 명성과 환호를 받았다.

18세기 이전의 러시아 음악은 외래적 요소가 자리 잡았다. 988년 기독교 유입으로 비잔틴 문화가 러시아에 침투하게 되었고, 그 이후 비잔틴 성가가 러시아에 유행하여 공식적인 음악으로 자리 잡게 되었다. 따라서 기독교가 유입되기 전에는 농사와 관련된 노래, 혼례, 장례, 축제 등의 의례적인 민속음악들은 부차적인 위치에 놓이게 되었다.

타타르가 지배하던 시기는 교회음악이 쇠퇴하고 지방색이 풍부한 민중음악이 발달했다. 16세기 들어 노래를 작곡하는 것을 즐겼던 이반 대제의 적극적인 정책으로 즈나멘니 성가가 전성기를 맞이하게 되었다. 이 성가는 시간이 지나면서 장식이 많아 화려한 양식으로 변화하기 시작했다. 알렉시스 황제시대(1645-1676)에는 서유럽의 음악과 새로운 악기

---

5) Ibid., 504-5.

들이 소개되어 상류층에서 배우면서 모방해갔다. 1672년에는 궁중극장이 만들어져 여러 편의 연극이 공연되기도 했고, 이것은 러시아의 연극과 오페라의 모태가 되었다.

18세기 러시아 음악은 표트르 대제의 서구화 정책으로 큰 영향을 미쳤다. 이 시기에 음악은 국가의 공식적인 지원과 지배로 발전하게 되었다. 또한 독일의 음악가들과 연극배우들이 러시아에 들어와 활동하기도 했다. 당시 궁중음악은 안나 여제 시대(1730-1740)에 들어와 뿌리를 내리게 되었다. 현재 남아 있는 최초의 인쇄 악보도 이 시기에 출판된 것이다. 이 때 이탈리아 작곡가 아라자는 1732년 배우, 가수, 무용수, 무대 장식가들과 함께 상트페테르부르크에 들어와 궁중 오페라단을 창설하였다. 그후 그는 오페라를 작곡하고 공연하였다.

19세기 러시아 음악은 1820년대 들어서면서 보다 강화되었고, 당시 고전주의를 벗어나지 못하던 때에 작곡가의 개성과 민족적 특징 등이 잘 살아나는 음악으로 자리 잡게 되었다. 1812년 조국전쟁의 승리로 작곡자들은 영웅적 주제와 애국심을 주제로 장엄한 오케스트라 형식의 작품들을 만들었다. 알렉세이 지토프의 영웅적 오페라 '이것이 러시아인이다', 카보스의 발레곡 '국민국, 조국애' 와 '국민군의 귀환' 등은 이런 성격의 작품들이다.

19세기 중반에는 작곡가들이 대거 등장하는 시기로 음악 비평, 음악 이론이 활발하였고, 수준 높은 음악연주회가 자주 열려 일반 음악 애호가들의 큰 호응을 얻었다. 따라서 민족주의 작곡가들은 국가의 전기나 역사 또는 전설 등을 오페라나 교향시의 기초로 삼았다. 그 대표적인 음악가는 국민 5인 그룹이다.

20세기의 러시아 음악은 19세기 말에서 20세기 초 러시아 예술이 세계 모더니즘 예술계의 선구자 역할을 하던 무렵이었다. 당시 모스크바의 스크랴빈, 라흐마니노프가 상트페테르부르크에서는 스트라빈스키와 프로코피에프 같은 음악가들이 배출되어 현대음악을 발전시키면서 세계 무대에서 각광을 받게 되었다.

소비에트 시대의 음악은 1917년 혁명 이후 급격한 변화를 맞이하여 라흐마니노프, 스트랴빈스키, 프로코피예프를 비롯한 많은 예술가들은 서방으로 망명하였다. 프로코피예프는 소련으로 귀국하여 쇼스타코비치와 음악의 흐름을 주도하였다. 그러나 그들에게 요구된 것은 사회주의 리얼리즘의 규격화된 혁명적 음악이었다. 그리고 현대 러시아 음악은 작곡뿐만 아니라 연주에 있어서도 뚜렷한 발자취를 남겼는데 서방으로 망명한 피아니스트 루빈슈타인, 호로빗, 아쉬케나지와 바이올린 연주자 하이페츠, 첼리스트 파블로프, 로스트로포비치 등은 매우 유명하다.

3) 러시아 미술

러시아의 미술은 동슬라브족의 미술 작품의 영향을 받아 발전했다. 이들은 4-5세기에 이미 건축 재료로서 나무를 갖고 목조건축, 목제구 등이 러시아 미술의 토대가 되었다.

10세기 말 러시아는 동방정교회의 전통이 문화와 관련을 맺고 있었기

에 고대 그리스와 비잔틴의 예술이 강하게 나타난다. 14세기 노브고로드의 이콘[6] 에는 깊은 비장감이 짙은 색채와 강렬한 리듬이 표현되고, 인간의 육체적 미(美)보다는

정신세계의 표현을 중시하였다.

　15세기의 노브고로드의 이콘은 매우 세속적이었다. 화가들은 교회의 이콘의 규범을 표면적으로 지키면서 그리스도의 신비주의를 점차 버리는 경향으로 가고 있었다. 16세기 러시아 이콘은 역사적 또는 애국주의적 테마로 한 작품이고, 다른 한편으로는 현실로부터 멀리 떨어진 피안의 세계, 종교적이고 소박한 환상의 세계를 테마로 한 작품들이다. 17세기에는 영웅적인 전쟁의 주제가 핵심이었고, 후기 이콘의 주제는 현실적 주제와 신비적 주제가 대립하게 되었다. 그러면서 17세기의 전위적 화가들의 작품에는 점차 새로운 양식인 중세 러시아 바로크 회화의 특징을 이루어갔다.

　표트르 대제시대(18세기)의 미술은 세속화된 서구 미술이 번성하였고, 후반에는 이콘 회화의 전통과는 별개로 러시아 세속화 학파가 등장하였다. 19세기의 미술은 고전주의를 기초로 하여 발달하였다. 20세기에는 다양한 분파들이 형성되었는데 크게 사실주의와 모더니즘적 경향으로 나타났다. 스탈린시대의 예술은 당의 통제와 감시로 더욱 획일화되어 사회주의적 사실주의라는 공산주의 이념과 민중을 교육시키는 미술로 발전하였다. 1960-70년대에는 반체제 예술 단체들이 점차 활동하게 되었으며 개방 이후 러시아 미술은 서방세계의 미술사조가 혼합되어 다원화의 현상으로 흐르고 있다.

---

6) 이콘은 영어의 아이콘(icon)을 말한다. 중세 미술에서 아이콘은 예수와 성모, 성경에 등장하는 인물들의 형상을 뜻한다. 이콘화 덕분에 글을 몰라 성경을 읽을 수 없었던 중세 민중들도 교리와 성인의 가르침을 이해할 수 있고 신의 존재를 구체적으로 느낄 수 있었다. 아이콘은 보이지 않는 것들의 육화된 감성적 상징이다. 보이지 않는 것들이 곧 신의 세계이다. 그래서 이콘화가 없는 러시아는 상상할 수 없다. 그리고 이콘의 역사는 12세기경 비잔틴 제국의 수도였던 콘스탄티노플에서 키에프로 전해졌다. 이콘은 중세 러시아인의 삶과 문화예술 발전에 중요한 영향을 끼쳤고 오늘날도 러시아의 가슴에 영향을 주고 있다. 그리고 러시아 미술을 이해하길 원한다면 이진숙, 『러시아 미술사』(서울: 황금가지, 2007), 21-24을 참고바란다.

4) 러시아 발레

발레(ballet)는 노래하며 연주하고 춤추는 것을 말한다. 전통적인 발레는 음악, 디자인, 마임 그리고 춤을 동반하는 것을 말한다. 러시아의 발레는 알렉세이 황제(1673)를 위해 독일의 한 무용단이 러시아에서 최초로

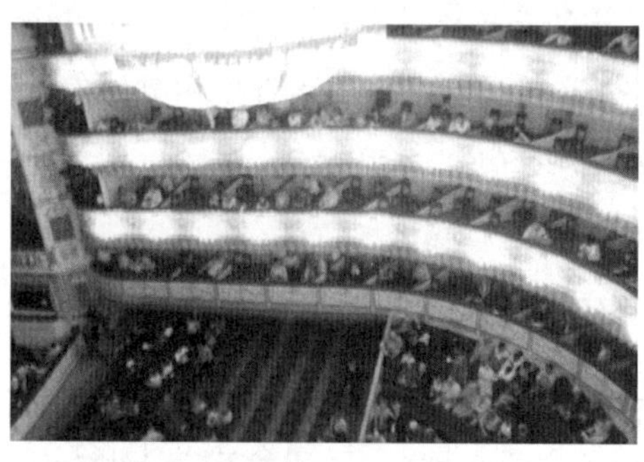

'오르페우스와 유리디스의 발레'를 공연한 것으로 시작하여 오늘에 이른다.

19세기 프랑스에서 발레가 들어 온 이래, 러시아는 그것을 모방하는 수준이었다. 그러나 19세기 들어 러시아 발레는 활기를 찾기 시작했고, 모스크바와 상트페테르부르크에서 발레학교와 발레단의 책임자로 활약했던 발리베르흐에 의해 발전하기 시작했다.

그후 모스크바의 발레는 고르스키의 등장과 함께 부활했다. 그 후 러시아 발레는 마린스키 발레단과 볼쇼이 발레단으로 쌍벽을 이루면서 세계적인 명성과 각광을 받고 있다. 발레에는 '마임'과 '의미'가 있다고 한다. '나'를 표현할 때는 양손 가운데 손가락이 자기 자신을 향하게 한다. '당신'은 손을 벌려 상대를 향하게 한다. '기억하다'는 검지로 관자놀이를 만지고, '감사하다'는 가볍게 머리를 숙이고 고마운 사람을 향하여 한 손을 가슴에서부터 아래로 내린다. '간청'은 깍지 낀 두 손을 모아서 애원하는 몸짓을 하며, '사랑'은 두 손을 겹쳐 가슴위에 덮는다. '입 맞추는 것'은 손가락으로 입을 만지고, '슬픔'은 손가락으로 얼굴에 떨어지는 눈물자국을 따라 선을 긋는다. '축복하다'는 신의 은총을 입은 사

람의 머리를 손으로 만지는 것으로 표현한다.

러시아의 발레의 권위자 그리고로비치가 이끄는 볼쇼이 발레단은 세계적으로 유명한 작품들을 선보였다. 석화, 스파르타쿠스, 이반 대제, 사랑의 전설, 호두까기 인형, 잠자는 숲 속의 미녀 등이다.

특히 2001년 볼쇼이 극장 개관 225주년을 맞아 세계 예술 애호가들의 관심이 집중된 일이 있다. 극장 측은 격조 높은 오페라와 발레 공연을 준비해 손님을 맞았다. 비록 정부 보조금의 급감에 따른 재정난과 신구 세력간의 갈등으로 어려움을 겪고 있지만 러시아 문화의 한 축을 이 극장의 역사가 대변하고 있다. 특히 블라디미르 푸틴 대통령은 개관 225주년을 축하하는 연설에서 볼쇼이 극장을 러시아 문화의 상징으로 추켜세우며 대보수 계획을 적극지원하겠다고 밝혔다. 발렌티나 마트비옌코 부총리 등 다른 정부 고위관리들도 볼쇼이가 예술적 사명을 완수 할 수 있도록 모든 지원을 아끼지 않겠다고 다짐했다.[7]

5) 러시아 영화

러시아에서 영화는 빼놓을 수 없다. 러시아 영화는 1896년에 첫 선을 보인 프랑스 뤼미에르 형제의 활동사진의 영향으로부터 시작하여 '시베리아 이발사', '러브오브시베리아'에 이르기까지 러시아 영화는 정체기를 겪으면서 발전해 왔다.

뤼미에르가 만든 영화가 첫 선을 보인 것은 상트페테르부르크의 여름 극장인 아쿠아리움에서였다. 러시아에서 이 뤼미에르의 시네마토그라프는 사람들에게 독립적인 하나의 볼거리로 흥미를 제공하였다. 점차로 19세기말 20세기 초 영화는 러시아인들의 생활 속으로 파고들어 왔다.

---

7) 연합뉴스, 2001. 3.30. 보도내용 재인용.

1919년 8월 레닌이 직접 서명한 영화산업 국유화 선포가 발효된 때부터 본격적으로 시작되었다. 러시아 영화는 러시아 문학의 고전작품을 영화화하는 등 소련 국영 체제 아래 크게 발전하였다.

1920년대 소비에트 영화는 황금기였고, 1930년대의 영화는 이론에 대한 비판과 더불어 획일화되는 경향을 걷게 되었다. 게다가 30년대의 영화 작품에 대한 검열제도는 심각한 창작적 침체 위기를 가져오게 되었다. 이 당시의 영화 특징은 형상화된 레닌의 모습이 영화 속의 주인공으로 등장한다. 이는 스탈린은 레닌의 절대적인 모습을 통하여 자신을 신화화하려는 정치적 목적을 가지고 있었다. 이 시기의 영화 특징은 노동의 가치와 노동의 위대성이 강조되었다. 1940년대는 스탈린의 공포 통치와 개인숭배가 강화되어 경직된 분위기가 고조되었다. 제2차 대전이 발발하면서 조국을 위해 영웅적으로 투쟁하는 민중들을 그린 다큐멘터리 영화와 뉴스가 쏟아져 나왔다. 1950-60년대는 해빙과 결빙의 시기이다. 스탈린 사망이후 후루시초프가 정권을 잡은 이후 영화 부분에서 해빙기가 되었다. 이 시기는 세계대전의 폐해와 상흔 및 진실을 새로운 감성으로 이데올로기보다는 휴머니즘적인 관점에서 묘사하고자 했다. 1964년 브레즈네프가 정권을 잡은 시기는 사회와 문화의 긴 정체기로 평가된다. 브레즈네프가 문화에 대한 통제 및 감시를 강화시킴으로써 당 정책에 적합하지 않은 영화들은 재 촬영되거나 상영 금지되었다. 그리고 이 시기에 다른 공화국에서는 정부의 징계에 덜 노출되었던 영화 즉 우회적이고 시적인 영화들을 만들어 내었다.

개혁개방 이후의 영화는 고르바초프의 개방개혁정책으로 억눌렸던 검열제도를 폐지하고 언론의 자유를 허용했다. 이로 인해 100편이 넘는 금지된 작품들이 상영되기 시작했으나 영화제작에 국가의 지원이 중지

되었다. 시장경제 원리에 의한 냉혹한 자유 경쟁 체제는 영화제작에 큰 타격을 입혔다. 그 후 자본주의 대중문화의 범람으로 본격적인 예술영화는 대중들로부터 철저히 외면당했다. 오늘날 러시아 영화는 그 예술성과 고유성의 문제보다는 대중성과 상업성의 문제로 치우치는 경향을 보인다.

7. 러시아의 화폐 기준

사람들이 사는 곳, 경제활동이 이루어지는 곳에는 화폐가 통용되는 것이 일반적이다. 러시아인들의 GDP는 69,465억 루블(약 $2,508 억) (2000년 기준)이다. 국민 1인당 GDP는 46,936루블(약 $1,694) (2000년 기준)이다.

러시아의 화폐단위는 루블(Rouble) / 1$=25.20루블 내외 (2007년 7월 기준)이다.

8. 풍요를 향한 갈망

이제 휴대폰을 가장 많이 사용하는 나라는 한국인 것 같다. 그리고 핀란드, 싱가포르, 미국, 중국 등이 그 뒤를 잇고 있다는 것은 몇 년 전 일이다. 그러나 최근 들어 러시아도 사용인구가 급증하고 있다.

러시아는 시내 어디를 가든지 시골의 작은 도시에 가도 휴대폰을 사용하는 사람들이 많다. 러시아에서 휴대폰 인구가 급증하는 것은 유선전화를 보급받기가 어렵기 때문이라고 한다.

러시아 사람들에게 경제가 어려워도 휴대폰은 필수가 되었다. 네프스키 대로 주변에는 유명상품을 파는 상가가 즐비하다. 거리마다 유명 제조사의 신상품들이 광고되고 있다. 수입은 적고 눈높이는 높아 그 괴리

감에서 오는 정신적 압박을 술과 향락으로 풀어보려고 한다고 해석해도 좋을 듯싶다. 러시아에서 일부 부유층과 대다수 서민층의 삶은 너무도 차이가 많이 난다. 경제 능력이 있는 사람들은 외제차와 좋은 옷을 입고 다니지만 과거 소련시대의 노인층들은 지하철 입구 등에서 꽃과 야채를 팔면서 생활하기도 한다. 따라서 러시아는 세계 최강의 우주과학을 자랑하지만 지금은 자동차와 휴대폰, 개인용 컴퓨터와 고급 음식을 갈망하고 있다.

최근 몇 년 사이에 러시아는 자가용 운전자가 급증하고 있으며 운전 미숙으로 인하여 교통사고가 자주 일어나고 있다. 이는 젊은이들이 돈을 벌어 마이카 시대를 열어가고 있는 모습이다. 러시아 청년들은 돈을 벌 수 있다면 무엇이든 뛰어들 각오로 일을 하려고 한다.

9. 상트페테르부르크 지역 연구

나는 상트페테르부르크에 도착하여 훈련과 사역을 하면서 이 지역을 탐방하는 것은 선교에 매우 중요하다고 느꼈다. 상트페테르부르크는 러시아 10월 혁명의 성지이다. 러시아 10월 혁명 기념일(율리우스력으로

10월 25일, 양력 11월 7일)이 90년이 지난 지금, 도로에서 만난 노동자들의 반응은 모두 '사회주의와 자본주의 근로체계를 비교해 달라' 고 주문하면 한결같이 '사회주의는 낡은 이념의 껍데기에 불과하다' 며 사회주의에 X자를 긋는다.

아무튼 상트페테로부르크는 러시아 북서쪽 발틱 해의 관문이다. 면적은 606㎢이고 인구는 466만1219명(2002년 센서스 이하 2006년 통계)이다. 경제성장률은 13%이며 소비자 물가상승률은 12%로 비교적 높은 편이다. 실업률은 9.4%이며 월평균 임금은 534$이다. 도시의 예산은 약 1800억 루불(약 72억 달러 한화 약 6조 6천억 원)이다. 외국인 투자는 53억 달러(전년도에 비해 371%)이다. 글로벌 기업 진출은 도요타 자동차, 보쉬, 닛산 자동차, 질레트, 코카콜라가 있다.[8]

러시아의 변혁 이후 사회주의와 자본주의를 모두 겪은 50대 후반이 지난 고령의 노동자들은 '이제 우리가 자본주의와 시장경제 예찬론자가 됐다' 고 말한다. 그러나 내가 방문하여 느낀 것은 러시아인들은 사회주의의 희미한 그림자가 있음을 발견할 수 있다. 특히 외국 기업가들은 이렇게 말한다. '90년간 굴러온 비효율적인 노동 시스템과 관행이 공장 일부에 남아 젊은 노동자들의 근로 의욕을 떨어뜨리고 있다' 고 귀띔했다.

이제 러시아 혁명세대나 그 후의 사람들은 일한 만큼 보상받는 체제는 사회주의가 아닌 자본주의라는 것을 알고 있다. 노동자들은 정치파업의 추억을 잊고 야간작업도 기꺼이 한다. 이러한 노동현장의 분위기는 2007년 상반기 제조업 성장률 12.5%로 2006년의 3배 수준이다. 러시아인의 의식은 상당한 변화를 가져왔다. 그들은 혁명군에서 산업역군으로,

---

8) 정위용, "러시아 10월 혁명 90년" 「혁명성지 상트페테르부르크의 오늘」동아일보, 2007년 10월26일(금)

혁명 노동자 후예가 자본주의를 찬양하고 있다. 이는 러시아 사람들이 시장경제를 지향하면서 강한 지도력을 원하고 있음을 읽을 수 있다. 상트페테르부르크의 사람들은 놀라우리만큼 자본주의 영향 하에 살고 있다는 것이 증명되었다. 내가 만난 러시아 사람들은 언제나 '미래사회에서 가장 잘 사는 것이 과제'라고 말한다.

상트페테르부르크시는 네바 강의 지류들을 기준으로 해군부 구역, 바실리예프스키 섬, 페트로그라드 구역, 비보르크 구역 등 크게 4개 구역으로 나뉜다. 해군부 구역은 시의 중심부로 네바 강 본류의 남쪽 좌안에 자리 잡고 있으며, 네바 강의 2대 지류인 볼샤야[大]네바 강과 말라야[小]네바 강 사이에 시의 기원인 페트로파블로프스크 요새가 있는 바실리예프스키 섬이 있다.[9]

페트로그라드 구역은 말라야네바 강과 볼샤야네프카 강이 에워싸고 있는 여러 개의 작은 섬들로 이루어진 구역이며, 비보르크 구역은 볼샤야네프카 강 동안과 네바 강 북쪽 우안에 있다.

1) 해군부 구역

해군부 구역은 역사적·문화적 유적이 가장 많은 곳이다. 구 해군부 건물이 이 구역의 중심부이며 현재는 해군대학으로 이용되고 있다. 구 해군부 건물의 맞은편 동쪽에는 시에서 가장 오래된 겨울궁전 광장이 있다. 이 광장의 중앙에는 알렉산드르 기념주가 있는데, 화강암으로 만들어진 이 거대한 비는 무게가 무려 600t이고 높이가 50m에 달한다.

광장과 네바 강 사이에 바로크 양식의 화려한 겨울궁전이 있다. 지금은 에르미타쥐 박물관이 된 이 궁전은 차르 황실의 주요거처였다. 그리

---

9) 2007년 7월9일 러시아 미르선교학교 강의 자료를 인용하였음을 밝혀 둔다.

고 겨울궁전의 맞은 편, 해
군부 구역의 서쪽에는 데카
브리스트 광장이 있다. 이
광장의 중앙에 '청동의 기
사'로 알려진 표트르 대제
의 기마상이 있고, 그 아래
쪽으로 과거 원로원 의사당
으로 쓰였던 건물과 이삭
대성당이 있다.

　도로는 구 해군부를 중심으로 방사상으로 뻗어 있는데, 그 중 겨울궁
전으로부터 동쪽으로 뻗은 네프스키 대로가 가장 중요하다. 이 도로는
초기부터 중심가 역할을 했으며, 도로변에는 스트로가노프 · 아니치코
프 · 슈발로프 궁전, 카잔 대성당, 푸슈킨 극장 등 역사적으로 유명한 건
물들이 많다.

2) 여름궁전지역

　해군부 구역 겨울 궁전으로부터 북쪽 네바 강의 강변에는 250개의 조
각품을 지닌 여름 정원과 여름 궁전이 있다. 여름 궁전은 1710~14년 표
트르 대제가 이 도시에 최초로 건축했던 궁전으로 초기 바로크 양식으로
지어졌다. 이 여름 궁전에서 북동쪽으로 네바 강이 크게 곡류하는 곳에
유명한 스몰니 학원이 있다. 이 학원은 본래 수녀원으로 러시아 귀족들
의 딸들을 가르치는 학교였으며, 1917년 10월 혁명 중에는 볼셰비키의
본부로 사용되었다.

3) 바실리예프스키 섬

바실리예프스키 섬은 방어에 유리한 지리로 인해 이 도시에서 최초로 개발된 지역 가운데 하나이다. 도심 중앙부의 북서부 한 부분을 차지하는 이 섬에는 푸슈킨 광장, 멘시코프 궁, 중앙해군박물관, 과학 아카데미, 예술 아카데미 등 중요한 시설과 유적들이 많으며, 지금은 문학 박물관과 푸슈킨 하우스로 알려진 러시아 문학연구소를 수용하고 있는 구세관 건물과 국립대학교가 유명하다. 또한 네바 강 유역에는 10월 혁명 때 겨울 궁전으로의 진격 신호 포성을 울린 순향함 아우로라호가 영구히 정박하여 혁명 기념관으로 이용되고 있다.

4) 페트로그라드 구역

페트로그라드 구역에는 시의 기원인 페트로파블로프스크 요새가 있다. 이 요새는 처음에는 토벽이었으나 높이 12m에 벽의 두께가 3.6m인 석벽으로 개축되었다. 19세기에 주로 정치범을 가두는 감옥으로 이용되었던 이 요새에는 오늘날 박물관이 들어서 있다. 지금도 요새의 능선에는 300문의 포가 설치되어 있어 정오마다 포를 쏜다. 요새의 성마루 너머로는 1712~ 33년에 세워진 상트표트르와 상트파벨 대성당의 첨탑이 화살처럼 솟아올라 있는 것이 보이는데, 이 성당에 표트르 대제 이후의 역대 황제와 황후들이 묻혀 있다.

5) 비보르크 구역

비보르크 구역은 가장 늦게 개발된 곳으로 공업지역이다. 그러나 처음부터 공업지역으로 개발된 만큼 1917년 볼세비키의 혁명을 지지하는 중심지가 되었다. 이 구역에서 가장 유명한 곳은 네바 강을 사이에 두고 해군부와 마주 보는 핀란드 역이다. 핀란드 철도의 러시아 방면 종착역인 핀란드 역을 통해 레닌이 1917년 4월 13일 스위스로부터 귀환했다. 레닌이 이곳에서 러시아의 역사를 바꾼 볼세비키 혁명에 관한 최초의 연설을 했던 일을 기념하여 레닌 동상이 역 근처에 세워져 있다.

6) 교외지역

상트페테르부르크 대도시권은 이 도시를 중심으로 푸슈킨, 파블로프스키, 갓치나 시 등의 위성도시를 포함하고 있다. 핀란드 만을 따라 면적 1,355㎢의 말편자 모양으로 펼쳐져 있는 이 대도시권은 핀란드 만의 북쪽 해안선을 따라서 서쪽 방향으로 휘어지면서 거의 80㎞ 떨어진 젤레로고르스크까지, 그리고 남쪽 해안선을 따라서도 서쪽 방향으로 휘어져 페트로드보레츠와 로모노소프까지 이르고, 내륙의 동쪽으로는 네바 강을 따라 이반노프스코예까지 이어진다.

시 외곽의 새로 개발된 교외지역은 대규모 아파트 단지가 들어서 있지만, 대체로 인구밀도가 낮고 주변에 녹지가 많다. 특히 핀란드 만의 북쪽은 전원적 교외주택지로 일부 상류층의 별장 다차와 요양소, 어린이 캠프, 해수욕장 등이 모래사장과 사구를 끼고 침엽수림 사이로 아름답게 펼쳐져 있다.

7) 상트페테르부르크 지역의 기후

위도 상으로는 상당히 북쪽에 있지만, 대서양의 영향으로 남쪽에 있는 모스크바보다 오히려 온화한 기후를 보인다. 그러나 겨울의 추위는 매서워 1월 평균 기온이 −8℃이며 때로는 −40℃까지 내려가기도 한다. 눈이 덮여 있는 날이 연평균 132일이나 되고 이 도시에서 흐르는 네바 강은 보통 11월에 얼어붙기 시작해서 이듬해 4월이 되어서야 풀린다. 여름철 기온은 7월 평균이 18℃로 생활하기에 적당하다. 북극권에 가까운 까닭에 겨울철에는 밤이 길지만 여름 초기에는 백야가 계속된다. 연평균 강수량은 약 584mm로서 여름철에 비가 가장 많이 내린다.

8) 상트페테르부르크 위치

이 도시는 핀란드 만의 꼭대기, 네바 강의 삼각주에 있다. 본래 습지였던 저지대에 자리 잡고 있어 홍수의 피해가 큰 데, 특히 강한 바람이 강물을 역류시키는 가을철과 해빙하는 봄철에 홍수가 많이 발생한다. 1777년, 1824년, 1924년에는 매우 큰 범람으로 도시 전체가 물에 잠기기도 했다. 이에 홍수의 피해를 막고 배수를 돕기 위해 많은 운하를 만들었으며, 1980년대에는 핀란드 만을 가로지르는 총 길이 28.8km의 둑을 건설하기 시작했다. 이러한 인공 운하들과 천연 수로들로 이 도시는 수로와 다리들로 가득해졌고 이에 '북방의 베네치아' 라는 별칭을 얻었다.

9) 경제

상트페테르부르크는 러시아 연방에서 가장 중요한 공업도시이자 북
서부 공업지대의 중심지로 전체 고용인구의 절반 이상이 공업과 건설업
에 종사한다. 공업은 기계공업과 화학공업이 특화되어 있다. 특히 기계
공업 분야가 발달하여 시 공업생산의 1/2 이상을 차지하는데 이는 이 도
시가 일찍부터 공업이 발달해 기계공업에 필요한 숙련 노동력이 풍부하
기 때문이다.

기계공업 다음으로 중요한 것은 화학공업이다. 이 도시의 화학공업은
비료 · 타이어 · 합성고무 · 페인트 · 플라스틱 · 약품 등 다양한 제품을
생산한다. 이 외에 냉장고 · 라디오 · 텔레비전 등 가전제품 중심의 소비
재 공업과 자동차 공업도 꽤 발달했다. 소비재 제조업은 주로 이 도시를
중심으로 한 시장을 대상으로 한다.

이 도시에서 발달한 최초의 공업인 조선업도 러시아 연방에서 가장 규
모가 크며, 원자력 쇄빙선 레닌호도 이곳 조선소에서 만들어졌다.

10) 교육 · 문화

고용 인구 가운데 상당수가 교육 · 예술 · 과학 계통에 종사할 정도로
상트페테르부르크는 러시아 연방에서 가장 중요한 교육과 과학 연구의
중심지이다. 대표적 교육기관은 1819년 설립된 국립대학교이다. 이 대
학교는 모스크바대학교와 함께 러시아 연방에서 가장 큰 대학교로 특히
수학을 비롯한 자연과학 분야에서 뛰어난 인재들을 배출했다.

연구소로는 광업연구소(1773), 군사의료 아카데미(1789), 과학기술연
구소(1899) 등이 있으며, 1757년에 설립된 예술 아카데미는 국립대학교
못지않게 유명하다. 이 외에도 고등교육기관과 전문기술중등학교가 많

다. 이곳 연구 활동의 중심지는 과학 아카데미의 도서관이다. 과학 아카데미의 본부는 혁명 후 모스크바로 옮겨갔지만, 도서관은 이 도시에 그대로 남아 있다.

상트페테르부르크는 초기부터 서구문화를 받아들이는 창구와 러시아 문화의 중심지 역할을 해 왔다. 따라서 대규모의 공연장과 극장 등의 문화시설이 많으며, 그 질적 수준도 매우 높다. 그 중에서 키로프 국립 아카데미 극장은 국제적으로 명성이 높으며, 극장 소속의 키로프 발레단은 자주 해외 순회공연을 갖는다. 박물관으로는 에르미타쥐 박물관과 러시아 그림만 전문적으로 전시하는 러시아 국립박물관이 유명하다.

에르미타쥐 박물관은 본래 겨울궁전이었던 곳으로 런던의 대영박물관이나 파리의 루브르 박물관 못지않은 수준의 소장품을 자랑한다. 이 외에 푸슈킨 하우스 문학박물관도 전문적인 수집활동으로 널리 알려져 있다.

11) 교통

상트페테르부르크 도시는 육상 · 해상 · 항공 교통의 요지이다. 이곳 항구는 러시아 연방 최대의 무역항으로 각종 수출입품이 드나들며, 여름철에는 여객선이 정기적으로 스톡홀름과 영국의 틸베리까지 운항한다. 이 항구는 또한 네바 강의 하항으로 네바 강과 라도가 호를 거쳐 백해, 북극해, 카스피 해, 볼가-발트 수로 등 유럽권 러시아의 내륙 수로체계와 연결된다.

철도는 러시아 연방 내의 모스크바를 비롯한 주요 도시들뿐만 아니라 헬싱키와 바르샤바 등 유럽의 북부와 중부 각지로 방사상으로 뻗어 있다. 이들 노선의 주요 종착역으로 모스크바, 바르샤바, 핀란드, 발트, 비테프스크 역 등이 있다.

시내에는 1955년부터 지하철이 개통되어 운행되고 있고, 그 밖에도 시 외곽과 위성도시들을 연결하는 교외철도망, 버스, 전차, 무궤도전차 등이 잘 발달되어

있다. 항공로는 베를린, 파리, 런던 등과 연결되며, 풀코보 국제공항이 시에서 남쪽으로 18㎞ 떨어져 있다.

12) 사회 · 행정

이 도시는 상트페테르부르크 주의 주도인 동시에 러시아 연방의 직할시이다(1931~). 16개의 구로 이루어졌으며, 구 밑에는 17개의 도시구역이 있다. 상트페테르부르크 대도시권에는 별도의 지방정부가 관리하는 5개의 시가 있는데 이 시들은 상트페테르부르크의 16개 구와 같은 지위를 가진다. 시민은 대부분 러시아인이다. 혁명 전에는 폴란드인 · 발트인 · 독일인 등이 상당히 많았지만, 이들은 스탈린에 의해 제1 · 2차 세계대전 사이에 추방되었으며 많은 러시아 농민들이 유입되어 전후에는 이주민이 원주민의 수효를 능가했다.

이 도시에는 국가의 각종 핵심부서가 있어 과거 수도로서의 지위를 지금도 부분적으로 가지고 있으며, 제2차 세계대전 때 독일군의 포위공격을 방어한 공로로 영웅시(英雄市)의 자격을 부여받았다.

주택들은 시의 역사에 비해 현대식 건물이 많다. 그것은 대부분의 주택이 제2차 세계대전 때 파괴되어 전후 대규모의 건설계획에 의해 복구

된 것이기 때문이다. 그 결과 인구의 상당 비율이 일부 고층 아파트를 포함한 비교적 현대적인 아파트에 살고 있다. 이런 주택은 대부분 중앙난방 방식이며, 다른 생활 서비스 시설도 잘 갖추어져 있다. 차르 시대의 악명 높았던 생활환경과는 달리 오늘날의 상트페테르부르크는 깨끗하고, 공공 서비스 시설을 거의 완벽하게 갖추고 있다. 시민들을 위한 수백 개의 의원과 함께 종합병원과 병원도 150개에 달한다.

13) 역사

표트르 대제에 의해 건설된 이 도시는 러시아에서 특별한 역사적 의미를 가지고 있다. 뿐만 아니라 수차례의 농노들의 반란과 혁명에 의해 무수한 사람들이 흘린 피로 얼룩진 이 도시는 영적인 눈으로 바라볼 때 매우 어두운 도시라 할 수 있다.

(1) 정착 초기

상트페테르부르크가 있는 핀란드 만 주변에 러시아인들이 정착하기 시작한 것은 8~9세기부터이다. 당시 잉거만란트 또는 잉그리아로 알려진 이 지역은 노브고로드에 귀속되었으나 오랫동안 거의 사람들이 살지 않는 버려진 땅이었다. 15세기에 이 지역은 모스크바 대공국의 영토가 되었으나 1617년 스웨덴이 잉그리아를 합병하고 네바 강을 따라 요새를 세움으로써 스웨덴 령이 되었다. 그 후 제2차 북방전쟁(1700~21)에서 표트르 대제가 노테부르크 요새(지금의 페트로크레포스트)를 공격하여 1703년 함락시키고 이어 네바 강 하류에 있는 스웨덴의 닌스한츠 요새를 점령하여 네바 강의 삼각주를 손에 넣음으로써 이곳은 다시 러시아의 영토가 되었다. 시의 건설은 닌스한츠를 점령한 직후 스웨덴과 전쟁 중이던 그해 5월 27일(구력 5. 16) 표트르 대제가 직접 자야치 섬에 페트로파블로프스크 요새의 주춧돌을 세움으로써 시작되었다. 요새 건설 후 곧 표트르 대제는 요새의 반대편 강기슭에 해군부 조선소를 세우고 요새와 조선소를 중심으로 '유럽으로의 창' 을 열기 위한 신도시 건설에 착수했다.

(2) 상트페테르부르크 성립

1712년 마침내 수도를 모스크바에서 이곳으로 옮기고, 도시 이름을 상트페테르부르크라 명명했다. 많은 귀족과 상인들이 새 수도로 이주해왔으며 그들이 살 집과 궁전, 정부관청 등이 신속하게 건설되었다. 처음에는 목조건물들이 세워졌으나 곧 석조건물들로 대체되었다. 시의 건설을 위해 당시의 유명한 건축가, 조각가, 장인들이 러시아 전역은 물론 프랑스, 이탈리아 등 외국으로부터도 초빙되었다. 당시 세워진 건물 가운데 상인거래소(지금의 해군박물관), 세관(지금의 문학박물관), 해군 병원, 여름궁전 등은 지금도 남아 있다.

표트르 대제는 이러한 시 건설과 함께 서방으로 통하는 지름길을 얻기 위해 항만시설을 건설하는 한편 1709년에는 상트페테르부르크를 중앙 러시아 및 볼가 강 유역의 내륙 수로 망과 연결하는 비슈네볼로츠키 운하를 완공했다. 1727년 네바 강을 건너는 첫 부교를 시작으로 많은 수로와 운하들 사이에 370여 개의 다리를 놓았다. 이런 점에서 이 도시가 세워지는 데에 비용이 많이 들었다.

(3) 표트르 대제

이렇듯 러시아의 근대화에 가장 공이 컸던 사람은 표트르[10] 대제

(1672-1725)이다. 표트르 대제는 유럽 선진국의 제도나 기술을 적극적으로 도입하고 대대적인 개혁사업에 착수했다. 원로원의 설치, 세제의 개혁, 14등급의 관제 제정, 교회의 권리제한, 학교의 신설, 문자의 개발, 많은 국영공장의 설립, 해군의 창설, 과학아카데미의 설립, 러시아 지도 작성과 천연자원에 대한 조사 개시 등 눈부신 발전을 이룩했다.

대외적으로는 표트르의 치세는 전쟁으로 계속된 파란의 세월로서 평화스러웠던 해는 단 1년밖에 없었다. 가장 큰 전쟁은 스웨덴과의 21년간에 걸친 해전에서 대승하고 계속해서 한쿠트 해전에서도 이겼으며 현재의 라트비아와 에스토니아의 상당한 지역을 획득하여 발트해로의 출구를 확보했다. 그리고 이곳에 유럽에의 창문인 상트페테르부르크를 건설하여 수도로 정했다. 이때부터 제정 러시아 시대가 막을 열었다.

전체적으로 볼 때 표트르의 개혁정치는 부정적인 측면보다는 긍정적인 측면이 훨씬 많았다는 것이 역사가들의 평가이다. 그는 러시아를 어두운 과거로부터 끌어내어 근대화와 계몽의 길로 들어서게 했으며, 유럽 세계의 당당한 일원으로 성장시킨 것이다. 이러한 노력의 결과 시를 건설한 지 불과 몇 년이 되지 않은 1726년에 이미 상트페테르부르크는 러시아 전체 대외 무역량의 90%를 차지하게 되었으며, 18세기말에 가서는 조선업을 비롯하여 종이, 페인트, 식료품, 의류, 신발 제조업 등이 크게 발달했다. 인구도 1/3 이상이 군인이거나 행정 관료였지만, 1765년 15만 300명에서 1790년대 말에는 22만 200명으로 급증했다.

---

10) 푸슈킨의 단편소설 『청동기마상』에 의하면 표트르는 기독교회의 반석인 베드로의 러시아 이름을 뜻한다.

⑷ 상트페테르부르크의 발전

역대 짜르들은 아름다운 상트페테르부르크의 건설에 심혈을 기울였다. 처음에는 여름 궁전이나 페트로파블로프스크 요새와 같이 단순한 양식의 건물들이 지어졌지만, 18세기 중엽에는 라스트렐리, 체바킨스키, 스타소프 등 당대 최고의 건축가들에 의해 화려한 색상과 장식을 지닌 러시아-바로크 양식의 겨울 궁전, 스트로가노프 궁전 등이 건축되었다. 18세기말에는 순수한 고전양식에 따라 스몰니 수녀원, 국회의사당, 미하일로프스키 궁전(지금의 러시아 국립박물관) 등 훌륭한 건물이 세워졌다.

아울러 학술과 문화면에서도 많은 발전을 이루었다. 1738년 러시아 최초의 발레 학교가 세워졌으며, 1773년에는 광업연구소가, 1819년에는 상트페테르부르크 대학교가 설립되었다. 그리고 1862년 러시아 최초의 음악학교가 문을 열고, 그곳에서 차이코프스키와 라흐마니노프를 비롯한 작곡가들의 음악이 연주되었다.

⑸ 19세기 교통 통신의 발달

19세기 이후 상트페테르부르크는 화려한 궁정문화와 함께 새로운 역사의 출발점을 향하는 산업도시로서의 본격적인 성장을 했다. 그러한 성장은 무엇보다도 당시의 새로운 교통, 통신수단의 발달에 힘입어 이루어졌다. 1810년 마린스키 운하가 새로 건설되고, 그 다음해 티흐빈 운하가 보수되는 등 내륙 수로 망과 연결운하가 더욱 정교하게 정비되었으며, 1813년에는 러시아 최초의 증기선이 상트페테르부르크에서 건조되었다.

1837년 차르스코예셀로(지금의 푸슈킨 시)와 여름 궁전을 잇는 러시

아 최초의 철도가 부설되었다. 그로부터 5년 뒤 모스크바까지의 철도 건
설을 시작하여 1851년에 상트페테르부르크 - 모스크바 간 철도가 개통
되었으며, 이어 1861~62년 바르샤바를 잇는 노선이 완성되는 등 이 도
시를 중심으로 러시아 내륙과 유럽을 연결하는 철도망이 건설되었다.

(6) 인구 급증과 노동자 집중현상

상트페테르부르크의 이러한 성장은 1861년 알렉산드르 2세(1855~81
재위)가 단행한 농노해방에 힘입은 바 크다. 농노해방[11]에 형식적인 면
이 있긴 했지만, 봉건지주의 속박으로부터 풀려난 농민들은 일자리를 찾
아 당시 러시아 최대 공업도시이자 수도인 상트페테르부르크로 몰려들
었기 때문이다. 그 결과 상트페테르부르크의 인구는 1864년 53만 9,400
명에서 1900년 150만 명으로 늘어났고 10월 혁명이 일어났던 1917년에
는 250만 명으로 급증했다.

이러한 인구급증은 당연히 공업발전에 필요한 값싼 노동력의 공급을
원활하게 했다. 그러나 이러한 인구급증과 산업발전으로 상트페테르부
르크는 차르의 전제정치에 대한 혁명의 온상이 되었다. 국가 기간산업의
집중과 공업의 발달로 1914년 상트페테르부르크에는 정치적으로 민감
한 공장 노동자가 25만 명에 달했다. 특히 이들은 산업이 러시아보다 훨
씬 발달한 독일에서보다도 더 대규모 공장에 밀집되어 있었다.

따라서 상트페테르부르크는 혁명사상의 전파와 조직결성에 있어서
다른 어떤 지역보다도 유리했다. 더욱이 공공 교통수단이 잘 발달되어
있지 않아 공장노동자들은 대부분 공장 주변에 모여 살지 않으면 안 되

---

11) 러시아 농노제 폐지이후 변모한 사회의 한 단면을 보기 위해서는 마소예도프(1834-1911)의
"젬스트보의 점심"이란 것을 보면 된다. 여기서 젬스트보는 중앙 정부의 손이 미치지 못하
는 지역의 빈민구제, 초등학교와 공공 의료사업 등을 담당하는 기구다.

었다. 작업장의 환경은 불결하고 비위생적이었다. 노동자들은 하루 12시간 이상 일하면서 더럽고 비좁은 방에서 남녀노소 구분 없이 자고 먹었다. 중심부에서는 2.59㎢당 18만 명 이상이 거주했으며, 노동자와 그들의 가족은 티푸스와 콜레라 등 각종 전염병과 직업병으로 죽어갔다. 그러나 1917년 이전에 이미 시 행정은 마비상태에 빠져 수돗물조차 공급되지 못하고 있었다.

(7) 농노들의 반란

상트페테르부르크에서 많은 반란이 있었으나 푸카초프의 반란은 러시아의 농민들이 농노제에 맞서 일으킨 러시아 역사상 가장 큰 반란이었다. 그것은 실패했지만 봉건주의의 바탕을 뒤흔들어 놓았으며, 혁명적 반봉건주의 사상이 빠르게 자라나게 만든 매우 중요한 계기가 되었다.

그 이후 1825년 12월 14일에 일어난 데카브리스트 봉기라고 하는 혁명은 농노제와 전제정치의 폐지를 주장하는 일부 자유주의적 귀족과 군인들에 의해 일어났지만, 곧 무자비하게 진압 당했다. 그러나 그 후에도 노동자들의 혁명적 활동과 저항은 지속되었다. 마침내 1905년 1월 15만 명이 참여한 총파업으로 노동자들의 저항은 절정에 다다랐다. 1월 9일 일요일(피의 일요일) 노동자들은 차르에게 호소하기 위해 겨울 궁전으로 행진해갔다. 그러나 차르의 군대는 이들에게 발포하여 그 자리에서 수백 명이 죽고 수천 명이 부상당했다. 상황은 혁명으로 발전하여 러시아 전역으로 확산되었다. 그러나 봉기는 다시 무참히 진압되었다.

(8) 볼셰비키 혁명

1914년 제1차 세계대전의 발발은 차르를 중심으로 한 애국적 열기를

북돋워 독일식 이름인 상트페테르부르크를 러시아식 이름인 페트로그라드로 바꾸었다. 그러나 시간이 지날수록 전쟁의 재난은 페트로그라드 노동자의 경제사정을 더욱 악화시켰으며, 교통의 마비로 식량과 연료가 거의 공급되지 않았다.

1917년 초, 페트로그라드는 비축식량이 10일분 밖에 되지 않자 배급제를 시작했다. 배고픈 노동자와 그들의 가족은 드디어 그 해 2월 26일 총파업으로 봉기했다. 이번에는 병사들도 노동자의 편이었다. 2월 27일 시위대는 겨울 궁전을 점령하고 페트로그라드 노동자, 병사 대표 소비에트를 구성했다. 그리고 3월 2일 차르를 퇴위시키고 케렌스키 중심의 임시정부가 수립되었다.

그러나 레닌과 트로츠키가 주도하는 볼셰비키 노동자와 병사들은 10월 25일 겨울 궁전을 습격하여 임시정부를 해체하고 권력을 장악했다. 1918년 제헌의회가 페트로그라드에서 소집되었지만, 볼셰비키는 이를 해산하고 그들의 권력을 더욱 공고히 하는 한편 그해 3월에는 수도를 모스크바로 옮겼다.

볼셰비키는 그들의 정권을 성공적으로 방어하고 소비에트 공화국을 수립했지만, 1918~20년의 내전과 러시아 혁명에 대한 외국 간섭으로 페트로그라드는 경제적으로 심각한 타격을 입었다. 대부분의 공장이 가동되지 않았으며, 인구도 1920년에는 72만 2,000명으로 혁명 전의 1/3 정도로 줄었다.

(9) 레닌그라드 시대, 영웅 도시

1924년 레닌이 죽자 페트로그라드는 그의 이름을 기념하여 레닌그라드로 개칭되었다. 그리고 1928년 국가발전을 위한 5개년 계획이 수립되면서 레닌그라드에 중추적 역할이 맡겨졌다. 이것은 시의 발전을 다시 자극했다. 그리하여 제2차 세계대전이 발발한 1939년에는 레닌그라드의 공업생산이 소련 전체의 11%를 차지하게 되었으며, 인구도 300만 명을 넘게 되었다.

그러나 레닌그라드는 1941년 6월 독일의 전격적인 침공에 의해 다시 한번 파괴의 위기를 맞게 되었다. 실제로 이 포위공격은 1941년 9월 8일부터 1944년 1월 27일까지 872일 동안 계속되었다. 1941년 6월 나치 독일이 소련 침공을 개시한 후 독일군은 9월초까지 서쪽과 남쪽으로부터 레닌그라드에 접근했고, 핀란드 동맹군은 카렐리아 지협을 따라 남하하여 시의 북쪽으로 접근했다.

이때 레닌그라드의 신체 건강한 주민은 총동원되어 시의 주위를 따라 대전차용 요새들을 구축하여 20만 병력의 적군(赤軍) 수비대를 지원했다. 레닌그라드의 방비는 곧 견고해졌지만 11월초까지는 시가 완전히 포위되었고, 소련의 내륙으로 통하는 젖줄인 철로와 그 밖의 보급로가 모두 차단되었다.

계속되는 독일군의 봉쇄와 공격은 1942년에만 65만 명의 레닌그라드 시민의 목숨을 앗아갔는데, 그들은 대부분 굶주리고 헐벗고 병들어 죽거나 멀리서 날아오는 독일군의

포격에 맞아 죽었다. 드물게 보급되는 소련의 식량과 연료는 라도가 호(湖)를 통해 여름에는 거룻배로, 겨울에는 트럭과 빙상 썰매로 날랐다. 이러한 보급으로 1942년 이 도시의 무기 공장들은 계속 가동될 수 있었고 200만 명의 주민이 가까스로 목숨을 부지했으며, 한편으로 100만 명의 어린이와 노약자들을 피난시켰다.

기아선상의 식량배급 상황은 1943년까지 시내 대부분의 공지를 채소밭으로 가꿈으로써 완화되었다. 1943년 초 소련의 공세로 독일군의 포위망이 뚫려 라도가 호 연안을 따라 보다 풍부한 보급품이 레닌그라드에 도달할 수 있게 되었다. 1944년 1월 소련의 공세가 완전히 성공하여 독일군이 시의 외곽에서 서쪽으로 퇴각함으로써 포위공격은 끝이 났다. 그러나 당시 기아와 추위, 괴혈병 등으로 발생한 희생자는 66만 명이나 되었다. 1945년 소련 정부는 레닌그라드에 레닌 훈장을 수여했고, 1965년 소련의 영웅도시라는 칭호를 내려 역사상 가장 격렬하고 기억에 남을 포위공격을 이겨낸 데 대한 경의를 표했다.

(10) 2차 대전 이후의 복구시대

소비에트는 전후 첫 5개년 계획에서 레닌그라드의 산업과 유적을 복구하는 데 집중했지만, 회복에는 상당한 기간이 걸려 1960년대가 되어서야 인구가 전쟁 전 수준인 330만 명에 이르렀다.

그러나 그후 레닌그라드의 발전은 급속히 이루어졌다. 인구가 증가하면서 1950년대 후반에는 신 교외 지역에 주택건설계획이 착수되었고, 1970년대에는 도심의 재개발이 이루어졌다. 그리하여 인구도 1980년대에는 400만 명을 넘게 되었다. 오늘날에는 오히려 계속되는 시의 확장과 함께 하부구조의 현대화로 구 시가지를 보존하는 것이 중요한 문제가 되고 있다. 시 계획가들은 이에 대해 시를 과학기술 중심지로 육성하고 독특한 문화적 유산들을 보존하는 방향으로 새로운 형태의 산업 관리를 제안하고 있다.

(11) 사회주의 개혁시대, 상트페테르부르크

상트페테르부르크 1914년에 페트로그라드로 개칭되었다. 1924년 레닌이 죽자 그의 이름을 기념하여 레닌그라드로 명명되었던 이 도시의 이름은 그후 1991년 11월 7일 사회주의 개혁의 와중에서 시민들의 요구에 따라 본래 이름인 상트페테르부르크를 되찾았다.

상트페테르부르크 역사는 도시가 설립될 때부터 수많은 피를 흘리며 세워진 도시이다. 1712년에 대체로 도시 건설이 끝났는데, 10만 명 정도의 노동자가 작업 중 죽었다는 소문이 있었고 나중에는 3만 명 정도인 것으로 고쳐졌다. 따라서 엄청난 희생 때문에 '뼈 위에 세워진 도시'라는 별명을 얻기도 했다. 또한 푸카초프 반란을 비롯한 한 맺힌 수많은 농민들의 반란으로 무죄한 피를 흘렸고, 그 이후에 데카브리스트의 반란과 1905년 '피의 일요일'이라 부르는 제1차 러시아 혁명과 그 뒤를 이은 2월 혁명, 10월 혁명, 그리고 스탈린에 의해 수많은 사람들이 숙청되고 피를 흘린 땅이 바로 상트페테르부르크 도시이다. 오랫동안 농노들의 신음과 탄식으로 얼룩지고 한 맺힌 도시일 뿐 아니라 격동의 혁명을 주도하며 수많은 무죄한 피를 흘린 이 땅이 그리스도의 보혈로 씻음 받고 구속 받아야 할 것이다.

1장

러시아 문화를 알면 선교가 보인다

러시아인의 의식주 • 주택 생활 • 러시아의 지도자 블라디미르 푸틴 대통령 • 러시아인의 가족과 결혼 생활
러시아의 교육제도 • 러시아인의 이름, 그리고 부르는 방법 • 노후 복지 제도와 고려인의 아픔 • 러시아 모습 들여다보기

RUSSIA

RUSSIA

러시아의 음식 즉 최상의 양식은 매우 다양하고 독특하다. 러시아인의 음식과 음료는 크게 끼예프 류시시대의 음식에서 출발된다. 초기의 러시아인들은 감자 전분과 과일을 젤리 형태로 만든 끼셀(kisel)과 볼뚜쉬까(boltushka)라고 부르는 오믈렛이었다. 그 외에도 귀리, 밀, 겨, 완두콩, 과일, 빵, 포도주, 고기, 생선과 같은 단어들이 나타나기도 한다. 특별한 음식을 준비할 때는 꾸찌야(kutija)라는 절기음식이 나타나고 있다. 이 음식은 스바뜨끼 기간에 먹는 특별 음식을 말하고, 동슬라브족들의 뽀민끼는 제사용 음식이었다고 전해진다

1장 러시아 문화를 알면 선교가 보인다

러시아를 품고 싶은가? 러시아의 영혼을 사랑하는가? 러시아의 모든 땅에 십자가로 세우고 싶다면 그들의 문화를 이해해야만 한다. 러시아인의 문화는 동양 문화권과는 다른 면이 많다. 그들의 의복과 식생활, 주거 문화를 알면 도움이 된다.

러시아 사람들의 가족과 결혼 생활을 통한 통과의례는 선교인류학적인 지식을 제공하게 될 것이다. 그리고 러시아인의 교육제도, 러시아 정교회, 러시아인의 이름과 부르는 방법 등에 대하여 알게 된다면 선교정책과 전략을 세우는데 도움이 될 것이다.

Ⅰ. 러시아인의 의식주

러시아인을 알기 위해서는 기후를 알아야 한다. 러시아는 전 세계의 1/3을 차지한다. 여전히 러시아는 세계 최대의 국가로 존재하기 때문에 음식과 생활이 각 지역마다 다르다. 러시아의 문화가 똑같다는 답은 없다. 러시아인의 옷은 적어도 4겹 정도로 된 것을 입는다. 얇은 옷을 많이 껴입는 것이 특징이다

1) 의복을 입는 생활12)

계절과 날씨는 사람들의 옷차림에 큰 영향을 준다. 러시아 대부분의 지역은 일 년 중 절반 정도가 눈(겨울은 11-4월까지)에 쌓여 있고 봄(5월), 여름(6-9월까지이나 본격적인 여름은 7-8월이다. 6월은 여름과 봄이 섞여 있다). 가을(10월)은 거의 느낄 수 없기 때문에 의복도 겨울옷이 가장 중요하고 여름옷은 적당히 넘어가는 편이다. 러시아 사람들은 10년이나 돈을 모아서 가죽옷이나 모피 옷을 사기도 한다. 겨울의 러시아 거리는 모피코트에 모피 모자를 쓰고 다니는 사람들이 대부분이다. 겨울철에 모자는 필수적이다. 찬바람을 많이 맞고 머리가 얼었다 녹았다를 반복하다 보면 풍이 든다고 한다. 그래서 '샤프키'라고 불리는 이 털모자는 러시아인들의 필수품이다. 빈부의 격차가 심하다 보니 '샤프키'도 개털로 만든 것으로부터 은빛 여우 털에 이르기까지 다양하다.

현재 러시아의 패션은 유럽, 특히 프랑스와 이탈리아의 영향을 많이 받고 있다. 유럽에서 수입된 고급의류들은 트베르스카야 등 중심지 살롱에서 팔리고 있다. 중저가품은 중국이나 터키, 그리고 한국에서 수입된다. 보통 보따리상들에 의해 수입되는 한국산 가죽옷은 디자인은 그리 세련되지는 않지만 가격이나 보온성 측면에서 인기가 높다. 투박한 하프코트는 남자들 사이에서 인기가 있고, 젊은 세대는 항공 잠바스타일을 선호한다.

격식 따지기를 좋아하는 러시아인들은 발레나 오페라, 연극, 콘서트장을 갈 때는 자신의 가장 좋은 옷차림을 하고, 심지어 극장에서 신을 구두를 따로 가져간다. 길에서 신는 신발로 신성한 극장에 들어갈 수 없다는 것이다. 또한 러시아에서는 세탁소를 찾기가 힘들다. 보통 가정은 집

---

12) 이 부분은 현지 사역자들의 자료에 근거한 내용임을 밝혀 둔다.

에서 직접 옷을 수선하거나 다리미를 사용하여 맵시를 낸다.

2) 음식과 생활

러시아의 음식 즉 최상의 양식은 매우 다양하고 독특하다. 러시아인의 음식과 음료는 크게 끼예프 류시 시대의 음식에서 출발된다. 초기의 러시아인들은 감자 전분과 과일을 젤리 형태로 만든 끼셀(kisel)과 볼뚜쉬까(boltushka)라고 부르는 오믈렛이었다. 그 외에도 귀리, 밀, 겨, 완두콩, 과일, 빵, 포도주, 고기, 생선과 같은 단어들이 나타나기도 한다. 특별한 음식을 준비할 때는 꾸찌야(kutija)라는 절기음식이 나타나고 있다. 이 음식은 스바뜨끼 기간에 먹는 특별 음식을 말하고, 동슬라브족들의 뽀민끼는 제사용 음식이었다고 전해진다.[13]

(1) 러시아 음식종류

러시아 요리는 지역마다 차이가 있지만 일반적인 식단은 전채, 수프, 따뜻한 요리, 후식, 음료수 등으로 나눌 수 있다. 전채로는 각종 차가운 육류, 철갑상어 알인 캐비아, 청어 절임에 야채 샐러드가 곁들여지며, 포도주나 보드카와 같은 알코올 음료도 함께 나온다. 수프로는 양배추를 넣어서 끓인 쉬와 쉬에 토마토를 넣어 붉게 물을 들인 보르쉬, 그리고 잘게 썬 고기와 야채를 듬뿍 넣은 쌀랸카, 생선을 우려낸 우하 등이 있다. 따뜻한 요리로는 쇠고기를 크림소스로 끓인 비프 스트로가노프, 양고기를 구워서 만든 샤실리크 등이 있다. 후식으로는 아이스크림이나 각종 파이, 케이크와 잼을 곁들인 홍차 등이 나온다.

광대한 구소련에서는 각 지역마다 다양한 민족 요리를 맛볼 수 있다.

---

13) 이덕형, 『천년의 울림』 201-202 재인용.

피로슈키(빵 종류)와 보르쉬(수프), 비프 스트로게노프(고기 요리), 그리고 우크라이나의 명물인 키예프식 커틀릿(고기 요리, 주로 닭고기), 코카서스의 샤실리크(양고기에 양념을 하여 쇠꼬챙이에 꽂은 다음 숯불의 김으로 익힘), 중앙아시아의 플로프(고기, 야채, 밥이 들어 있는 볶음밥) 등 다양한 요리 문화가 존재하고 있다.

러시아 요리의 특징으로는 가공식품이 거의 없다는 점이다. 러시아 요리는 비교적 시간과 수고가 많이 든다. 그러므로 레스토랑에서 수프를 먹을 때도 이것이 정성들여 익힌 음식이라는 것을 잊지 말아야 할 것이다. 또한 러시아 요리에서 스메타나(sour cream)는 약방의 감초이다. 러시아식 전통적인 소스인 스메타나는 마요네즈와 비슷한데 드레싱 대신 사용하고 있다. 스메타나는 만능 소스로 다양한 러시아 요리에 첨가되는데, 이 스메타나를 홍당무로 만든 수프 '보르쉬'에 섞으면 깨끗한 분홍

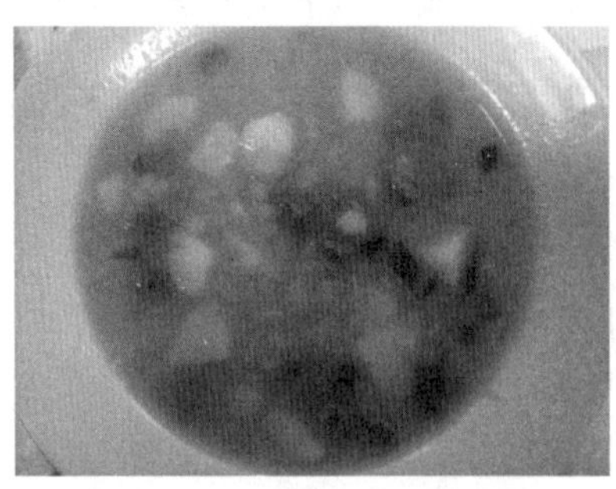

색을 띤 크림 같은 수프가 되며, 러시아 전통 핫케익인 '블린느이'에 바르면 한결 맛이 좋다

러시아인들의 주식은 주로 호밀을 사용하는 흘레프(빵)이다. 빵과 함께 러시아인들의 식탁에서 빠

지지 않고 등장하는 것이 감자이다. 당근, 양파, 버섯, 피망과 토마토도 쉽게 발견할 수 있는 먹거리다. 최근에는 고춧가루, 고추장, 된장, 미역, 김, 두부, 콩나물 같은 한국음식 재료도 쉽게 구할 수 있다. 한국과 큰 차이점은 아직도 싱싱한 생선을 구하는 것이 힘들지만 최근 람스트로 같은 대형 슈퍼에서는 살아있는 향어도 구할 수 있다.[14]

러시아인들은 아침(Zavtrak)에는 빵과 계란, 치즈, 버터, 깔바사라는 단단하고 짠 소시지를 먹으며, 차, 커피, 응축 우유 등으로 해결한다. 그들의 주식은 빵이지만 호밀로 만든 것이 특징이다. 호밀 빵은 홀레브(khleb: 검은 빵), 불까(Bulka: 흰빵)등 두 종류가 있다. 러시아의 전통적인 빵은 거무스름하고 묵직한 것이 특징이다. 매일 구워 나오는 빵을 먹는 것이 좋다. 이들은 아무리 좋은 음식을 주어도 호밀 빵을 먹지 않으면 식사한 것이 아니라고 할 정도로 빵을 즐겨 먹는다. 그리고 홀레브는 전통적으로 삶의 풍요로움의 상징으로 귀한 손님을 집안에 맞을 때, 빵과 소금을 손님에게 내 놓는 것이 특징이다. 어린아이들은 아침 식사로 오트밀과 같은 죽을 먹기도 한다. 죽은 빵과 마찬가지로 러시아인의 주식이다.

러시아 사람들은 점심(Obed)에는 나삐드끼라는 보드카, 맥주, 포도주, 크바스, 과일주스, 칵테일 등의 음료를 마시면서 전채인 자꾸스끼를 먹는다.[15] 수프를 먹은 다음에는 감자나 쌀밥, 마카로니가 곁들여진 소고기, 돼지고기, 생선, 닭과 같은 가금류의 주메뉴를 먹게 된다. 주로 튀기고, 굽는 요리방식을 택하게 된다. 실제로 러시아인이 점심에 먹는 메뉴는 70가지가 넘는다고 한다. 그만큼 음식을 만들어 먹는 방식과 삶에는 많은 변화가 있는 것으로 보인다.

---

14) 빵과 관련된 부분은 다음에 다루기로 한다.
15) 이덕형,『천년의 울림』202-203.

일반적으로 러시아인들은 저녁(Uzhin)보다는 점심을 훨씬 더 풍성하게 먹는다고 한다. 저녁식단은 대체로 수프나 디저트 등을 먹지 않는 것이 통례라고 한다. 그러나 생활패턴이 서구화되면서 아침과 점심은 간단하게 먹고 저녁을 유럽식 성찬처럼 많이 먹게 되는 습관으로 변화하고 있다고 한다. 실제로 러시아인들은 추운 겨울이 긴 까닭에 일반적으로 매우 기름기가 많은 음식을 선호한다. 야채나 과일 등이 적은 대신, 곡물을 이용하여 만드는 것이 특징이다. 삐로그, 블린, 까쌰, 보르스치, 크바스, 보드카, 맥주 등 대부분의 음식과 음료를 곡물로 만들고 있다.

(2) 크바스

크바스는 러시아 특유의 갈색 청량음료로 아주 오래전부터 마셔왔다. 호밀이나 보리의 맥아를 원료로 해서 효모 또는 발효시킨 호밀 빵을 넣어 만든다. 제조법이 비교적 간단하기 때문에 러시아에서는 가정에서도 손쉽게 만들어 마신다. 최근 도시지역에서는 전문 공장에서 대량 생산하여 여름철에는 크바스 전용 탱크차가 다니면서 길거리에서 판매하기도 한다. 탄산과 젖산 그리고 약간의 알코올 기운도 함유하고 있어 맛이 독특하지만 갈증을 푸는 데는 그만이다. 니콜라가 있는데 이는 새로 나온 음료에 해당된다.

(3) 러시아 커피

러시아인들의 커피는 강한 블랙으로 각설탕과 함께 큰 잔에 타서 마시는 것을 매우 즐긴다. 하지만 개방이후 프림이 조금씩 알려지기 시작해 지금은 설탕+프림+커피를 즐기는 러시아인들도 많다. 최근에는 커피 즉 우유와 설탕을 많이 넣어 먹는다. 일명 다방 커피라고도 한다.

(4) 마로제노에(아이스크림)

러시아에서는 유지방이 듬뿍 들어있는 '마로제노에(아이스크림)'를 맛보기 바란다. 길모퉁이나 키오스크에서 판다. 러시아인들은 겨울에도 남녀노소를 불문하고 마로제노에를 즐긴다. 요즘은 외국 브랜드 아이스 크림이 많이 들어와 전통 러시아 아이스크림이 많이 줄었지만 그래도 상 점에서는 찾을 수 있으니 한 번 맛을 보는 것도 좋겠다.

2. 주택 생활

러시아의 주택은 사회와 밀접한 관계가 있다. 구소련 붕괴이후에 CIS 연방과 국가들의 국민들이 생계를 위해 러시아로 이주해 왔다. 그들은 도시근교에서 촌락을 형성하게 되었다.

대개 열악한 다세대 주택 형식으로 집단을 이루어 생활하고 있어 본래 의 러시아 주택 모형을 변경시켜 놓았다. 러시아인의 주거지인 아파트 가격은 근래에 상승되었다. 2003년도에 페테르부르크 도시의 300주년 기념식 이후 방 3개의 아파트 가격이 2억 원 정도로 상승했다. 그만큼 주 택 경기가 활성화되고 있다는 증거다. 아무튼 러시아 사람들의 주택은 그들의 민족성과 깊은 관계가 있다.

1) 주택 모형

러시아에서는 인구수를 기준으로 도시와 농촌을 구분하고 있는데, 인구 1만 2000명 이상인 곳을 도시(고르드)라고 부르고 나머지 지역을 농촌으로 분류한다. 현재 러시아 인구의 74 %가 도시에 거주하고 있으며 이들은 대부분 현대식 아파트라는 주거문화 속에 살고 있다. 특히 모스크바나 페테르부르크 같은 대도시에는 단독주택은 거의 없다. 단독주택처럼 보이는 집들은 도시 외곽에 있는 다차(별장)라고 할 수 있다.

러시아는 산업화가 급속히 추진된 60년대 이후 계속적인 농촌인구의 도시 유입으로 대도시 인구는 급속히 증가하고 있으며, 이에 따라 러시아 대도시의 주택사정은 열악하다. 1인당 주거 면적이 협소한 편이며, 절대 다수의 주택이 방 3개 미만의 소형주택이고, 최근 만들어지고 있는 아파트도 상하수도와 욕조 등 기본시설을 갖춘 주택은 절반에도 미치지 못한다(러시아 아파트는 외부구조만 만들어져 있고, 나머지 모든 편의사항은 집주인이 직접 설치하여야 한다). 최근 도시외곽의 새 아파트 건설 붐으로 주택공급량은 많이 늘었으나, 부동산 가격의 급등으로(2003년 이후 약 3배 이상 상승) 실제 수요층

이 혜택을 받기 어려운 상황이다. 이러한 주택난은 출산율 저하의 근본
원인으로 작용하였으며 결혼, 자녀양육, 이성 관계 등 사회생활의 많은
부분에 영향을 미치고 있다.

2) 아파트 시세

2007년 현재 모스크바 등 대도시의 아파트 가격은 지역과 개보수 수
준에 따라 다르지만 방 2개를 기준으로 중심지는 평균 20만 불(약 2억원)
을 상회하고, 외곽으로 나가면 가격이 다소 떨어진다. 아파트 임대는 월
세의 형태인데, 방 2개 정도이면 월 7-800불 내외이다. 시내를 벗어나
외곽으로 빠지면 방 하나짜리 조그만 부엌, 화장실, 욕조 딸린 것이 3-
400불 내외이고 방 2개짜리도 5-600불 정도수준이다. 당연한 이야기
이지만 깨끗하게 수리가 끝난 집이나 지하철과 가까울수록 월세는 올라
간다.

러시아 아파트에는 기본적으로 전기나 가스로된 렌지, 욕조가 있는 화
장실 겸 또는 분리형 욕실, 전화, 침대와 기본 옷장이 있다. 한국의 아파
트와 다른 점은 거실 문화의 발달로 방보다는 거실이 면적이나 비중이
크다. 현재 대도시의 아파트 시
장은 리모델링이 주도하고 있
다. 왜냐하면 중심지에는 새로
운 아파트를 지을만한 공간이
없고, 기존 아파트를 허물고 새
로 신축할 만한 재정적 여유가
없는 상황에서 기존 아파트를
유럽식으로 개보수하는 것이 합

리적이기 때문이다.

러시아의 현재 주거 상황은 고비용이 문제가 되었다. 가구마다 주거문제가 원만하게 해결되지 않고 있다. 대부분의 아파트들이 부동산 붐이 일어나고 있다. 상트페테르부르크의 아파트 주인은 주로 모스크바 사람들의 것이 대부분이다. 예를 들면, 모스크바 인구의 20%가 극빈층에 해당되고 있다. 모스크바의 GDP가 1만 달러인 것을 감안하면 러시아에서 상당한 부를 누리고 있다.

최근 러시아지역에서 유학생들의 주거 환경은 방 2개짜리를 구입하는데 월 70-80만원을 주어야만 한다. 러시아의 아파트 구조는 골격만 만들어주고 화장실과 방은 자신이 생활하기 편리하도록 다시 공사해야만 한다. 소위 아파트 값이 금값이라고 말할 정도다.

러시아의 주거에 대한 일반적 상황은 공동주거가 있다. 긴 복도와 공동욕실과 화장실, 공동부엌이 있는데 페테르부르크에도 많이 있다. 이런 형태의 주거는 시내에 많이 있다.

3. 러시아의 지도자 블라디미르 푸틴 대통령

1) 푸틴의 과거 회상

블라디미르 푸틴 러시아 대통령은 최근 미국과의 관계를 재검토하기 시작했다. 크렘린의 고문으로 활동하는 정치학자 뱌체슬라프 니코노프는 색깔 혁명직후의 정책 검토 회의를 회상하며 이렇게 말했다. '미국에 품었던 푸틴의 환상이 산산이 부서졌다. 러시아가 미국을 아무리 많이 지원해도 워싱턴은 여전히 적대적인 태도를 견지했다.' 그후 북대서양

조약기구(나토)는 그루지야와 우크라이나에 친선강화를 제의하고, 폴란드와 체코 공화국에 미사일 요격체제를 구축하는 계획을 추진했다. 서방진영이 러시아를 고립시키려 할 때 크렘린의 두려움은 더욱 커지게 되어 있다. 그런 태도에 대응하는 푸틴의 태도는 극단적이었다. 크렘린의 외교정책 담당 고문인 세르게이 카라가노프는 '푸틴은 세계의 규칙을 바꾸기로 결심했다. 이제 세계는 강력해진 러시아를 상대할 각오를 해야 한다.'고 말했다. 푸틴의 의도는 잃어버린 러시아의 힘을 회복하고 세계무대에서 러시아를 미국의 패권에 대항하는 주도 세력으로 만드는 일이다. 2005년의 한 연설에서 푸틴은 소련의 붕괴를 '20세기 최대의 지정학적 재앙' 이라고 표현했다. 그리고는 두 개의 초강대국이 상대방의 야심을 견제했던 과거의 양극체제를 그리운 듯 회상했다.[16]

2) 푸틴은 존경받기 원한다.

러시아의 경제가 한참 어려울 때 세계경제의 부가 그를 뒷받침한다는 사실이다. 하늘로 치솟는 에너지 가격 덕택에 러시아 경제는 5년 사이에 40%나 성장했다. 에너지 수익의 상당부분은 피폐해진 러시아군을 재건하는데 투입됐다. 푸틴은 러시아군에 향후 1,890억 달러를 지원하겠다고 약속했다. 특히 미국의 미사일 방어망(MD)을 무력화하도록 설계된 차세대 대륙간 탄도미사일(ICBM)을 개발하고 6척의 신형 항공모함 선단을 취역시키겠다고 선언했다. 이 항모선단이 계획대로 만들어질 경우 러시아해군은 20년 안에 구소련 해군보다 훨씬 더 막강해질 것으로 예측한다.

---

16) Owen Matthews, '푸틴은 왜 서방에 눈 돌렸나' 뉴스위크지 한국판, 2007년 7월25일. 27.

왜 푸틴은 경제력을 앞세워 군비를 지원하고 있는 것일까? 러시아 학술원의 지도급 사회학자인 올가 크리슈타노프스카야는 이렇게 말했다. '푸틴은 소련식 사고방식을 지닌 소련정치인이다. 구소련인들처럼 그는 세계를 서로 대립하는 두 진영의 관점에서 바라본다. 그의 계획은 양손에 반미주의 깃발을 들고 전 세계를 행진하는 일이다' 라고 지적한다.

이 모든 형태는 푸틴이 새로운 냉전을 시작하고 싶다는 의미일까? 오히려 푸틴은 자신이 부시와 대등한 존재로 대접받기를 간절히 바란다고 이리나 하카마다 전 총리는 말한다.

"미국과의 관계 문제를 푸틴과 의논했을 때 그는 이점을 몹시 강조했다. 푸틴은 미국이 우리를 얼간이 취급해서는 안 된다는 점을 증명하고 싶어한다."

푸틴이 생각하는 대등한 지위란 서방진영이 더 이상 러시아의 과거(심각한 인권침해)를 놓고 오만한 설교를 하지 말라는 의미이다. 그리고 푸틴에게 있어 평등이란, 미국이 자국의 적들을 맹렬하게 공격하듯, 러시아의 적들을 철저하게 분쇄하는 권리를 의미한다. 카타르에 피신하여 숨어 지낸 젤림한 얀다르비예프 전 체첸 대통령을 최근 러시아 암살자들이 살해한 사건은 좋은 예다. 그러나 무엇보다도 푸틴의 평등은 크렘린의 목소리를 존중해 주어야 한다는 의미이다.

그렇다면 푸틴의 정치적 꿈은 무엇인가? 그는 근본적으로 존경을 원한다. 말뚝을 박아서 러시아의 세력권을 확정짓고 서방 진영이 그 안으로 들어오지 못하도록 만들고 싶어 한다. 비록 모스크바(2006년 11월 스파이파동으로 그루지야에 그랬듯)가 이웃들을 협박하거나 혹은 (2004년 우크라이나에서처럼) 그들 나라의 선거에 개입하더라도 말이다. 당분간 미국은 러시아의 새로운 제국주의적 움직임을 견제할 만한 수단은 거의 없다. 왜냐하면 미국은 유엔안보리에서 푸틴의 계속적인 지원이 필요하기 때문이다.

3) 러시아 국민 푸틴만한 인물 보이지 않아

내가 러시아를 방문하면서 느낀 것이지만 푸틴의 인기가 대단하다는 점이다. 어느 러시아 사람은 "푸틴 없는 러시아 선거, 생각만 해도 불안합니다"라는 말이 사실을 증명해 준다. 모스크바 정위용 특파원은 모스크바에서 택시 운전을 하는 레오니트 카리예프 씨의 말을 빌려 다음과 같이 말한다. "승객 중에서도 러시아가 푸틴 영도 아래 갔으면……." 하는 사람이 절대다수라고 전했다.

2007년 12월 2일 두마러시아 의회 선거를 석 달 앞둔 여론조사에서도 푸틴 대통령의 인기가 상승한 것으로 나타났다. 여론조사 전문기관인 레바다에 따르면 2008년 3월 대통령선거를 치른 뒤 5월에 물러날 푸틴 대통령의 임기 말 지지도는 지난해 70%대에서 8월에는 84%로 상승되었다.[17)]

정위용 특파원은 푸틴 대통령의 인기에 대하여 집권 7년간의 실적, 그는 정치 사회 불안요인을 줄이며 러시아를 국민 총생산 9위의 경제대국으로 올려놓은 것으로 평가된다. 막강한 군사력을 기반으로 국가 영향력을 넓혀 사회주의 붕괴 이후 잃어버린 자존심을 회복했다는 말도 듣고 있다는 것이다.

이런 대통령이 불출마를 선언하고 후임자를 위한 선거 일정을 내놓자 불안심리가 확산되고 있다는 것이다. 이런 상황에서 12월의 두마러시아

---

17) 푸틴의 인기는 매년마다 상승하는 것이 특징이다. 러시아 푸틴 대통령의 지지도를 보면 2004년 12월 69%, 2005년 12월 73%, 2006년 12월 78%, 2007년 8월 84%나 된다. 이는 러시아 여론조사 기관 레바다의 발표된 내용이다.

선거에서는 집권 여당인 통합러시아 당의 압승이 예상된다.

내가 러시아에 잠시 머물 때도 많은 사람들이 한결 같이 다음 대통령 선거에는 누가 나설 것인가에 관심이 쏠리고 있었다. 푸틴 대통령은 12월 총선을 전후해 후계자를 지명하겠다고 말했다. 대선에 출마할 후보로는 푸틴 대통령의 상트페테르부르크 대학 동문인 세르게이 이바노프가 제1부총리가 유력하지만 그가 대권을 거머쥘지는 불투명하다.

따라서 앞으로 선거를 거치면서 지금의 안정이 깨질 것이라는 불안심리가 높아지고 있으며 심지어 현금을 모으고 부동산투자를 줄이는 사람이 적지 않다는 특파원의 보고는 의미가 있다.[18]

지금 러시아는 다양한 몸살을 앓고 있는 듯이 보인다. 정치와 경제 두 마리의 토끼를 잡기 위해 뛰는 모습이다. 그보다 더 분명한 것은 불투명한 미래가 보이는 듯하다. 서방식 민주주의가 뿌리내리지 못한 러시아 주변국 즉 그루지야, 우즈베키스탄을 비롯한 국가에서 불안한 출발을 하고 있다. 옛 소련국가에서 대통령 교체기의 후유증과 불확실성은 더욱 커질 것으로 전망된다. 12월 총선을 실시하는 러시아의 경우 집권당의 승리가 확실함에도 불구하고 크렘린 내 권력 암투는 더욱 가열되고 있는 상황이다.

2008년 3월 새로운 대통령을 뽑는 러시아에서는 여당인 통합러시아 당이 블라디미르 푸틴 현 대통령의 권력유지를 위한 각종 시나리오를 내놓고 있다.

통합러시아당은 2008년에 출마하지 않겠다고 약속한 푸틴 대통령에게 영원한 국가 지도자 신분을 유지하도록 하는 방법을 찾고 있다고 말

---

18) 정위용, "푸틴만한 인물 안보여" 동아 일보 2007년 9월10일(월) 국제면 에서 재인용하였음을 밝혀 둔다.

한다. 이런 정치적 불안정은 결국 경제에도 많은 영향을 미친다. 러시아에 투자하겠다고 밝힌 외국 투자가들도 잇달아 자금 투입을 미루는 것으로 알려졌다. 법치주의가 확립되지 않은 국가에서 대통령이 교체되면 종전의 계약이 언제 종잇장으로 바뀔지 모르기 때문이다.

미래에 대한 불확실성은 외국인 투자 위축과 공무원의 복지부동을 가져오게 된다. 이는 대통령의 권력이 집중되는데서 비롯된다. 이런 정치적 현상에도 불구하고 자 푸티나 열풍이 불고 있다는데 주목해야 한다. 러시아어의 자(за)는 찬성이란 뜻으로 '자푸티나'는 블라디미르 푸틴 대통령에 대한 찬성투표를 말한다. 요즘 러시아에서는 거리의 옥외선거 홍보판도 텔레비전 선거홍보 방송도 자푸티나 일색이라고 한다. 퇴임을 6개월여 앞둔 푸틴 대통령 선호도가 80%를 넘고 있다. 푸틴 이후의 러시아에 미래에 대해 불안해하는 국민 심리를 활용한 선거 전략이다. 더 놀라운 것은 러시아의 통합러시아당측 선거운동원 30여명은 푸틴만이 러시아의 희망이라며 자푸티나를 외친다고 말한다.

4) KGB 실로비키로 부활

과거 소련은 없다. 소련은 망했지만 옛 소련의 정보기관은 러시아 최고의 실세로 살아났다. 1991년 소련 공산체제의 몰락과 함께 청산 대상으로 추락했던 음지의 제왕 KGB가 러시아 전 분야에 걸쳐 새로운 실력자를 뜻하는 실로비키로 부활한 것이다. 이들은 러시아 연방보안국 국장

출신의 블라디미르 푸틴 대통령의 후원에 힘입어 러시아를 스파이국가로 바꿔놓았다.

현재 러시아의 고위관료 4분의 1이 정보기관 출신이란 것만 보아도 알수 있다. 미하일 고르바초프 옛 소련 대통령이 정보기관을 무력화하는 페레스트로이카(개혁)를 단행할 때 옛 소련 정보국 직원 50만 명은 배신감에 치를 떨며 설욕을 다짐했다고 한다. 그로부터 8년 후, 푸틴의 집권과 더불어 이들의 반격이 시작되었다. 푸틴은 올리가르히(신흥재벌, Oligarchy)등 도전 세력을 거세하고 권력을 다지는 과정에서 연방정보국 동료들을 되살려 냈다. 이들은 대통령 궁을 비롯하여 군, 언론, 재계까지 틀어쥐었다. 실제로 러시아의 푸틴 대통령은 언론을 장악하고 있으며 그의 국가 중대사 의논은 옛 KGB동료와 그의 고향 상트페테르부르크 출신들로 구성된 실로비키가 좌우한다. 이는 러시아 학술원의 올가 크리슈타노프스카야의 진단이다.

조선일보의 전병근 기자는 러시아의 실로비키는 국가 자체라고 말한다. 과거 KGB가 정치권력에 열중했던 데 반해 실로비키는 권력과 돈을 한 손에 쥐었다. 푸틴 외에 이들에게 노(NO)라고 말할 수 있는 사람은 아무도 없다고 한다. 그만큼 현재의 권력은 엄청난 파급효과를 갖고 있다는 이야기이다. 이들은 자신을 드러내지 않으면서 막강한 실권을 휘두르는 게 특징이다. 음지에 있을 때가 더 편하다고 느끼기 때문이다. 공산주의가 물러난 지금 이들은 민족주의와 애국주의이다. KGB시절과 달리 반자본주의를 고집하지 않는다. 자신들도 시장경제의 수혜자들이기 때문이다. 이들은 국가의 안팎에 있는 적을 제거하는 것이 사명이라고 믿는다. 이를 위해서라면 법도 발아래에 있다고 여긴다. 이들은 러시아에 대한 최대 위험이 서방에서 온다고 믿고 있다. 현재의 러시아연방정보국

(FSB) 요원 양성학교에서는 KGB 혈통의 자녀를 우대하고 실로비키끼리의 혼사를 결정할 정도이다.

그러나 이들은 막강한 권력에 대한 회의도 적지 않게 일고 있다. 국가 경영 능력은 과연 가지고 있는가에 대한 의문이다. 사실 실로비키는 무소불위의 힘에 비해 국가 경영 능력이 의심스럽다고 이코노미스트는 지적하고 있다. 국가를 접수하는데는 성공했지만 경제와 경영에는 문외한들이다. 그리고 정보기관 특유의 직업주의가 사라진 것도 위험 요소이다. 한 전직 KGB요원은 폭력을 쓰는 것은 다른 방법을 모르기 때문이라고 말한다. 이들은 국외에 적을 만들어 내분을 봉합하려 하지만 이것이 국가의 번영을 보장하지는 않는다.[19]

최근 러시아는 고유가에 힘입은 경제 성장에도 불구하고 여전히 범죄율과 부패, 관료주의에 있어서 세계 최고 수준이다. 서방에 적대적인 외교정책 역시 고립을 자초하고 있다. 현재 러시아 국정을 장악하고 있는 정보기관 출신 주요 실력자들은 다음과 같다. 푸틴 대통령을 중심으로 이고르세친(크렘린 궁 부실장, 법무부 장악), 빅트로 이바노프(크렘린궁 부실장, 인사담당, 국영항공회사 겸직), 알렉세이 그로오프(공보비서, 국영TV 채널이사), 블라디미르 아쿠르(철도공사 사장), 세르게이 이바노프(부총리, 국방부장관겸직, 항공방위산업관장)등이다.

5) 제국주의적 꿈을 지탱하는 에너지

전 세계적으로 에너지 파동으로 인해 고통을 겪고 있다. 러시아의 경제회복은 에너지임을 이미 밝혔고, 제국주의적 꿈을 지탱하는 요인이 세

---

19) 전병근, "러시아 KGB 출신, 실로비키의 부활" 조선일보 2007년 8월 27일(월요일 국제면) 재인용.

계 에너지 시장의 변덕스러운 가격 상승이라는 점이다. 게다가 유럽은 나름대로 대안적인 에너지 공급처를 찾고 있는 중이다. 특히 전략적인 에너지의 러시아 의존도를 줄이려 한다. 그리고 미국도 언젠가는 이라크의 수렁에서 빠져 나오게 된다. 조만간 푸틴은 혹은 그가 지명한 권력후계자를 알게 될 것이다. 진정한 위대성은 단순히 서방을 향해 니예트(노)라는 말을 하기보다는 더 큰 무엇을 의미한다는 사실이다.

그러나 러시아가 내부적으로 에너지 비상이 걸렸다. 이는 수출위주의 석유정책으로 내수 공급이 줄어들게 되었다. 이런 현상은 모스크바 남부 지역 가리발디에 가로등이 절반만 켜진 거리가 이를 증명해 준다.

석유 값이 올라간 뒤 밤거리가 어두워졌고 서민 물가도 가파르게 상승하고 있다. 이런 현상은 전기회사에 즉시 영향을 미친다. 많은 회사들이 비상 연료 확보에 혈안이 돼 있다. 러시아는 전력 사정이 그만큼 좋지 않다는 증거다. 러시아 정부는 우크라이나 등 인접국가에서 올해 50억Kw의 전기를 수입했지만 여전히 공급이 수요를 따라가지 못하는 형편이다.

러시아 사람들은 석유 값이 올라갔다고 모두가 슬퍼하지만 그래도 즐거워하는 사람들도 있다. 오일머니로 주머니가 두둑한 러시아인들은 중국에서 돈을 펑펑 쓰기도 한다. 이런 현상은 러시아와 중국의 국경도시에 자가용 쇼핑족이 몰리는 것을 보아 알 수 있다.

새해 전야 중국의 네이멍구 자치구 중-러 국경지역의 만저우리에는 쇼핑을 즐기려는 러시아인 5천여 명이 몰려 북새통을 이루고 있다는 신화통신의 보도가 그렇다. 이곳의 가장 큰 레스토랑은 러시아인들로 가득차 있고, 시내 중심부의 중국인 식당들도 러시아인들로 불야성을 이루고 있다. 경제가 좋아진 러시아인들이 중국음식을 좋아하기 때문이기도 하지만 그 배후에는 돈이 받혀주기 때문이다.

중국의 최남단의 유명한 휴양지인 하이난 섬[20] 도 겨울의 맹추위를 피해 남국의 태양을 즐기려는 러시아인들로 넘쳐나고 있다. 아름다운 해변으로 유명한 싼야엔에는 2007년 12월 말에 1만여 명의 러시아 휴양객들이 몰려들었다고 한다.

이곳을 찾는 러시아인들은 지난해에 이어 두 번째 찾는 자들이라고 한다. 싼야관광국은 "러시아 휴양객들은 대부분 모스크바나 상트페테르부르크에서 온다"는 것이다. 중국 관광시장은 이들 덕분에 더욱 성장할 것이라며 기대감을 감추지 않는다.[21]

6) 뒷마당 지키려는 크렘린

최근 러시아는 반미구호를 자주 외친다. 그러나 그런 외침은 오래 가지 않을 것이란 전망도 나오고 있다. 2007년 7월 16일 주간에는 미국의 탄도미사일 구축함인 도널드 쿡 호가 성조기를 휘날리며 흑해 연안의 오데사 항으로 들어섰다. 우크라이나의 최고위 군 장성들이 이 미군함정을 영접했다. 아르메니아, 아제르바이잔, 그루지야, 그리스, 라트비아, 마케도니아, 몰도바, 루마니아, 터키 등에서 파견된 군 장성들도 환영식에 참석했다. 이들이 우크라이나에 모인 목적은 북대서양조약기구(나토)군과 함께 '해풍 2007' 이라는 암호명의 대규모 군사작전을 수행하는 일이었다.[22]

당연히 러시아의 신경이 약간 곤두서게 되었다. 이는 미국과 러시아의 영향력 확대 싸움 혹은 러시아와 서방진영간의 '거대한 게임' 이 북극지

---

20) 중국의 하와이라고 할정도로 아름다운 곳이다. 한국과 러시아의 많은 관광객이 몰려가는
　　곳이다.
21) 유강문, "오일머니 주머니 두둑", 한겨레 2008년 1월 3일.

방부터 중동, 중앙아시아까지 확대되어 간다는 것을 의미한다. 블라디미르 푸틴 러시아 대통령은 러시아의 권세 회복을 이야기하지만 현실은 다르다. 이웃 나라들에 미치는 크렘린의 영향력은 푸틴이 보는 앞에서 크게 줄어들었다. 2000년 푸틴이 집권한 이래 나토는 에스토니아, 라트비아, 리투아니아를 가입시켰고, 지금은 우크라이나, 그루지야, 몰도바의 가입을 적극 추진 중이다. 그들 나라도 친 러시아 정권을 축출하고 지금은 서방 진영과 연대를 구축하느라 바쁜 상황이다.

그루지야의 미하일 사카슈빌리 대통령의 뼈 있는 한마디가 현실을 말해 준다. "우리 같은 러시아의 이웃 나라들은 러시아의 소유물이 아니다. 살아있는 그리고 발전중인 유기체들이다"라고 말했다. "우리는 속박에서 벗어나기로 결심했다. 크렘린은 우리가 미국 진영의 일부가 됐다고 믿지만 그것은 사실이 아니다. 정확히 말하면 우리는 공통의 민주주의적 가치를 연결했다." 고 기자와 인터뷰했다.

북극을 중심으로 한 나라들은 러시아의 영향력에서 벗어나려고 한다. 그들 나름대로의 정체성을 확보하려고 노력하는데 미국과 서방 진영의 도움이 필요한 실정이다. 여기에 러시아가 신경이 곤두 서는 것은 당연한 일이다.

한편 부활중인 크렘린은 잃어버린 영향력을 되찾으려고 가능한 모든 노력을 기울이고 있다. 모스크바의 최우선 과제는 미국이 소련 붕괴 이후의 공백 속으로 침범하지 못하도록 막는 일이다. 폴란드와 체코 공화국에 요격 미사일 부대와 레이더 기지를 세우는 것에 대하여 무력화시키는 것이 무엇보다 중요하다. 미국의 명목상 목적은 이란의 핵 위협으로부터 유럽을 보호한다는 것이다. 그러나 크렘린은 그 기자들이 러시아의

---

22) Joe Studell, '미국과 러시아의 영향력 확대' Newsweek, 2007.7.25. 28-29재인용.

핵전력에 위협이 될 가능성이 있다고 믿는다.

　더욱 놀라운 것은 크렘린은 자본주의가 득세한다는 점이다. 다시 말하면 러시아에는 크렘린식 국유화 자본주의가 득세하고 있다고 보면 된다. 겉으로는 사기업을 인정하지만 실제 주요산업은 국영기업이 장악해 사실상 옛 소련의 국가 주도형 산업체제로 회귀하고 있기 때문이다.

　월스트리트 저널은 블라디미르 푸틴 대통령이 2000년 집권한 이후 에너지와 군수, 항공, 조선, 금융 산업에 이어 제약과 도로 건설, 어업등의 분야에서도 국유화가 진행되고 있다고 2007년 10월 5일자에 보도하고 있다.

　러시아가 사기업을 국영화하는 작업은 여러 측면에서 나타난다. 푸틴은 2007년 9월말 군 산업 관련 복합 국영기업인 로스테크놀로가 설립 법인을 의회에 제출했다. 이 기업은 러시아 최대 무기 수출업체인 로소보론엑스포트의 자산을 인수하며, 자동차와 일반 제조업으로 사업영역을 넓히고 있다. 푸틴의 지지자들이 의회를 장악하고 있어 법안은 10월 중 통과될 전망이다.

　푸틴은 2007년 7월초에도 30여개 국영 원자력발전기업들을 합친 '아토메네르고프롬(원자력 산업집단)' 설립을 지시해 현재 의회 통과를 기다리고 있다. 이 기업은 가스프롬(천연가스), 로스네프트(석유)와 함께 러시아 3대 에너지 기업으로 떠오르게 된다. 유럽 국가들은 러시아가 세계 에너지 시장을 주무르기 위해 에너지 공룡기업을 만드는 것이 아니냐고 우려하고 있다.

　2014년 소치 겨울 올림픽[23] 을 앞두고 수십억 달러 규모의 경기장과 도로 등의 건설을 총괄할 국영기업 설립 법안도 의회에서 대기 중이다. 크렘린은 제약과 도로 건설, 어업 기업들도 산업별로 통폐합해 거대 국영기업을 만든다는 계획을 추진하고 있다.

러시아 정부는 이미 수호이, 일루신 등 6개 항공기 업체와 우주산업 관련 6개 업체, 3개 국영조선소도 각각 통폐합해 덩치를 불렸다.

러시아 관리들은 "천연자원 수출에 의존하는 러시아 경제를 빠르게 다각화하기 위해서는 국영화가 효과적"이라고 주장하고 있다. 그러나 경제협력 개발기구(OECD)는 '러시아가 시장 개혁에는 집중하지 않고 산업국유화 정책에만 힘을 쏟아 경영의 비효율을 낳고 있다' 고 비판하고 있다. 시장주의자인 아르카디 드보르코비치 푸틴 대통령 경제담당보좌관도 '민간영역까지 국가가 개입하는 산업 국영화' 는 극도로 위험한 발상이라며, 이는 궁극적으로 경제성장을 정체시킬 것이라고 경고했다.[24] 최근 러시아 의회에 계류된 국영기업 설립 계획을 보면 다음과 같다. 첫째, 로스테크놀로기: 국영 무기 수출업체 로소보른 엑스포트 자산 인수, 자동차, 티타늄, 일반제조업도 운영. 둘째, 아토메내르고프롬: 30여개 국영 핵관련 기업 통폐합. 셋째, 소치올림픽 추진 기업: 2014년 올림픽 위한 수십억 달러 프로젝트 총괄 등이다.

러시아에서 새로 생기는 국영기업은 제약, 도로 건설, 어업 기업 업종별 통폐합을 하고 있다. 이러한 러시아의 국영기업 부활은 엉망인 사회

---

23) 소치는 푸틴의 정치적 생명이 있는 곳이다. 3년 전 흑해 휴양도시인 소치의 부활을 개인적 사명으로 삼았다. 소치의 경제 붐은 그때부터 시작되었다. 푸틴은 소치에 소치의 경제발전을 위해 쏟아 부은 돈이 75억 달러나 될 것으로 전망된다. 소치에서 열린 투자유치 대회(푸틴이 주관)에서 기업인들은 소치와 주변지역에 233억 달러를 투자하는 각종 계약을 맺었다. 그만큼 푸틴에게 있어 소치는 중요한 곳이다. 그는 소치를 통해 그의 영향력을 과시할 뿐 아니라 러시아의 풍부한 원자재 상승을 주도하는 곳이 되었다. 소치는 다양한 면에서 파티가 계속되는 곳이다. 소치가 아직은 유럽의 휴양지 중 드문 곳에 속하기 때문이다 소치는 매년 1500만–1700만의 관광객을 불러들일 것이라고 한다. 소치는 동계올림픽 개최지로 선정되면서 주변의 부동산값이 급등하고 있다.
24) 정재홍, "크렘린 자본주의 득세" 중앙일보, 2007년 10월 06일 국제면 인용

기간시설, 치솟는 부동산 가격, 나태한 관료조직 등이 새로운 문제점으로 대두된다.

7) 푸틴의 외교적 지지세력 규합

푸틴은 미국이 북극 즉 나토지역에서 물러나기 위해 온갖 노력을 기울이고 있다. 러시아는 코소보의 독립을 반대한 것이 바로 그 예다. 그러나 어느 시점에 가면 코소보 독립 문제를 나토 확대나 미사일 방어망 문제와 맞바꾸려 할지도 모른다는 전망이 흘러나오고 있다. 러시아는 이란문제를 놓고도 이중 플레이를 해 왔다. 한편으로 이란의 책 프로그램을 응징하는 제재조치로 이란을 고립시키자는 미국의 주도적 움직임을 지지한다. 동시에 러시아는 상하이 협력기구(SCO)[25] 회의에 이란을 초청하기도 했다.

러시아의 학술원의 지역성세 분석가인 바체슬라프 폴리카르포프는 이렇게 말한다. "러시아는 이란 핵 프로그램을 둘러싼 미국의 우려에 공감한다. 그러나 동시에 푸틴은 그 지역에서 미국의 영향력을 견제하는 동맹국으로서 이란과 제휴하고 싶어 한다."고 지적한다. 러시아는 또 자신의 주장을 관철하려고 무력으로 협박하는 옛날의 관행을 답습한다. 2007년 7월초 러시아의 세르게이 이바노프 제1부총리는 미국이 미사일 방어망 계획을 강행할 경우 칼린그라드(폴란드와 리투아니아 사이에 있는 러시아 영토)에 크루즈 미사일을 배치하겠다고 으름장을 놓고 있다. 이러한 것만 보아도 푸틴 러시아 대통령은 과거의 영예를 지키려고 얼마나 노력하고 있는가를 엿볼 수 있다.

---

25) 상하이 협력기구(SCO)는 중국이 주도하는 아시아 국가들의 연합체들이다.

8) 푸틴의 사진과 훈장

내가 러시아에 짧게 거주하는 동안 받은 또 하나의 충격은 푸틴의 티셔츠를 보면서부터다. 푸틴과 관련된 티셔츠, 음료수 병, 우편엽서 등이 많은 것을 보면서 그의 인기를 실감할 수 있었다. 더 놀라운 것은 푸틴과의 사진 한 장이 훈장보다 더 위력적이라는데 있다. 러시아의 특권층 개념은 푸틴과의 사진을 찍었느냐 그렇지 않느냐는 데 있다.

모스크바의 정위용 특파원은[26] "옛날 정치인들이 누렸던 특권은 이제 장식물로 변했네. 그런데 새로 생긴 특권은 소수에게 몰리고 있지." 라는 말에 주위를 기울일 필요가 있다. 그만큼 러시아는 변화하고 있다는 증거다.

러시아의 국가두마(하원)에서 12년간 자리를 지켜온 보리스 키비레프 의원은 요즘 동료들을 만날 때마다 이런 푸념을 늘어놓는다. 두마 평의원에게 제공되는 고급 휴양소, 크렘린 병원, 교외 별장 이용권은 휴지가 됐다. 반면 공항이나 도로에서는 연방 보안국(FSB)간부 대접도 못 받는다는 게 이들의 불만이다. 구소련 제국에서 누리던 영화는 서서히 거품이 되어 가고 있으며 새로운 문화가 형성되고 있음을 보게 된다.

최근 러시아 주간지 노바야가제타는 러시아 국가 자본주의의 진전에 따라 정치인들이 누려온 특권에도 양극화가 진행되고 있다고 보도했다.[27]

정치인 특권의 변천사= 구소련시대 특권층의 상징은 좋은 휴양소, 고급 승용차, 국가 의료기관 이용권이었다. 이런 특권은 자본주의 러시아에도 이어져 지금도 장관급 이상 고위 관료, 각급 법원장과 국가 두마 평

---

26) 동아일보 제 26760호, 2007년 8월7일 국제면 재인용.
27) Ibid. 동아일보 모스크바 주재 정위용 특파원의 번역을 재인용했음을 밝혀 둔다.

의원들이 이용하고 있다. 그러나 정치 평론가인 에브게니 민첸코 씨는 "이런 특권은 소련 시절 일반 시민들이 감히 접근할 수 없었지만 이제는 돈만 주면 모두 해결되는 것들"이라고 말했다. 여기서 자본주의 위력이 엄청나다는 것을 말해주는 한 장면이다.

1990년대 보리스 옐친 대통령의 집권 당시만 해도 두마의원 신분이 특권을 대변했다. 의원신분증만 갖고 있으면 공항과 도로에서 무사통과 예우를 받았다. 신분증에 특권이 따라붙자 이 증명서를 사고파는 암시장도 생겼다. 의원보좌관 신분증 장사에 연루되었던 두마의원 빅토르 체렙코프 씨는 "딱지(보좌관 신분증)한 장에 300달러를 받을 수 있었다"고 말했다. 1990년대 300달러는 모스크바 시내에서 방 두 칸 달린 방 월세에 해당되는 금액이다.

민첸코 씨는 "이제는 그런 딱지자체를 찾아보기 힘들 뿐 더러 교통경찰에게 보여줘 봤자 아무 반응이 없을 것"이라고 잘라 말했다. 러시아 사회가 많은 변화가 일어나고 있음을 보여주는 한 단면이다.

특권에서 밀려나는 두마 평의원 = 사람이 자신에게 부여된 특권을 누리다가 평범한 삶을 사는 것은 매우 힘든 일이다. 이는 2000년대 러시아에서도 일어나고 있다. 2000년대 러시아 자본주의가 뿌리내리면서 두마 평의원들은 특권층 중심부에서 계속 밀려나고 있다. 키비레프 의원은 "요즘엔 장관들이 이용하는 병원과 두마 의원들이 찾아가는 병원이 완전히 구분될 정도로 차별이 심해졌다"고 설명할 정도로 과거 권세를 누렸던 두마 평의원은 이젠 찬밥신세다.

두마 평의원들이 누리던 특권은 실속이 없어진 반면 대통령 행정실 인사들, FSB간부, 장관들의 특권은 날로 확대되고 있다.

특히 장관들이 실속 있는 국영기업이나 민간기업 임원을 겸임하는 것은 블라디미르 대통령시대의 전형적인 특권이 되었다. 현재 러시아 15개 부처 장관 가운데 7명이 국영기업이나 민간기업 임원을 겸임하고 있는 것이 이를 증명한다. 이런 일들은 크렘린이 에너지 생산회사 등 주요 기업의 인사권을 직접 챙긴 뒤부터 나타난 관행이다. 기업임원을 겸임하고 있는 러시아 고위층 관리와 정부직책과 기업 내 직책을 보면 쉽게 이해가 될 것이다.

이 름	정부직책	기업 내 직책
드미트리메드베제프	제1부 총리	국영기업 사스프롬 이사장
세르게이 이바노프	제1부 총리	국영기업 통합공사 회장
세리게이 나리쉬킨	부총리	국영TV 제1채널 임원
세라게이 소뱌닌	대통령 행정실장	주식회사 TVEL 사장
이고리 세친	대통령 행정부실장	석유회사 로스네프티 회장
빅토르이바노프	대통령 보좌관	항공사 이에로 플로트 임원
알렉세이 쿠드린	재경부 장관	금융기관 저축보험 대행사 임원
이고리 레비틴	교통부 장관	국제공항 세레메티예보임원
레오니트 레이만	정보통신부 장관	통신지주회사 스비지인베스트임원
아나톨리 세르듀코프	국방부 장관	국영기업 KHMPROM 임원

자동차 경광등 = 푸틴 대통령은 2006년 수천 명의 관료가 타고 다니던 자동차에 붙이던 경광등도 976개로 줄였다. 이중 FSB 몫으로 230개가 돌아간 반면 두마에는 단 12개가 남는다. 이젠 특권의식을 가졌던 과거 관료사회의 급속한 변화가 작은 것에서부터 신속하게 진행되고 있음을 보게 된다.

한편 최고위층 인사와의 친분관계가 가져오는 이익이 옛날의 특권을 훨씬 뛰어넘는다고 한다. 변호사 알렉산드르 보스로빈스키 씨는 "크렘린에서 푸틴 대통령이나 FSB국장을 만나 사진을 찍든지 차량통행증을 받아내면 단번에 특권층으로 인정받는다"고 말할 정도로 푸틴의 인기와 권력이 대단하다는 것을 말해준다.

노바야가제타 안나 세로바 기자는 "이제는 대통령과 나란히 TV에 출연하는 사람이 훈장을 받은 사람보다 많은 특권을 누리는 것으로 인식"된다고 설명했다. 이 같은 특권의식은 러시아의 사회변동 즉 가치관의 변화라고 볼 수 있다. 결국 과거 소련시대의 색(色) 세탁열풍에 빠진 느낌이다. 그러면서 푸틴의 정책 코드에 맞는 사람이 누리는 특권자만이 잔치가 일어나고 있기 때문이다.

9) 러시아의 최대의 무기 에너지

일반적으로 사람들은 인류최대의 무기는 핵이라고 생각하게 될 것이다. 그러나 핵보다 더 무서운 것은 인간의 실생활과 연결된 에너지다. 러시아는 거대한 땅을 기반으로 가장 강력한 전략 무기를 소유하고 있다. 그것은 바로 강력한 전략 무기는 핵폭탄이 아니라 에너지 공급이다.

우크라이나 수도 키예프에서 주재하는 한 동유럽국가 고위 외교관은 [28] "러시아가(에너지 공급중단) 며칠 만에 우리나라 경제를 정지시킬 능력이 있음을 안다면 함부로 러시아에 대항하기는 어렵다"고 투덜댄다. 러시아는 이미 독일 천연가스 공급의 약 3분의 1을 담당하고 있다. 앙겔라 메르켈 독일 총리가 인권문제로 푸틴을 강하게 압박하고 싶어도 그러지 못하는 이유가 여기에 있다. 러시아 부총리를 지낸 이리나 하카마다는 "서방세계는 석유와 가스를 얻으려고 러시아의 민주주의를 팔아 넘겼다"고 개탄했다.

---

28) 그는 기록에 남을 만한 발언을 할 권한이 없는 사람이다. 그러나 그의 투덜대는 목소리는 들을만하다.

러시아의 재벌 기업인 가스프롬은 가스관을 건설하려는 유럽의 노력을 무산시키려고 불가리아, 헝가리, 이탈리아와 협정을 맺었다. 그 가스관이 건설되면 아제르바이잔산(産) 가스를 러시아에 우회해 직접 유럽으로 가져갈 수 있다. 푸틴은 또 가격 책정과 시장 분할 문제를 논의하려고 이란, 카타르, 알제리 같은 천연가스 생산국들과도 협상했다.

러시아의 이웃 나라들도 미국의 간헐적인 지원을 받으면서 반격에 나서고 있다. 새로 건설된 송유관들 덕분에 현재 아제르바이잔(조만간 카자흐스탄)은 석유를 곧바로 지중해 연안 국가들로 수출하고, 가스를 터키에 수출할 것이다. 유럽으로 직접 수출하는 것은 아직 안되지만 말이다. 그리고 그루지야, 우크라이나, 아제르바이잔, 몰도바의 연합체인 GUAM은 2006년 아제르바이잔과 카자흐스탄산 석유를 동유럽으로 운송하는데 오데사부터 폴란드 국경까지 연결된 송유관을 이용하기로 합의했다. 나토 역시 과거 소련공화국들과의 합동군사훈련 횟수를 늘려왔고, 최근에는 중립적인 스웨덴과 핀란드의 참가를 설득하려고 노력중이다.

따라서 러시아는 얽히고 설킨 파이프로 에너지 전쟁터라는 말이 실감날 정도다. 유라시아의 주요 송유관들 즉 시베리아에서부터 유럽까지 이어지는 유라시아 대륙은 파이프라인의 경합이 펼쳐지는 21세기 에너지 전쟁의 치열한 전장이다. 석유와 가스를 실어 나르는 송유관과 가스관들은 특히 1990년대 후반 이후 엄청난 기세로 뻗어나가고 있다.

드루쥐바 송유관: 최근 러시아-벨로루시 에너지 분쟁의 핵심으로 떠오르면서 주목받고 있다. 세계에서 가장 긴 총연장 4000km의 송유관으로 1964년에 만들어졌다. 이는 헝가리, 크로아티아 등으로 향하는 남쪽 라인과 폴란드, 독일로 가는 북쪽 라인으로 되어 있으며 매일 원유 120

만-140만 배럴이 이 길로 이동한다.

BTC라인: 첨예한 관심과 경쟁 속에 만들어진 카스피 해 송유관이다. 아제르바이잔의 바쿠, 그루지야의 트빌리시, 터키의 제이한을 연결한다. 길이 1770km로 단일 파이프로는 세계에서 제일 크다. 연 5000만 배럴, 하루 100만 배럴을 수송할 수 있다.

AMBO송유관: 흑해의 항구도시인 불가리아 부르가스에서 시작하여 마케도니아를 지나 알바니아까지 이어지는 917km송유관이다. 발칸반도를 가로지른다고 해서 트랜스발칸(trans-Balcan)라인이라 부른다. 알바니아-마케도니아-불가리아 석유 코퍼레이션이 맡아 공사 중이다.

시베리아-태평양 송유관(SPPP)라인: 시베리아 석유를 한, 중, 일에 수출하기 위해 건설된 송유관으로 완공되면 4130km가 될 것이다.

중앙아시아 천연가스관: 투르크메니스탄, 우즈베키스탄, 카자흐스탄을 지나 러시아로 이어진다. 2010년에 공사가 끝나면 중앙아시아의 에너지 힘줄이 될 것이다.

블루스트림: 흑해 주변을 지나는 가스관이다. 가즈프롬 계열사와 이탈리아 ENI사가 주축이 되어 건설하고 있으며 특히 러시아와 터키가 전략적 파트너십을 약속하고 공동으로 건설하여 2005년부터 수송을 시작했다. 총연장 1213km로 투르크메니스탄-터키-아제르바이잔-카스피안라인과 경쟁관계에 있다.

남아시아 파이프라인: 이란에서 파키스탄, 인도를 거쳐 이어지는 가스관으로 현재 논의가 진행 중에 있다고 한다.[29]

이란을 제재하려는 미국의 압력으로 늦어지고 있다. 이것이 최근 러시아의 전략적 무기인 에너지의 상황이다.

지금까지의 전략적 움직임의 결말은 무엇일까? 러시아와 이웃나라들

사이에 새로운 '철의 장막' 이 세워질까? 아니면 나토와 구소련 연합국가와 화해일까? 이에 대해 사카슈빌리 그루지야 대통령은 그렇게 되지 않기를 바라고 있다. "우리는 러시아와 공통점이 너무 많다. 요즘 크렘린이 반미 발언을 쏟아내지만 이는 일시적인 현상이라고 믿는다. 사실, 러시아 엘리트들은 유럽의 일부가 되고 싶어 한다"고 말한다. 그러나 크렘린이 계속 제국의 부활을 꿈꾸는 한 러시아의 이웃들은 자기네 국기를 성조기와 나란히 휘날리게 하고 싶을 듯하다. 기왕이면 이들 국가들은 안전한 쪽에 서 있고 싶을 테니까 말이다.

10) 게임의 규칙을 무시하는 러시아

러시아의 경제성장은 매우 괄목할만하다. 이런 러시아를 향해 유럽 각국이 게임의 규칙을 무시하는 러시아 국영기업 길들이기에 나섰다.

독일은 최근 유럽에 진출한 러시아의 대형 펀드가 금융시장을 교란할 수 있다는 점을 들어 대외무역법을 고치기로 했다고 한다. 올리버 비크 독일 경제동방위원회 위원장은 '국가의 후원을 받는 막강한 러시아 국영기업이 루블화 강세를 타고 시장에서 위험한 행동을 할 수 있다' 고 말했다고 러시아 일간지 네자비시마야제타가 2007년 8월 29일에 보도했다.

이에 대하여 모스크바 주재 정위용 특파원은 다음과 같이 말한다. "이런 조치와 반응은 사전 예방보다는 러시아 측의 도발에 대한 응전의 필요성 때문에 나왔다는 것이 유럽 상공인협회 러시아 지부의 관측이다"라고 보도했다.[30]

예를 들면, 모스크바 인근 도시 힘키 시에 공장을 짓고 있던 독일자동차부품업체인 보슈사는 최근 공장용지를 빼앗겼다고 한다. 땅을 매입할

---

29) 구정은, "유라시아 주요 송유관들", 모스크바 상트페테르부르크 〈재외동포신문〉 2007년 7월 1일, 5참조.

때 소유자인 힘키시의 동의를 받지 않아 토지 매매 계약이 무효라는 게 이유였지만 보슈는 '러시아가 국제기준을 무시했다' 며 소송을 냈다.

한편 러시아 정부는 에너지 국방 등 국가 안보와 관련된 분야에서 외국인 투자를 제한하는 법안을 의회에 제출했다. 사할린과 시베리아에서 지분을 빼앗겼던 미국과 유럽 기업들은 "이제는 서방이 러시아에 본때를 보여주어야 할 차례" 라며 비난의 강도를 높였다.

유럽 기업들의 들 끓는 목소리는 니콜라 사르코지 프랑스 대통령이 대변했다. 그는 2007년 8월 27일 파리 주재 180개국 대사가 모인 자리에서 '러시아가 에너지 자원을 이용해 국제사회에 만행을 일삼아서는 안된다' 고 강력히 비판했다.

유럽연합 집행위원회도 거칠게 뻗어 나가는 러시아 국영기업에 제동을 걸 태세다. 네자비시마야가제타는 '러시아 최대 국영기업인 사스프롬이 유럽 주택에 연결된 가스관에 손대지 못하도록 유럽연합(EU) 집행

위원회가 권고안을 낼 것' 이라고 예측했다. 러시아 언론들은 '유럽 국가들이 에너지 분야에서 러시아 기업의 접근을 제한하는 비밀문서를 만들고 있다' 고 보도했다.

그러나 이같은 유럽 국가들의 대응으로 러시아의 콧대가 꺾일 가능성은 희박해 보인다. 러시아 에너지 전문가 라자리 샤미스씨는 '러시아의 가스 차단에 대비하겠다는 유럽의 의지

30) 정위용, "유럽 러시아 국영기업 길들이기" 동아일보 2007년 9월 4일 국제면

가 나타나지만 에너지 대체 수입처가 없는 한 유럽의 맞대응은 에너지 카르텔 등 또 다른 문제를 조장할 수 있다' 고 말했다.

최근 유럽과 러시아의 관계는 갈등관계라는 것을 발견하게 된다.

유럽은 미국의 미사일 방어 기지를 찬성하지만 러시아의 푸틴 대통령은 '유럽에 미사일 공격 가능성' 을 언급했다. 사르코지 프랑스 대통령이 '에너지 자원을 무기 삼아 만행을 저지르지 말라' 고 경고했을 때 러시아는 2년 연속 유럽수출용 가스관을 차단했다. 유럽은 외국 석유가스 회사의 시장 접근을 제한 추진하지만 러시아는 가스프롬, 유럽 가스관 회사 매입을 시도했다. 유럽은 독일, 러시아인 투자 지분 제한 추진을 하지만, 러시아는 대형펀드, 유럽 금융시장 진출에 대한 언급이 바로 이것이다.[31]

지금까지 모스크바 주재 정위용 특파원의 보도를 인용한 것이지만 실질적으로 러시아는 에너지와 넓은 땅, 자원을 갖고 유럽과 게임을 해 온 것은 사실이다. 그러나 유럽은 여기에 대항할만한 적절한 대안이 없어 고민하고 있다. 이를 보다 깊숙이 짚어보면 러시아의 도발이라고 할 수 있지만 한계에 부딪치게 될 것으로 보인다. 특히 크렘린은 미국과 유럽의 대외정책을 방해하고 이를 비판하는 서방국가를 조소할 것으로 보인다. 그러나 러시아의 이러한 행동이 서방 국가와의 맞대결을 위한 것이라고는 볼 수 없다. 러시아 유럽을 향해 게임을 시작한다 해도 결국은 매력적인 부분으로 인해 게임이 오래 갈 것 같지 않다는 얘기다.

첫째, 러시아는 중산층의 성장과 더불어 매력적인 시장으로 떠올랐고, 이를 이용해 외국의 투자를 적극 유치하고 있기 때문이다. 크렘린이 전략적 부문에 보호 정책을 펴겠지만 시장 개방의 이득을 취하려는 러시아

---

31) 정위용, 재인용함

가 이란, 베네수엘라처럼 무법자의 길을 택할 수는 없다.

둘째, 러시아는 자국의 이익과 관련해서는 국제 사회에 정면으로 맞서고 있지만 남미와 아프리카 , 남아시아 등에 미치는 정치, 경제적 영향력은 미미할 뿐이다. 경제 규모도 멕시코를 약간 넘어선 수준이며, 중국의 3분의 1에 불과하다.

셋째, 소련과 달리 오늘날 러시아에는 다른 국가를 선도할 수 있는 이념과 사상이 없다. 사회주의 선봉에선 베네수엘라의 우고 차베스 대통령에게도 러시아는 특별한 의미가 아니다.

사실상 러시아의 외교 변수는 중국이다. 서구 중심의 국제 질서에 대응키 위해 중국과 공통의 정치, 경제적 관심사를 찾아내지 못한다면 러시아의 영향력은 주변국에 그칠 뿐이다. 아무튼 러시아와 서방국가와의 관계는 냉전 이후 최악에 이르렀다. 하지만 이것만으로 새로운 냉전이 도래했다고 할 수는 없다. 러시아는 북극점에 다다를 수 있지만 서구중심의 국제질서에 도전할 수 있을 만큼 막강하지는 않기 때문이다.[32] 이 같은 이언 브레머의 평가는 정확하다. 하지만 러시아가 유럽을 향해 게임을 시도하려는 동안 어려움이 있을 것이다.

---

32) 이언 브레머, "러시아의 도발과 한계 ' 중앙일보 2007년 9월 4일에서 재인용.

4. 러시아인의 가족과 결혼 생활

러시아는 과거 대가족제도에서 핵가족화 현상으로 변화되어 가고 있다. 러시아의 가족 형태의 변화의 요인은 전쟁이 제공해 주었다. 전쟁으로 인해 남자의 수가 적고 여자가 많은 편이다. 이로 인해 여성들은 밖에서 돈을 벌고 남자는 집에서 아이를 보는 일은 자연스러운 일이 되었다.

1) 가족생활

러시아에서 가족은 기본적인 사회단위이다. 집안에서 가장의 권위가 높고, 일상의 가사와 금전관리는 주부가 맡는다. 전통적으로 자녀는 부모나 연장자에게 경의를 표해야 하고 부모는 자녀나 가사에 대해 주요 결정을 한다. 전통적으로 러시아 가족에는 동양적 가부장적인 권위주의가 높다고 할 수 있다. 그러나 소비에트 체제를 거치면서 이러한 질서가 무너지고 있다. 특히 어머니가 가사나 자녀의 양육을 책임지고 있는 경우가 많다. 이전에는 가장만이 소득의 주체가 되었으나 사회주의 체제가 되면서 노동연령에 있는 여성(14~55세)의 대부분이 학업이나 취업을 하고 있어 주부들도 직장에 나가는 경우가 많기 때문이다.

러시아에서는 토·일요일과 8일의 법정공휴일 및 평균 21일의 유급휴가가 있어 여가활동이 활발히 이루어지는 편이다. 주말에는 스포츠와 놀이가 보편적으로 행해진다. 특히 대도시 가구의 상당수가 근교지역에 별장(다차)을 갖고 있어, 이곳에서 소규모 텃밭을 경작하면서 주말을 보내는 경우가 많다. 휴가기간은 주로 여름에 집중되는데, 흑해, 발트 해,·바이칼 호 등지가 대표적인 휴양지이다. 도시에 살고 있는 가족들은 주말이나 휴가 때 주말 농장 '다차'를 찾아간다. 가족들은 다차 건물을 보수하고 감자, 토마토 등을 심을 텃밭을 손질한다. 가정주부는 식빵, 야채, 생선 절인 것, 음료수, 보드카 등을 준비하여 야외에서 바비큐 파티(샤실릭)를 벌인다. 가족들은 긴 겨울동안 먹을 농작물을 재배하기 위해 텃밭에 이랑을 만들고 씨를 뿌리는 일에 나선다.

러시아인들은 보편적인 생활양식으로서 가족문화를 소중히 여긴다. 이들은 자녀들이 축구, 스키 등 운동을 하고 싶어 하면 언제나 직접 아이들과 함께 운동용구들을 챙겨 운동장이나 스키장으로 가서 같이 땀을 흘리곤 한다.[33] 또 자녀들이 음악과 미술 같은 예술분야의 여가활동에 관심을 갖고 있다면 아주 특별한 일이 없는 이상 부모들이 직접 아이들의 손을 잡고 함께 간다.

2) 결혼

결혼 연령은 평균 20대 초에 조혼 경향[34] 이 있으나 1991년 소연방의 해체이후 서구식 가족 제도가 일반화됨에 따라 최근에는 늦어지는 추세이다. 약혼도 성행하고 있고 사실혼도 많이 늘고 있다. 그러나 출산율은 오히려 하락하기 시작하여 인구 감소가 심각한 사회 문제가 되고 있다. 공업화·도시화에 따라 여성의 경제활동참가율이 높아졌을 뿐만 아니라, 낙태가 보편화되었고 무엇보다도 주택의 양적, 질적 낙후로 인해 출산기피현상이 확산되고 있기 때문이다. 이에 따라 일찍부터 정부는 낙태 및 피임 제한, 가족수당지급, 유급출산휴가, 출산에 대한 사회적 태도 개선, 주류 판매 제한, 보건서비스 개선 등 각종 인구정책을 시행하고 있다.

---

33) 하루에 두 번씩 자녀들과 집 주변에서 산책을 하면서 생활하는 것이 생활화 되었다.

34) 과거에는 19세에 결혼하는 경우가 많았으나 최근에는 결혼연령이 늦어지고 있는 추세이지만 조혼은 유지되고 있는 편이다. 좋은 남성을 만나면 빨리 결혼하는 것이 이들의 문화이다.

3) 이혼

러시아에는 현재 물질주의 경향으로 이혼율이 갈수록 높아지고 있다. 이혼할 경우 아이가 없으면 구청에 신청하기만 하면 쉽게 성립되지만 아이가 있는 경우는 법정이혼만이 가능하다. 이때의 절차는 법원에 이혼청구를 하고 3개월의 조정기간동안 아이의 양육이나 집의 분할 등을 고려하여 법원은 이혼을 허가하게 된다. 최근 러시아의 이혼은 남성의 불성실, 낭비벽, 주벽(술) 등의 이유로 주로 여자 측에서 제의를 많이 하며 실제로 70% 선에 이르러 세계 최고 수준이다. 이혼하고 나서 아이의 양육은 실제로 90% 어머니가 맡고 있으며 아버지의 법적인 의무는 수입의 25~50%까지 자녀양육비를 어머니에게 매월 지불해야 한다.

4) 청소년 문제

과거 러시아의 청소년들에게는 무상교육과 평생직장이 보장되었지만 냉혹한 경쟁사회에서 생존하지 않으면 안 되는 상황에 빠져 있다. 좌절한 젊은이들은 술과 마약으로 고통을 잊으려 하고 신흥 종교나 신나치 같은 극단적 주장에 빠지기도 한다. 15~19세 사이 러시아 젊은이들의 자살률은 미국보다 2배나 높다고 한다. 빈부격차도 이러한 좌절의 중요한 원인으로 작용한다. 성공한 노브예 루스키(신흥 러시아인)들의 과소비와 사치는 젊은이들에게 한탕주의와 범죄로 유혹하는 계기가 된다.

러시아의 청소년들은 심각한 경제난과 구소련의 사회주의적 보건체계의 붕괴로 미취학아동 85%가 병들어 있는 실정이다. 또한 대도시 주위로 모여든 외지인들과 도시빈민 자녀들의 무분별한 성매매로 말미암아 성인뿐 아니라 러시아 청소년들의 에이즈 바이러스(HIV) 감염도 심각한 사회 문제가 되고 있다.

5. 러시아의 교육제도

1) 탁아교육

현재 러시아 교육의 가장 기본적인 단계는 아동 탁아소이다. 이곳에는 집에 아이를 돌볼 사람이 없는 가정인 경우에 아이를 맡기는 곳으로 주로 6개월에서 3살까지의 아이만 맡길 수 있다. 글자와 숫자를 가르치는 교육은 유치원에서 시작한다.

1970년대에는 도시 아이들의 절반가량, 농촌아이들의 10%가 유치원 교육을 받았다. 유치원이나 탁아소 비용이 매우 저렴하거나 무료이기 때문에 취학 전 아동들은 대부분 이들 기관에서 교육을 받고 있다. 다만 농촌에서는 시설부족과 거리문제로 유치원 교육혜택이 낮다. 1991년 소연방의 해체로 러시아의 무료체제의 탁아교육은 거의 붕괴되고 대신, 사립 탁아소의 비중이 높아가고 있는 실정이다. 국립 탁아소도 예전처럼 무료가 아니라 일정한 탁아 비를 내야만 한다.

2) 초 .중등학교(쉬콜라)

초등학교 1학년부터 고등학교 1학년까지의 보통 10년을 포괄하는 과

정으로 ‘쉬콜라’ 라고 부른다. 10년 중에서 모든 사람에게 의무적으로 적
용되는 교육기간은 8년이지만 7년간만 교육을 받아도 된다. 일반적으로
러시아의 아동들은 6~7세에 정규교육기관에 취학하여 의무교육기간이
끝나는 8학년(초급학교 4년과 중학교 4년)까지는 동일한 교육을 받는
다. 9학년부터는 일차적인 진로선택을 하는데, 일반 고등학교 과정(2년
과정)을 계속하거나, 일반 학과이외 특정 분야의 기술교육을 병행하는
기술학교(제흐니쿰, 3-4년 과정)로 진학하거나 한다. 대체로 제흐니쿰
졸업은 일반 고등학교 졸업에 비해 선호된다. 그밖에 재능이 우수한 학
생이나 박약아 또는 신체장애자를 위한 특수학교와 군사학교가 있다. 재
능이 우수한 학생을 교육하는 일종의 영재학교는 명성이 높아 우수한 상
급학교 진학률이 높다.

3) 대학교육

러시아의 상급 교육기관은 종합대학과 특수대학으로 나누어진다.[35]
특수대학은 의학·교육학·전기공학·도시계획·농학·국제학 외에 예술분
야 등의 전문분야를 교육하는 기관으로서, 흔히 연구소 혹은 학교라는
명칭이 붙어 있다. 상급학교 입학시험은 1년에 1번 여름에 실시되며 평균
입학경쟁률이 5대 1정도이다. 그러나 학교의 명성에 따라 경쟁률 차이가
큰 편이다. 특히 구소련 시절에는 모스크바국립대학, 모스크바 국제관계
연구소, 모스크바 외국어연구소, 모스크바 연극 및 예술 연구소 등은 평
균경쟁률이 50대 1에 달했고, 최고 100대 1을 넘기도 했다. 대학의 수학

---

35) 만 18세가 되면 대학생이 된다. 러시아 대학생들은 대부분 장학생으로 받는다. 외국인은 등
　　록금을 내야 한다. 대학은 우리와 같은 4년제이지만 4+1은 석사과정이다. 4+2는 학 석사이
　　고, 3년은 박사과정이다. 박사과정은 좀더 세분화되었을 뿐 아니라 많은 학적인 공헌이 있
　　어야 한다. 러시아에서 박사는 질적으로 높은 명예가 주어진다.

기간은 보통 5년이며 졸업자격시험에 해당하는 국가시험에 합격해야 졸업할 수 있다. 고등교육을 받는 학생들은 연금 또는 최저 임금 수준의 보조금을 받는다. 일반대학에도 야간 및 통신과정이 있으며, 대개 학생들의 절반가량이 야간 및 통신과정을 통해 학사학위를 받는다.

4) 대학원 교육

러시아의 대학원 석·박사 과정은 한국이나 미국 등과 학제면에서 다소 차이가 있다. 러시아에서는 5년제 대학과정을 마친 후 3년 과정의 '아스피란트' 과정을 다니게 되는데, 이 아스피란트 과정이란 박사과정(Ph. D)을 말하는 것이다. 그러나 최근에는 러시아 학사제도가 외국의 영향을 받아 기존의 5년제 학부 과정을 학부 4년, 석사 2년으로 바꾸는 학교들이 많이 생기고 있다. 러시아 대학원 과정의 또 다른 특징은 아스피란트 다음 단계로 '독토란트' 과정이라는 것이 있다는 점이다. 이 과정을 마친 사람을 러시아어에서는 '독토르' 라고 부르는데, 아스피란트 과정 후 일정 기간 동안 학문적 성과를 거둔 사람들이 준비하는 과정으로 대부분 40대 이상의 연령층에서 이 과정을 준비한다.

6 러시아인의 이름, 그리고 부르는 방법

1) 러시아인의 이름 체계

러시아인의 이름 체계에 대해서 알아보는 것은 흥미롭다. 러시아 선교를 계획하거나 훈련받고 있는 자라면 적어도 일반적인 생활에 가장 쉽게 부딪치는 러시아인의 삶의 현장을 이해하는 것이 좋다.

러시아인의 이름은 이름(имя)과 부칭(父稱 отчество) 그리고 성(姓 фамилия)의 세 요소로 되어 있어, 공식적으로는 이런 순서로 쓰는 것이 관례이다.

2) 대중적인 이름

예전에는 부모 대신에 대부(代父)를 정하고 세례명을 짓는 정교회의 습관에 따라 남자면 Иван, Павел, Пётр와 같은 기독교 사도들(요한, 바울, 베드로)의 이름을, 여자라면 Мария, Анна, Софья, Екатерина 같은 성녀의 이름을 쓰는 경우가 많았다. 현대에는 종교와는 무관한 새로운 이름도 많이 쓰이고 있지만, Иван이나 Мария 등은 여전히 베스트 10 중에 들어 있는 대중적인 이름의 하나이다.

부칭은 남녀 공히 아버지 이름에서 만들어지며, '누구의 아들' 또는 '누구의 딸'의 의미로 쓰인다. 아버지가 Иван이면 그 아들의 부칭은 Иванович, 딸의 부칭은 Ивановна가 되며, 아버지가 Пётр면 아들의 부칭은 Петрович, 딸의 부칭은 Петровна가 된다.

남자의 경우 아버지 이름에 -ович, -евич를 붙이고 여자의 경우 아버지 이름에 -овна, -евна를 붙여서 만든다.

3) 러시아에서는 공식적인 호칭으로 성을 부르지 않음

러시아에서는 공식적인 호칭으로 성을 부르지 않으며 이름과 부칭만 부른다. 따로 '~씨'와 같은 경칭을 쓰지 않고 이렇게 이름과 부칭만 부를 경우, 상대를 높이는 표현이 된다. 즉, 상대를 공식적으로 부르거나 높여서 부를 경우 (학생이 선생님을 부를 때처럼) 이름과 부칭을 부르면 된다. 예를 들어 레닌의 이름이 Владимир Ильич Ленин인데 Владимир

Ильич!라고 부르면 경칭이 되는 것이다.

성에 경칭이나 직함을 함께 붙여도 공식적인 호칭이 된다. 외국인을 부를 때는 부칭이 없기 때문에 이런 표현을 자주 쓰게 된다. 남자에게는 господин을 써서 господинКим! 이라고 하면 '김 선생님' 이 되고, 여자의 경우 госпожа를 써서 госпожаЛи! 라고 하면 '이 선생님' 이 되는 것이다.

지금까지 러시아의 문화에 대한 이해를 돕고자 했다. 러시아인의 문화는 곧 선교 상황화를 이루는데 도움이 된다.

7 노후 복지 제도와 고려인의 아픔

1) 노후복지 제도

현재 러시아는 3개의 세대로 구성되어 있다. 전쟁세대(레닌시대)와 중간시대, 젊은 층이다. 특히 구소련을 지향하는 사람을 전쟁세대라 한다. 최근 러시아인들 가운데 좀 힘들게 생활하는 부류는 전쟁세대이다. 이들은 급변하는 정치와 경제, 젊은이들의 구체제에 대한 인식부재 등으로 인해 많은 갈등을 겪고 있다. 전쟁세대의 사람들은 정부로부터 연금을 받아 생활하는 경우가 많다. 연금대상 연령은 여자는 55세 이상, 남자는 60세가 되어야 연금을 받을 수 있다.

그리고 매월 1-4일까지 버스, 전철은 10%의 할인을 해준다. 공원과 박물관, 병원, 극장, 등은 무료이다. 평상시에도 노인들에게 많은 혜택을 부여하고 있다. 어느 고려인은 러시아에는 복지제도와 전쟁세대에 대한 배려가 많다고 자랑스럽게 말한다. 결국 국가는 전쟁세대의 사람들에게 최선을 다해 복지 제도 혜택을 주고 있다.

2) 고려 사람들의 아픔

고려 사람이 강제이주를 당한지 70주년이 되는 해(2007년)이다. 이들에 대한 아픔은 언급하고 싶지 않은 역사의 한부분이지만 결코 간과할수 없는 우리 역사이다. 현재 러시아 및 중앙아시아 지역에 거주하는 10만 명의 고려인들은 오랜 시간이 흐르는 동안 대립, 충돌 없이 최근까지 54만 명까지 늘었다고 한다. 그 가운데 일부분인 고려 사람들을 상트페테르부크에서 만나보았다. 그들은 한결 같이 내 민족이라는 것을 정확하게 알아 볼 수 있다. 이들은 2-4세대의 사람들이다. 고려 사람들은 자신들의 고향인 한국의 문화와 풍습을 희미하게나마 지키고 있었다. 그들의 식사에서 김치와 된장국, 전통 한복을 즐겨 입는데서 한국인이란 것을 확인하게 된다. 나는 고려사람 교회에서 재외 동포 신문에서 '고려인 이산의 아픔, 함께 해주기를' 이란 글을 읽고 난후 감동적인 내용 일부를 옮겨본다.

카자흐스탄 고려인 2세 빅토로 김-리씨의 아픔 즉 그의 글을 통해 한국을 얼마나 그리워하고 사랑하는가를 엿보게 된다.

"고향을 찾아라, 아버지가 끝내 고국 땅을 못 밟으시고 돌아가시면서 하신 말씀입니다. 그때 아버지를 위한……."

그는 한국 사람으로 부모의 성을 그대로 쓰고 있는 고려 사람이다. 카자흐스탄에서 3권의 책을 출간하기도 했으며 모국방문을 7차례나 했다고 한다. 그가 첫 번째 모국방문을 하면서 "처음 한국 땅을 밟았을 때 아버지 생각에 눈물을 주체할 수 없어 걸을 힘도 없었다" 며 지금도 고국에 대한 감격이 쉽게 지워지지 않는다고 말한다.[36]

그는 말한다. '사실 아버지와 함께 한 시간은 돌아가시기 전 1년 정도 뿐이었어요. 아버지는 특히 한국의 풍습과 아버지의 고향인 전라도 함평에 대해 많은 얘길 해주셨어요.[37] 라고 말한다.

그가 아버지 고향인 전라도 함평(그는 전라도 '함평' 을 충청도로 이해하고 있음)을 찾아 간 것도 부모의 영향력 때문이다. 일제 시대 강제 동원으로 러시아에 끌려간 그의 아버지. 그가 4살 때 정치적인 이유로 10년간 감옥살이 끝에 집으로 돌아와 1년 만에 사망한 것이다. 어린아이의 마음에 얼마나 큰 아픔이 되었겠는가? 그는 8살 때 스탈린에 의해 고향 달리보스톡을 떠나 카자흐스탄으로 강제 이주된 아픈 경험을 갖고 있다. 그는 '기차를 타고 가다가 그냥 우리를 버려두고 갔다' 고 회상하고 있다.

그는 어릴 적의 아픔을 간직하고 있으며 아버지의 유언과도 같은 '고향을 찾아라' 는 말을 늘 기억하며 산다. 그는 카자흐스탄에서 35년간 변호사로 활동했다. 경제적으로 매우 풍요롭게 살던 그가 59세의 늦은 나이에 변호사 일을 그만두고 글을 쓰겠다고 했을 때

36) 서나영, "카자흐스탄 고려인 2세 빅토로 김-리씨" 모스크바 상트페테르부르크 〈재외동포신문〉2007년 6월1일, 3재인용.
37) Ibid.,

아내의 반대가 극심했다고 한다. 결국 이혼 후 홀로 10년을 아버지와 고려 사람들의 삶을 그리는데 시간을 보냈다. 그는 현재 첫 번째의 책 「충청도를 등지고 떠난 사나이」를 한국에서 출판하기를 희망하고 있다고 한다.

러시아와 중앙아시아 지역에 거주하는 고려 사람들은 이렇게 말한다. "이유도 모른 채 이국땅으로 강제 이주된 이들은 물론 그 후세까지도 이산의 아픔을 간직하며 살고 있는 고려 사람들의 아픔을……." 기억해 달라는 소리는 예사롭게 들리지 않는다.

고려 사람들, 그들은 떠듬거리는 한국어로 한국을 그리워한다. 한국을 방문한 것이 인생 최고의 면류관으로 생각하는 고려 사람들, 오늘도 한국 방문을 소망하며 하루하루 살아가고 있다.

러시아 사할린에 거주하는 고려 사람들은 쌀밥을 구경하기도 어렵다고 한다. 고국의 지원이 절실하다는 사할린 이산가족회, 유츠노사할린스크시 노인협회, 한인정의복권재단, 사할린 주 청춘예술단 등이 이 같은 사실을 한국 정부에 알린 것이다. 사할린 한인정의복권재단 김복곤 이사장은 '최근 쌀값이 폭등하는 바람에 사할린 지역 3만 5천여 명의 동포들이 고통을 겪고 있다' 며 '한 달 쌀 소비량이 300t에 달하는데 고국의 도움을 얻지 못하면 굶주릴 수밖에 없는 상황' 이라고 어려움을 호소했다.[38] 이 같은 어려움을 겪게 된 것은 러시아 극동지역 고려 사람들이 비교적 싼 값의 중국산 쌀을 구입해 주식으로 사용했으나 2006년 6월부터 러시아 정부가 쌀 수입 경로를 유럽 쪽인 러시아 서부지역(노보르시스크, 칼라닌 그라드, 상트페테르부르크)으로 바꾸는 바람에 심각한 쌀 구

---

38) 정현용, "사할린 동포들 굶주린다", 모스크바 상트페테르부르크 〈재외동포신문〉2007년 6월1일, 5.

입난을 겪고 있는 것으로 알려졌다. 러시아 서부지역에서 극동지역으로 수입하는 쌀은 운송비 증가 등으로 쌀값이 최대 10배까지 폭등했다는 것이다. 특히 쌀을 주식으로 하는 사할린 지역 노인들은 1인당 한 달에 2300-3000루블(약 100불)정도를 연금으로 받으므로 영세한 계층이다. 끼니 당 100루블(4천 원 정도)에 달하는 쌀 값을 마련하지 못해 굶주리는 동포들이 갈수록 늘어가고 있는 실정이다. 아무튼 러시아의 고려 사람들은 아픔을 겪고 있다. 이들을 위한 한국정부의 관심과 영구 귀국을 더 확대해야 할 것이다.

8. 러시아 모습 들여다보기

1) 페테르부르크의 차고

내가 처음 이 도시를 방문했지만 도시 곳곳에 설치된 차고(가라쥐)가 있음을 보고 놀랐다. 페테르부르크에 현재 존재하고 있는 전통적 가라쥐(차고)는 30만 여개가 존재한다고 한다. 앞으로 각 지역별로 단계적으로 철거 대상지역을 선별하여 철거를 하게 된다. 2006년에는 1만 5천여 개의 차고가 철거되었다. 차고 주들에게 철거의 대가로 현재 차고지에서 300m-500m 내 인근지역에 건설되는 새로운 주차 공간이 배당된다고 한다. 하지만 시 당국과의 배상조건에 합의하지 않는 많은 차고 주들이 집단적으로 반발하면서 소송을 준비하고 있는 것으로 알려져 있으며 몇몇 재판이 진행 중이다.

러시아에서 가라쥐(차고)는 차주들의 도난을 우려해 만든 창고 같은 곳이다. 넓은 대지위에 그리고 좁은 공간에도 가라쥐가 세워져 있으며 이곳에서 차량수리를 하기도 한다.

2) 페테르부르크에 스즈키, 벤츠 공장이 들어선다.

일본 스즈키 자동차가 이토추상사와 합작으로 러시아에 스포츠 유틸리티 자동차 생산 공장을 세우기로 결정했다고 한다.

스즈키는 오는 2009년까지 150억 엔(약 1141억원, 1억2천만 달러)을 드려 상트페테르부르크 교외지역에 연간 1만대의 SUV생산 공장을 지을 계획이란다. 러시아의 공장은 일본에서 부품을 수입해 조립하는 시스템으로 생산을 시작할 예정이다. 예상되는 연간 생산량은 우선 1만대 가량이고 이후 다른 세단모델이 추가되면 연 5만대 규모의 생산량이 예상된다고 한다. 또한 미츠비시 자동차도 최근 러시아에 조립공장 건설을 계획하고 있는 것으로 알려지고 있다. 그 외에 독일의 벤츠 자동차도 이곳에 자동차 회사를 건립하고 생산할 채비를 하고 있다.

3) 책을 많이 읽는 도시 상트페테르부르크

러시아의 지하철을 타 보라. 지하 120m의 깊이로 에스컬레이터를 타고 가는 사람, 뛰어서 내려가는 사람들을 보게 될 것이다. 전철은 2분마다 한 대씩 운행된다. 많은 사람들이 전철을 이용하므로 언제나 혼잡하기 때문에 소매치기에도 조심해야 한다. 어느 한국인 선교사는 이곳에 방문한 다음날 디지털 카메라를 소매치기 당하기도 했으며, 몇 년 전 모 교회의 장로는 8천 달러를 잃어버리기도 했다. 그러나 러시아는 나쁜 일만 있는 곳이 아니다. 어느 도시보다 아름다움을 갖고 있는 곳이다. 바로 전철 안에서 책을 읽는 인구가 많다.

발렌티나 마트비엔코 상트페테르부르크 시장이 2007년 6월 24일 '렌

엑스포'에서 열린 국제 도시 박람회 개막식에서 밝힌 내용을 보면 알 수 있다.

그녀는 '페테르부르크는 여전히 러시아 지성과 문화의 수도이며 가장 책을 많이 읽는 도시로 남을 것입니다. 시에서도 여러 출판 사업을 지원하고 있습니다. 올해만 해도 시 예산으로 58개의 출판 프로젝트를 지원합니다.'[39] 라고 강조했다.

알렉산드로 콘다코프 부회장이 대독한 연설문에서 러시아 스테파쉰 출판협회장은 "현대 정보 산업의 무서운 발전에도 불구하고 인쇄된 책은 여전히 가치 있게 여겨지며 또 수요도 많습니다. 한 개인의 정신세계와 민족전체의 도덕적 건강에 미치는 책의 영향은 결코 줄어들지 않고 있습니다" 라고 말했다.

상트페테르부르크의 국제 도서 박람회의 슬로건은 "책 읽을 때" 이다. 이런 행사의 영향 때문인지 모르지만 지하철과 버스를 타면 항상 독서하는 사람들을 보게 된다. 러시아의 독서인구가 많은 이유는 정부의 지원 정책과 독서문화가 조화를 이루고 있기 때문이다. 내가 몇 번의 지하철을 이용하면서 느낀 점은 "페테르부르크는 러시아에서 가장 책을 많이 읽는 도시로 남을 것이다" 라고 말이다. 러시아 사람들은 정말 책을 좋아하는 민족이다.

4) 버스 운전사의 임금은

시골 사역을 마치고 상트페테르부르크로 돌아온 다음 날 시내버스를 탔다. 시내버스 차장은 나이가 40대 후반으로 보인다. 나는 버스를 타자

---

39) 배영한, "페테르부르크, 러시아 최고의 독서열" 모스크바 상트페테르부르크 〈재외동포신문〉 2007년 7월1일 11참조

마자 곧바로 버스 요금을 내고 차창 밖을 보다가 통역관에게 물어 보았다. 버스 차장의 한 달 임금은 얼마이며, 운전기사는 얼마나 되는지요.

"네, 버스 기사는 2만 루블, 차장은 13,000루블이 되네요. 어떻게 잘 아십니까? 네, 운전기사, 차장 모집광고에 보면 알 수 있습니다."

그러면 이곳에서 생활은 가능합니까? 평균 생활은 유지할 수 있을 것입니다. 실제로 상트페테르부르크에서 생활하려면 많은 돈을 벌어야 한다. 외국인이 생활하기에 더욱 어려운 점은 집세가 비싸다는 점이다. 모든 공산품과 농산물 가격이 급등하는 이유는 시장경제 체제의 변화라고 한다. 실제로 러시아의 정치, 경제의 수도인 모스크바의 물가는 2년 연속 세계 1위를 달리고 있다. 2007년 6월 18일 국제 인력 컨설팅 업체인 '머서 휴먼 리소스 컨설팅'이 세계 143개 주요도시의 주택, 교통, 음식 등 200여개 항목을 종합한 생활비지수를 조사한 결과, 2년 연속으로 모스크바가 1위를 차지했다.

모스크바가 계속적으로 1위를 차지한 이유는 루블화 강세와 부동산 가격의 급상승이 크게 작용한 것으로 보인다. 러시아의 제 2위 도시인 상트페테르부르크의 물가는 세계 12위로 파리 13위, 뉴욕 15위, 텔아비브 17위를 제쳤다. 최하위인 143위는 파라과이

의 수도 아순시온이다.

이러한 물가 상승률에 반영하여 모스크바 시민의 평균임금을 4만 3천 루블로 보장하겠다는 게 정부의 방침이다. 이는 모스크바 시장 유리 루쉬코프가 2011년까지 평균임금을 끌어 올리겠다는 야심에 찬 비전이다. 2007년 초 모스크바 시민의 평균 임금 수준은 2만 루블로 상승하였으며 올 연말까지 2배로 상승시킬 것을 계획하고 있다. 통계청에 따르면 러시아인들의 평균 임금은 1만2천5백 루블 인 것으로 집계되었다(2007년 4월). 러시아의 임금 성장은 '노동 시장에서 순조로운 경기 상황이 안정세'를 바탕으로 이루어질 것으로 보인다.

5) 모계 사회 러시아

우리는 러시아가 남성위주의 사회적 구조를 갖고 있는 것으로 이해한다. 그러나 실제 러시아내의 사회조직을 보면 모계사회란 것을 알 수 있다. 러시아의 아침 출근길에는 남자들이 잘 보이지 않는다. 여성들만이 이른 아침부터 출근하기에 분주할 뿐이다.

내가 잠시 머물렀던 김나지아에도 4명의 여성들이 24시간 근무를 한다. 24시간 일하고 3일을 쉬었다가 일하는 것이 오히려 더 편하다고 한다. 어느 고려 사람은 하루 일하고 2일간 쉬는 청소부로 일하기도 한다. 그리고 상트페테르부르크 시내를 운행하는 전차의 운전자 대부분이 여성들이다. 그 외에 식당과 상가에서 일하는 사람도 여성들이다.

그래서 어떤 사람은 이런 말을 한다. 러시아의 남자들은 보드카와 맥주, 도박으로 인생을 보내고 여성들은 남성을 먹여 살리느라 힘이 든다고 한다. 사회적 책임과 가정경제의 짐을 남성이 아닌 여성이 지고 있는 모계 사회가 바로 러시아이다.

6) 시내에는 공중 화장실이 없다

러시아를 여행하는 사람이 느끼는 것 가운데 하나가 아름다움, 고대 도시, 역사와 전통이 살아 숨 쉬는 곳이라는 것을 알게 된다. 도로 양 옆으로 즐비하게 지어진 고대 건축 양식의 건물들, 도로 중앙으로 달리는 전차, 다리위에 놓인 조각품들을 보면 예술적인 것에 감동을 하게 된다.

그러나 시내 중앙을 걷다가 급한 일이 있어 화장실을 가려고 하면 쉽게 눈에 띄지 않는다. 백화점도 어디에 화장실이 있는지를 발견하기 어려울 정도다. 지하철에는 아예 화장실이 없다. 나는 네프스키 대로에서 화장실을 찾기 위해 서점과 백화점을 갔다가 낭패를 보았다. 화장실을 찾는데 시간이 많이 걸리기도 했지만 결국 일을 보지 못하고 숙소에서 해결해야만 했다. 만약 공중화장실이 있다 해도 간이 화장실이다. 그곳에서는 관리인이 사용료를 받는다. 보통 10루블이다. 기차역은 5루블이지만 (시골), 도시에서는 10루블이 기본이다. 한번 화장실 가는데 돈 내고 찾기도 힘든 곳이 바로 러시아이다.

한번은 알렉산드르 극장에 발레를 관람하기 위해 간 적이 있다. 내가 볼 수 있는 관람석은 5층이다. 1층 관람석은 120달러, 5층은 20불이다. 1층에서 5층까지 걸어서 올라가고 내려와야 하는 어려움이 있고 현장감이 좀 떨어지지만 웅장한 모습만은 만끽할 수 있다.

발레 공연 도중 1막이 끝나면 10분 정도 휴식시간을 주는데 이때 화장실을 다녀와야 한다. 내가 5층에서 화장실을 찾았으나 2층으로 내려가란다. 5층에서 2층으로 내려와 줄을 서서 기다려야만 겨우 일을 볼 수 있다. 시내 어디를 가도 화장실이 없는 곳이 많다. 그래서 일을 보기 위해서는 집에서 웬만한 일들을 다 처리한 후 다니는 것이 편할 것이다.

러시아에서 첫 주일을 보내다

RUSSIA

RUSSIA

나는 러시아 교회와 고려인 교회를 방문하여 말씀을 전하기로 되어 있었다. 숙소를 나와 시내버스를 탔다. 시내버스는 네버 강변이 종점이다. 버스 종점 좌측으로는 레닌의 동상이 네버 강을 바라보면서 손을 번쩍 들고 있다. 레닌 동상 뒤로는 핀란드로 가는 기차역이 있다. 레닌의 동상 앞으로는 아름다운 꽃밭과 네버 강이 보인다. 그리고 동상 주변에는 분수대가 설치되어 그곳을 거니는 사람들에게 기쁨을 주고 있다. 이 분수대는 도시건설 300년이 지난 후에 건설되었다고 한다. 러시아의 기차역은 기차의 최종 목적지를 역명으로 사용하고 있었다. 핀란드 역 앞에서 러시아 교회로 안내할 수 있는 분을 만나기 전, 우리 일행은 '예수 우리 왕이여'라는 찬양을 부르고 도시의 복음화를 위해 기도했다.

2장 러시아에서 첫 주일을 보내다

1. 아침 묵상을 위한 시간

새벽 3시 경에 잠에서 깼다. 룸에서 함께 잠을 자는 선교사에게 방해가 되지 않기 위해 좀 더 잠을 자고 일어나니 새벽 4시가 좀 넘었다. 성경책을 들고 화장실로 가서 변기위에 앉아서 성경을 읽고 다시 방으로 와서 한 시간이 넘도록 묵상을 했다. 그리고 오전 6시부터는 아침 묵상을 위한 성경을 읽고 준비를 했다. 오늘 아침 선교학교에 입학한 자들에게 전할 말씀은 사도행전 11장 19절, 13장 1-3절까지가 중심이다.

말씀 전파 내용의 핵심은 안디옥교회의 특징을 간략하게 선포하려고 한다. 첫째, 안디옥교회는 예수 그리스도를 믿는 예루살렘교회에서 유대인 기독교 신자와 이방인 기독교신자들에 의해 지역에 세워진 최대의 이방인 중심교회이다. 둘째, 하나님의 손이 함께하는 교회이다. 안디옥교회를 통해 많은 사람들이 구원을 받았다(행 11:21). 셋째, 바나바가 예루살렘 교회에서 와서 하나님의 은혜를 받고 격려한 교회이다(행 11:23). 넷째, 제자들이 처음으로 그리스도라는 명칭을 받은 교회이다(행 11:26). 다섯째, 기근으로 고통당하는 예루살렘 교회에 헌금을 보내 격려한 교회이다(행 11:27-30). 여섯째, 최초로 타문화권에 이방인 선교를 시작한 교회(13:1-3)이며 바울과 바나바를 선교사로 파송한 교회이다. 마지막으로 이방인이 유대인처럼 할례 받아야 함을 반대한 교회이다. 그리고 바울과 바나바를 예루살렘 교회에 파송한 교회(행 15:2)란 점을 선포했다.

그리고 이 지역에서 활동하는 모든 분들을 위해 하나님께 간절히 기도하고, 하루 일정을 시작했다. 러시아의 아침 햇빛은 매우 강하다고 한다. 주일 아침인 오늘은 하늘에 구름이 있어 매우 좋은 날이라고 한다. 이것도 생각하면 하나님의 은혜다. 하나님의 은혜를 알고 살면 행복하다.

2. 첫 번째 아침 식사

첫 날 아침, 하늘에는 구름이 끼었다. 밝은 아침 햇살을 볼 수 있는 것이 아니라 구름이 낀 날씨였다. 언제든지 비가 내릴 것 같은 날씨다. 러시아에서 여름철의 날씨로는 매우 좋다고들 말한다. 그만큼 햇빛이 강하기 때문이란다.

이른 아침 큐티를 마치고 나서 한 시간이 지난 후에 식사를 하게 되었다. 나는 3층 숙소에 머물면서 1층 식당으로 걸어서 내려갔다. 1층에서 3층에 이르는 건물 벽에 성화가 붙어 있다. 학생들이 그린 것도 있지만 꽤 수준 높은 작품들도 있다. 러시아는 예술의 도시라서 그런가 보다 하는 생각을 갖게 된다.

식당으로 가는 곳에도 많은 성화들이 곳곳에 붙어 있어 성경 말씀을 기억하게 한다. 식당 안으로 들어가자 음식이 테이블에 놓여 있다. 빵(하얀색, 검은 빵, 버터를 바른 빵), 오이 두 조각, 소시지, 계란 프라이, 토마토 1/4, 옥수수 1수저 정도, 그리고 설탕을 많이 탄 녹차 한 컵이 전부다.

식후에 마실 수 있는 커피와 립톤 차는 셀프다. 모든 것이 풍족한 것처

럼 보인다. 그런데 러시아 사람들이 가장 즐기는 빵은 검은 색을 띤 것이
다. 아무리 많은 음식을 준비해도 검은 빵이 없으면 식사가 끝난 것이 아
니라고 한다. 그만큼 검은 빵은 러시아 사람들의 메인 빵인 셈이다. 한번
은 외국인이 생일을 맞이해 러시아 친구 몇 사람을 자신의 집으로 초청
했다고 한다. 많은 음식과 빵을 제공했지만 러시아 사람들이 가장 즐겁
게 먹는 검은 빵을 내놓지 않았다. 생일초대에 응한 친구는 왜 검은 빵이
없느냐고 질문을 하면서 '검은 빵이 없는 식사는 식사가 아닙니다' 라고
말하는 것이다. 그때서야 비로소 검은 빵을 식탁에 내어 놓게 되었다. 검
은 빵은 러시아 사람들의 주식(主食)이다. 여기서 선교사역을 하려는 사
람들에게 중요한 것은 그 나라의 문화가 어떤 것인가를 알려주는 장면이
었다.

　빵은 러시아인들의 주식이다. 주로 호밀이 주원료이다. 호밀은 러시아
의 한랭하고 척박한 땅에서도 잘 자란다. 이를 원료로 한 검은 빵은 영양
이 많다고 하여 러시아인들에게 늘 사랑을 받아왔다. 러시아의 검은 빵
은 다른 유럽등지의 검은 빵보다 더 찰지고 신맛이 나는 것이 특징이다.
또한 빵과 소금은 러시아인들의 삶 속에서 손님에 대한 환대를 상징한
다. 실제로 러시아 및 CIS권에서는 귀빈을 맞이할 때 둥근 모양의 큰 빵
에 소금을 한 줌 얹어서 내오는 것이 관습처럼 되어 있다. 손님도 그것을
한 조각 뜯어서 입에 넣는 것이 예의로 되어 있다.[40]

---

40) 러시아 선교사의 "러시아 문화" 글에서 재인용(2007년 7월9일-19일, 미르선교학교 강의
　　안).

3. 주일 예배를 드리기 위한 출발

아침 식사를 마치고 숙소에서 잠시 휴식을 취한 다음 9시 15분에 주일 예배 참석을 위해 출발하기로 했다. 교회는 러시아 교회와 고려인 교회, 그리고 사역자들이 개척한 곳을 찾아가서 예배하기로 하였다.

나는 러시아 교회와 고려인 교회를 방문하여 말씀을 전하기로 되어 있었다. 숙소를 나와 시내버스를 탔다. 시내버스는 네버 강변이 종점이다. 버스 종점 좌측으로는 레닌의 동상이 네버 강을 바라보면서 손을 번쩍 들고 있다. 레닌 동상 뒤로는 핀란드로 가는 기차역이 있다. 레닌의 동상 앞으로는 아름다운 꽃밭과 네버 강이 보인다. 그리고 동상 주변에는 분수대가 설치되어 그곳을 거니는 사람들에게 기쁨을 주고 있다. 이 분수대는 도시건설 300년이 지난 후에 건설되었다고 한다. 러시아의 기차역은 기차의 최종 목적지를 역명으로 사용하고 있었다. 핀란드 역 앞에서 러시아 교회로 안내할 수 있는 분을 만나기 전, 우리 일행은 '예수 우리 왕이여' 라는 찬양을 부르고 도시의 복음화를 위해 기도했다. 기도를 마치자 우리를 안내할 현지인이 보인다. 우리는 그를 따라 지하철을 타면 된다. 이곳의 지하철 건설은 1950년대에 건설되어 오늘에 이르고 있다.

지하철로 가면서 나는 매표구를 향해 사진을 찍었고, 반대편 벽에 있는 레닌의 모자이크를 사진 촬영했으나 경찰에 의해 삭제되는 수모를 겪어야만 했다. 러시아에서 지하철역은 사진 촬영이 금지되어 있다고 한다. 다만 지하철을 타기 위해 에스컬레이터를 타고 내려가는 광경은 촬영이 가능하다고 한다. 에스컬레이터의 속도는 매우 빠르지만 3단계에 걸쳐 속도를 조정한다고 한다.

상트페테르부르크 지하철로는 지상으로부터 120m 정도나 된다. 지하철에는 목적지 표시가 없다. 다만 전철이 서는 곳마다 벽에 안내되어 있다. 그리고 지하철 문이 닫히는 것은 한국 전철과는 전혀 다른 방식이다. 여기서는 한번 문이 닫기 시작하면 멈추지 않고 한 번에 닫히는 것이 특징이다. 지하 100m, 직각으로 설치된 에스컬레이터를 타고 난 후 철로 벽면에 붙어 있는 글씨를 보았다. 이곳에 부착된 역만을 이용한다는 것이다. 시간이 조금 지나자 곧바로 목적지로 가는 전철이 도착했다. 지하철을 타고 난 후 선반을 찾았지만 선반은 없고 손잡이만 붙어 있다.

상트페테르부르크의 지하철 요금은 우리나라 돈으로 4,400원 정도나 된다. 현지인들이나 외국인 모두에게 공평하게 적용되는 돈이지만 현지 돈으로는 14루불이다.

내가 지하철을 타고 가면서 느낀 것은 쓰리세븐(777)데이 후에 전철을 탈 수 있었던 것이 매우 의미가 있다. 그런데 전철을 바꾸어 타고 잠시 기다리는 동안 중요한 설명을 들었다. 내가 서 있는 위치에서 지상은 러시아의 문학가들의 집이라고 한다. 노스트웹스키 역, 이는 러시아의 유명한 문호의 집이 근처에 있다는 것이다. 노스트 웹스터가 글을 쓰던 집, 구조는 어떻게 되었는가? 고민해 보았지만 오후 늦은 시간에 볼 수 있었을 뿐이다. 노스트웹스키 역은 그를 기념하기 위해 만든 역이라고 한다. 국가를 위해 국민들을 위해 헌신한 사람에게 주어지는 상급인 만큼 하나님의 거룩함이 늘 동행하길 기도해 본다.

그러나 더 놀라운 사실은 푸슈킨(러시아의 민족 시인이며 러시아어를 격상시킨 민족주의자) 공원이 곳곳에 있다는 점이다. 푸슈킨은 사후에도 살아있는 존재처럼 위대하다고 한다. 한마디로 러시아의 성인이라고 보면 되지 않을까 싶다. 기차가 달리는 지상에는 그 유명한 후시카 공원이 있어 시민들이 자유스럽게 쉴 수 있도록 되어 있다.

4. 러시아 교회의 상황

　러시아는 기독교를 선호하는 국가이다. 다만 종교 제안법이 있어 이를 거절하게 되면 어려움이 따라오기도 한다. 현지에 거주하는 분들에 의하면 러시아 정교회는 민족주의가 아주 강하다고 한다. 그 이유는 모든 러시아인이 정교회의 신자라고 믿기 때문이란다. 실제로는 8% 아니 0.64%만이 교회에 다닌다고 한다. 이는 정부의 통계와는 많은 차이가 있다.

　러시아 정교회의 특징은 돈이 많다. 첫째, 교회가 돈이 많다보니까 정교일치를 내세우면서 쉬게 된다는 점이다. 둘째, 러시아 정교회는 예전 중심의 교회이다. 돈이 많으면 정교일치를 주장하고, 혼란스러울 때는 삼위일체 하나님을 찾으면서 위로 받기를 원하고 있는 점이 다르다.

　대부분의 러시아인들은 자신이 정교회 신자라고 믿는다. 그러나 1년 중 교회에 출석하는 사람은 매우 적다. 러시아 정교회의 종탑을 보면 십자가 모형이 좀 다르다는 것을 발견하게 된다. 십자가 모형이 직선과 세 개의 가로로 된 것이 붙어 있는데 이는 삼위일체 하나님을 상징한다. 그리고 맨 밑에 가로로 된 부분은 예수의 십자가 사건 때의 우편강도와 좌편강도를 의미한다. 십자가를 자세히 보면 오른쪽이 약간 위로 올라가 있고 왼쪽은 밑으로 쳐져 있다. 이는 우편강도는 '네가 나와 함께 낙원에 있으리라' 는 말씀처럼 낙원에 올라간 것을 의미한다는 것이다.

그리고 러시아 정교회는 아이콘 숭배가 매우 강하다. 성자숭배를 비롯하여 또한 성령론을 강조한다. 성화의 단계에 이르는 것도 바로 성령의 도움이라고 믿고 있다.

5. 상트페테르부르크의 상황

나는 처음으로 러시아 땅을 밟으면서 하나님께 한없는 감사의 기도를 드렸다. 먼저 1000년의 기독교 신앙을 가진 나라에 왔다는 것, 둘째, 이 도시는 2003년에 도시 설립 300주년을 맞이했다는 것이 전부지만, 도시설립 4년이 되는 해에 방문한 것에 대한 감사의 기도를 드렸다.

상트페테르부르크 도시는 표트르 대제에 의해 계획된 도시라고 한다. 원래는 이 지역이 핀란드 땅이었으나 러시아가 전쟁을 통해 얻었다고 한다. 그러나 오늘의 러시아는 그 당시와는 다르게 많은 발전을 했다. 이 도시의 현재 상황은 보는 사람에 따라 다를 수 있다. 첫째는 공산주의 붕괴이후 새로운 경제 발전을 위한 도약의 발판으로 가스, 유전 개발로 많은 경제적 부를 누리고 있다. 그래서 신흥 부자들이 많아 도시 외곽지역에 저택을 짓고 산다는 것이다. 부자들은 공동주택인 아파트 보다는 개인주택을 선호한다.

둘째, 상트페테르부르크 시내에는 영업용 택시를 좀처럼 보기가 힘들다. 영업용 택시 사업은 최근에서야 시작했기 때문에 매우 빈약한 상황이다. 그래서 정부는 자가용 영업을 허락하게 되었다. 자가용 운전자들은 손님과 항상 가격에 대한 흥정을 하고 난 다음 목적지까지 손님을 모신다.

셋째, 상트페테르부르크 경찰관들의 친절이다. 이곳에서 경찰들은 성직자에 대한 예의를 잘 갖춘다고 한다. 성직자가 로만 칼라를 하고 운전하거나 길을 걷게 될 때 존경의 표시를 한다고 한다. 그리고 운전자 가운데 교통법규를 위반하게 되면 자신의 차에 타라고 한 후 모든 일을 처리한다. 이는 교통지도를 통한 안전교육과 범칙금에 대한 것이 포함되어 있는 것으로 알려지고 있다.

넷째, 최근 러시아 도시마다 자동차가 급증하고 있다. 과거 공산주의 체제하에서는 자신의 차량을 소유하기가 어려웠었다. 그러나 최근에는 각국의 유명한 자동차들이 수입되어 운행되므로 자동차 백화점 같은 느낌이 든다. 시내에는 러시아에서 생산되는 라다(lada)승용차를 비롯하여 세계 각국에서 생산된 차량들이 많다. 그리고 운전자들의 경험 미숙으로 교통사고가 매우 많이 일어나고 있다. 우선 사고가 나게 되면 사고 난 자리에 그냥 서 있어야 한다. 경찰이 오는 동안 차량을 이동하지 않는다. 만약 차를 움직이거나 사고 현장을 벗어나면 보상에 대한 책임을 받을 수 없기 때문이다.

다섯째, 과거 공산주의 시대에는 국민들이 많이 모이는 광장, 공원, 지하철역은 화려하고 웅장하게 건축하거나 만든다. 이는 공산주의 체제 유지를 위해서는 공공기관과 사람들이 많이 모이는 곳이 화려해야 국가와 국민이 일치된 마음으로 하나가 될 수 있기 때문이다.

　여섯째, 러시아는 석유와 가스로 외국으로부터 많은 외화를 벌어들이고 있지만 국내에서 투자할 수 있는 여건이 마련되어 있지 않다. 석유 수출로 벌어들인 돈은 부동산으로 이동하게 되어 땅 값 상승을 부추긴다는 것이다. 러시아의 도시마다 땅 값이 상승되어 가진 자와 그렇지 못한 자와 많은 격차가 발생되어 가고 있다.

6. 러시아 화평교회에서 예배

1) 초기 개척당시의 화평교회 상황

　나는 한국을 출발하기 전 러시아 교회와 고려인 교회에서 복음을 전파해 달라는 부탁을 받고 왔다. 하지만 모든 곳에서 복음전도를 위한 선포는 하지 못했다. 그래도 러시아 교회 현실을 목격할 수 있어 감사했다. 아무튼 러시아 교회는 한국인이 처음으로 세운 교회이다. 현재 러시아 교회는 러시아인에 의해 운영되고 있다. 헨리 벤의 3자원리가 적용되는 곳이다.

　러시아인 교회는 현지 목회자에게 모든 권한 즉 세례와 성찬, 교회 정치 등 모두가 이양되어 지역 복음화를 위해 박차를 가하고 있다. 현재 교회에 등록된 교인 수는 100명이 넘으며 출석교인은 70명 정도인 것으로 알려져 있다.

　러시아 교회의 교역자는 이고르 목사, 안드레이 전도사, 알렉 목사 등 세 명이 팀 목회를 충실히 하고 있다. 러시아 교회는 볼세비키 회관을 임대하여 예배 처로 사용하고 있었다. 교회의 공식적인 명칭은 화평교회

즉 화평케 하는 교회라고 불린다. 이 교회의 설립배경은 공산주의 패배이후 러시아가 세워지면서 성결교회 선교사가 개척한 곳이다. 그는 교회를 세우고 시험지 같은 곳에 교회 초청장을 만들어 밖에서 러시아 사람들에게 나누어자 모두가 교회에 나왔다는 것이다. 초청장 100장을 만들어 나누어주면 100명 모두가 교회로 왔다고 한다. 이는 공산주의가 무너지면서 국민들의 마음은 무엇을 믿어야 할지 방황하고 있었기 때문이라고 한다. 공산주의가 지배했던 정신구조 즉 신앙의 대상이 사라지자 방황하게 된 것이다. 일반인들은 정상적인 공산주의 교육을 받은 자가 그리 많지 않다고 한다. 그러나 정교회의 사제들은 공산주의 교육을 정상적으로 받았다. 사제들 안에도 공산주의 비밀경찰의 옷을 입고 앉아 있는 사람도 있었다고 한다.

러시아 사람들에게 공산주의 패배는 한편으로 환영할 수 있는 일이면서도 정신적 혼란을 가져다주었다. 그런 상황에서 성결교 파송 선교사가 2개 처에 교회를 개척한 것이다. 교회개척의 근거는 러시아 상트페테르부르크에 단기 선교 차 방문하고 난 후 곧바로 헌신하여 이곳에서 사역을 하게 된 것이라고 말한다.

2) 목회자들의 훈련과 사역

러시아교회의 목회자들은 초창기 선교사로부터 매우 강한 제자 훈련을 받아 사역자가 되었다. 그들은 성경을 배우고 신학 일반에 대한 지식을 쌓으면서 혹독한 제자 훈련을 받았다. 이 가운데 두 명은 러시아 정부로부터 기독교인이라는 탄압을 받아 감옥에 다녀왔다. 러시아교회에서 사역하거나 그리스도인으로 생활하기 위해서는 감옥에 다녀오지 않으면 안 된다고 말한다. 그래서 감옥에 갈 사람, 감옥에 간 사람, 감옥에 갔다 온 사람으로 구별하기도 한다. 현지 러시아 교회 사역자들은 감옥에 갔다 온 사람에 해당된다.

그러나 러시아 교회 사역자들에게 영적으로 좋은 모습도 있지만 과거 공산주의 시대의 잔재가 은연 중 남아있기도 하다. 러시아 사역자들에 대한 평가는 삯군이 특징이라고 말한다. 즉 교회에 대한 주인의식이 없다. 사역에 있어서 돈을 주면 일하고 그렇지 않으면 일하지 않는다. 사역에 대하여 수동적이다. 일을 시키면 하고 그렇지 않으면 하지 않는 것이 특징이라고 한다. 이런 상황을 보고 어느 현지 사역자는 "러시아 교회가 온전하고 하나님이 기뻐하시는 사역자로 활동하기 위해서는 성경적 지식, 영적인 능력과 감각, 가정이 건강해야 한다"고 말한다. 특히 러시아인들의 가정은 매우 불안정하다. 결혼한 가정의 부부들은 대부분 2-3번 정도 이혼 경력이 있다고 한다. 이는 사회적 통념이나 문화가 그렇게 만든 것이 아닌가 싶다.

초기의 러시아 화평교회 교인들의 수는 100명 정도가 되었으나 지금은 그렇지 않다고 한다. 러시아인들이 처음에는 교회에 출석했다가 후에는 믿음을 버리고 교회에 나오지 않았다. 그것은 러시아 문화에 두 가지 영향을 미치고 있는 흐름이 있기 때문이다. 하나는 천민자본주의 방식이 잠식하고 있어 교회 출석을 거부한다. 이는 유럽 문화의 영향이 매우 크다. 두 번째는 현대 사회의 특징인 물질만능주의(돈)가 지배하기 때문이다. 최근의 러시아인들의 마음에 돈만 있으면 모든 것이 해결된다는 황금만능주의 사상이 팽배하기 때문이다. 셋째, '다차' (별장)으로 휴양을 떠나는 이들이 많아서 이다. 여름철에는 백야 현상이 있어 2개월씩 휴양지에 가서 생활하는 관계로 교회 출석이 저조하게 되었다.

3) 화평교회의 예배

현지 러시아 교회의 특징은 주일 낮 정오(12시)에 예배가 시작되면 1시간은 찬양을 서서 부르고, 1시간 30분은 설교를 들은 후, 교제와 찬양이 한 시간을 차지한다. 예배 시간은 통상적으로 3시간 동안이다. 내가 참석한 교회는 러시아에서 오순절 계통의 교회였다.

화평교회는 3층에 위치하고 있었다. 두 개의 문을 열고 안으로 들어가자 관람석 같은 의자가 놓여 있고 강단을 중심으로 양 옆에는 유리벽이다. 아마도 이곳에서 발레 등을 하는 회관이었던 것 같다.

강단을 중심하여 양 옆에는 대형 스피커가 놓여 있으며 신디와 악기 연주를 할 수 있도록 되어 있다. 교회 안으로 들어가자 15명 정도의 교우들이 예배 준비를 하고 있었다. 강단 앞에 서 있는 찬양단과 반주자, 성도들은 자리에서 일어나 하나님께 영광의 찬양을 부르고 있었다.

화평교회에서 부르는 찬양은 최근 유행하는 힐송이다. 힐송은 우크라이나 교회에서 부르고 있는 것을 번역하여 러시아 교회가 활용하고 있다. 힐송의 특징은 전주가 길며 공연하듯이 부르는 찬양이 특징이다. 힐송은 주로 오순절 계통의 교회에서 주로 활용하고 있으며 보급이 매우 빠르게 진행되고 있다. 오순절 교회에서는 힐송의 번역이나 해외 저명인사들의 저서를 빠르게 번역하여 보급하고 있다. 그만큼 해외 교회에 대한 정보가 빠르다고 한다.

또한 러시아 화평교회의 설교는 1시간 20분이다. 지난주에 설교한 내용을 다시 기억하고 오늘의 메시지를 선포하는 것이 특징이다. 내가 참석했을 때는 겸손과 교만에 대하여 설교하고 있었다.

4) 러시아 교회의 두 종류

러시아 교회는 크게 세 부류로 분류된다. 하나는 역사가 깊은 침례교회, 복음주의교회, 러시아인들에게 빠르게 확산되어 가고 있는 오순절 계통의 교회로 구분된다. 침례교회는 찬양과 예배 의식이 매우 보수적일 뿐 아니라 신앙의 뿌리가 깊어 순교자가 많이 나온다고 한다. 그만큼 하나님을 향한 마음과 중심이 바로 서있을 뿐 아니라 신앙의 뿌리가 깊다는 것을 순교를 통하여 증명한다. 복음주의 교회는 경건성, 러시아 복음화와 세계복음화에 대한 비전을 갖고 있는 것으로 알려져 있다.

그러나 교회가 부흥하고 성장하게 되면 정부가 끼어든다. 교회에 대한 정부의 탄압이 시작되는 것이다. 교회 임대 처를 빌려준 관리 책임자 혹은 지역 책임자가 찾아와서 다음과 같이 말한다. "내가 사임을 하던지 교회를 폐쇄해야 하든지"라고 말하면 교회는 문을 닫을 수밖에 없다고 말한다. 그만큼 교회가 급성장하는 것도 러시아 정부의 경계 대상이다.

교회를 탄압하는 방법은 다양하겠지만 행정적 절차를 통한 방법과 선교사들에 대한 탄압이 가장 심하다고 한다. 선교사가 러시아 내에서 선교사역을 잘하거나 정부에 유익하지 않다고 판단되면 입국을 금지시키거나 비자발급을 중단해 버린다. 그 이유가 무엇이냐고 질문하면 국제법상 말할 수 없다면서 선교 활동에 대하여 탄압하기 시작한다. 러시아는 전 세계종교 탄압국가로 10위에 올라와 있다.

그리고 러시아에서 교회개척은 쉬운 편이 아니다. 정부로부터 공식적인 교회가 되기 위해서는 72가지의 규정과 서류를 갖추어야만 한다. 대표적으로 정부를 위해 일하는 사람을 교회가 채용하여야 한다. 이 사람에게 교회는 인건비를 주어야 한다.

7. 러시아인을 지배하는 두 개의 흐름

내가 러시아의 상트페테르부르크에서 새롭게 발견한 것이 있다. 러시아인들의 사고에 흐르고 있는 두 개의 사상이었다. 하나는 '러시아는 세계에서 최고다' 라는 의식이다. 둘째는 서구주의 사상이다. 러시아인들은 서구의 문화와 예술, 생활을 받아들이는 두 개의 정신사상이 혼합되어 있다. 이 둘의 사상이 융화된 곳이 바로 상트페테르부르크 즉 페테르 공화국이라고 부른다. 그래서 표트르 대제가 전략적으로 이곳을 유럽처럼 만들었다. 이곳은 문화, 예술, 교육의 중심지이며 러시아인들의 정체성이 있는 곳이다.

상트페테르부크는 러시아의 모든 혁명의 발원지이다. 공산주의를 비롯한 모든 문화적인 혁명의 근원지가 바로 이곳이다. 이곳은 러시아인들의 실제적인 수도일 뿐 아니라 문화적인 수도이다. 따라서 현지 목회자들의 지적에 의하면, 러시아인들을 전도하는데 매우 어려운 것이 있다고 한다. 그것은 러시아인들은 의외로 무신론자가 많아 기독교 복음을 전하는데 어려움이 있음을 호소한다. 오히려 이슬람을 믿는 사람을 보면 더 반갑게 느껴질 정도라고 한다. 그리고 러시아인들은 자신이 교회의 교인이라고 믿지만 하나님보다는 퇴폐문화에 빠져 있어 어려움이 많다는 것이다. 마지막으로 공산주의이다. 공산주의가 지배하던 시대는 세 가지가 파괴되었다. 가족 파괴, 교회 파괴, 사회의 윤리 체제가 무너져 버렸다.

지금까지의 내용들은 러시아 화평교회에서 예배드리기 위해 오고가
면서 현지 사역자가 말해준 내용들이다.

8. 고려인 교회 예배

나는 오전 시간은 러시아 화평교회에서 예배를 드리고 곧바로 걸어서
고려인 교회로 이동하기 위해 교회 문을 나섰다. 고려인 교회로 가는 도
중 레스토랑에서 현지 음식을 먹었다. 현지 음식인 스프와 감자, 생선요
리와 검은 빵을 먹고 급하게 교회로 갔다.

교회건물이라는 표시는 없지만 빨간 벽으로 지어진 2층에 위치하고
있었다. 이곳에 고려인들이 모여 하나님을 찬양하고 민족의 뿌리와 정체
성을 이어가고 있었다. 과거 공산주의 시대에 상트페테르부르크에 거주
하는 고려인은 3,000명에 불과했으나 최근에는 공식적으로 10,000명
정도지만 통계상으로는 15,000명 정도가 있는 것으로 알려져 있다. 상
트페테르부르크 도시에는 고려인 연합회가 있어 추석과 구정에는 회관
을 빌려 춤을 추면서 한민족의 한을 달래고 있다.

고려인들은 겉은 한국인이
지만 한국어를 모른다. 나이가
든 어른들은 조금씩 한국어를
하지만 젊은이들은 한국어를
전혀 모르고 있다. 그들이 교
회에 출석하는 것은 한국인을
만나기 위함이라고 한다. 그리

고 중앙아시아의 우즈베키스탄 등에서 생활하는 것이 어려워 이민 온 자들이다.

나는 고려인 교회 예배에 조금 늦었다. 많은 분들이 참석한 가운데 말씀을 선포했고, 그들의 영혼을 하나님의 말씀으로 위로할 수 있어서 좋았다. 우선 고려인들의 눈에는 같은 민족이라는 동질성, 하나님을 믿는 백성, 자신들의 뿌리인 한국에서 왔다는 것만으로도 위로가 되었다.

고려인 교회 예배는 2시30분에 시작되어 오후 4시가 되어서야 끝이 났다. 교회는 교인들에게 삶의 공동체이면서 온 종일 하나님을 만나고 교제하는 장소가 된 것이다. 러시아 선교가 성공하려면 고려인들을 신앙적으로 양육하는 것이 시급하다. 그들은 러시아어와 문화에 익숙하기 때문에 러시아인 선교에 가교 역할을 할 수 있기 때문이다.

그러나 고려인들은 자신이 생을 마감하기 전에 한국 땅을 밟아 보는 것이 소원이라고 한다. 그들에게 고국방문은 '내 평생소원' 이라는 노래처럼 그리워한다. 고려인들에게 한국방문을 위한 소망 있는 노래가 있다. "내 평생소원 이것뿐 한국에 방문하는 것" 이라는 노래처럼 그들은 언제든지 한국을 방문하는 것이 소원이다.

9. 선교지 상황에 따른 삶의 방식

러시아 교회의 상황에 따른 목회자들의 행동 양식은 매우 다르다. 먼저 로만칼라 스타일의 옷은 성직자라는 것을 즉시 드러내 준다.

기독교 1천년의 역사를 가진 러시아 문화에서는 성직자를 마음속으로 존경한다고 한다. 그리고 기독교 기본진리를 바꾸지 않고 선교해야 할 때가 있다. 선교사가 침례교 방법을 따를 것인가 오순절 혹은 장로교 방식을 따라 행동해야 할 것인가를 분명하게 알아야 한다. 예를 들면, 선교지에서 세례를 베푸는 문제이다. 한국 장로교회에서 세례는 약식으로 주는 것이 특징이지만 이곳에서는 침례를 주어야 세례를 받았다고 인정한다. 선교 현장에 맞는 사역을 하는 것이 바람직하다.

러시아 교회에서 예배를 인도할 때 목사 가운을 입어야 하는가? 이것 역시 정교회의 방법대로 라면 가운을 착용하는 것이 더 좋다고 말한다. 하지만 성직자 가운을 입는다고 해서 예배가 더 효과적인가라는 질문에는 회의적이다.

10. 러시아 선교가 어려운 이유

러시아는 동토의 땅이라고 알려져 있다. 그래서 누구든지 이 땅을 밟거나 장기적으로 체류하는 것에 대해 두려워한다. 과거 한국교회는 러시아에 많은 선교사를 파송했었다. 그러나 러시아에서 선교사들이 빠져 나가게 된 것은 몇 가지 요인이 있다. 그것은 한국이 IMF로 인하여 경제적 어려움과 러시아 정부의 종교법 강화로 인해 선교가 꽃을 피우려다가 서리 맞은 꼴이 되어 버렸다. 이들은 기독교 역사 1천년을 자랑하기 때문에 기독교 신앙에 대하여 반대하지는 않지만 그래도 기독교는 위협적인 것으로 인식하고 있다. 결코 기독교는 정부에 대항하는 단체가 아님에도 이런 선입관념은 선교의 장애가 되고 있다.

러시아의 종교 제한법이 제정되어 선교활동이 위축되었다. 그리고 러시아 정교회와 정부가 기독교는 이단이라 여긴다는 점이다. 기독교 근본

 진리가 현지인들에게 영향을 주지 못한 것도 문제가 된다.

러시아 공화국내의 자치 정부도 기독교에 대하여 핍박이 심한 곳도 있다. 칼미키아 자치 공화국, 브리야트 공화국이 해당된다. 칼미키아의 주민들은 불교를 신봉하는 자들이 많아 기독교에 대한 거부반응이 아주 심한 곳이다. 브리야트 공화국은 기독교 문화와는 거리가 있는 곳으로 알려져 있다. 자치 공화국에 거주하는 외국인은 정부의 눈에 거슬리지 말아야 한다. 만약 정부 방침에 맞지 않는 생활을 하게 되면 비자 발급을 중지한다.

러시아 선교가 어려운 이유는 선교의 황금어장이란 것을 한국교회가 잊어버리고 있다는 점이다. 러시아는 기독교를 전파하는데 가장 좋은 나라임에도 다양한 선입견과 이해부족으로 한국교회에서 잊혀져 가는 국가이다. 반대로 중국과 몽골, 베트남과 캄보디아 선교는 오히려 활성화되고 있는 실정이다. 이들 국가는 선교가 불가능한 국가이지만 즉시 열매를 거둘 수 있는 곳이다.

러시아에서 복음전도의 어려움은 백인 선교가 어렵다는 점과 문화가 우리보다 높기 때문이다. 러시아 사람들이 한국인보다 실력 면에서 뛰어나야 하는데 그렇지 못할 경우 선교는 어렵게 된다. 러시아인들은 '기독교는 알지 못하는 종교' 라는 인식이 팽배하다. 그들의 전통적인 사고와 인식은 정교회만이 참된 교회라고 한다. 마지막으로 러시아는 역사적으로 한국을 남과 북으로 분리해 놓았는데 너희들이 우리에게 무슨 선교를

하느냐는 식이다. 이러한 세계관과 한국을 바라보는 가치가 변화되어야
할 과제라고 한다.

그리고 러시아는 종교보다는 발레 문화가 발달되어 있다. 러시아의 유
명한 '백조의 호수'라는 발레는 전 세계적으로 유명하다. 이곳의 발레가
발전한데는 그럴만한 이유가 있다. 발레는 6-7세 된 어린아이들 가운데
재능이 있는 자를 선발하여 훈련하는 강점이 있다. 선발 과정은 먼저 어
린이의 재능을 보고, 어린이의 양가 부모와 그 조상들을 불러 체형을 보
게 된다. 가족의 배경을 보면 발레를 할 수 있는 체형을 체크하는 것이 우
선적이다. 어릴 적부터 발레를 잘하게 되면 프리마돈나가 될 수 있다. 이
러한 꿈은 러시아의 어린이들이 갖고 있는 꿈이다.

11. 거리에서 맥주병을 들고 다니는 젊은이들

아침 10시, 교회로 가기 위해 레닌 동상이 세워진 곳에 잠시 머물러 있
었다. 핀란드로 가는 기차역 앞 광장이다. 역 앞 광장에는 레닌 동상과 벤
치가 양 옆으로 놓여 있다. 이른 아침부터 데이트를 즐기면서 담배를 피
우며 맥주병을 들고 다니는 젊은이들을 볼 수 있다. 이들은 맥주가 음료
수처럼 느껴지는 것 같다. 나중에 안 사실이지만 러시아인들은 맥주를
마시면 체내에서 흡수가 매우 빠를 뿐 아니라 정신도 맑아진다고 한다.
그래서 많은 젊은이들이 시험을 치르다가도 맥주를 마시면 기억이 되살
아나 좋은 점수를 얻을 수 있다는 우스갯소리도 있다. 맥주는 그들의 삶
이며 전부인 것처럼 보였다.

러시아 젊은이들의 길거리 음주에 대한 것은 정부의 골칫거리이다. 앞

으로 길거리 음주는 2008년도부터 법적으로 제한할 것으로 알려지고 있다.

길거리 음주는 사회적인 불만을 표출하는 방법이라고도 한다.

러시아에 머무는 동안 충격적이었던 것은 젊은이든 노년층이든 손에 맥주병을 든 사람들이 많은 것을 보았다. 최근 러시아인들은 '보드카보다 맥주가 좋다' 고들 한다. 그만큼 맥주의 수요가 많다는 얘기다. 모스크바의 남쪽에 있는 프랑스계 대형 슈퍼인 오샹(Auchan)은 2007년 말 매장을 새롭게 단장했다는 보도가 있다.[41] 오샹 슈퍼마켓은 길이 20m의 맥주 판매대를 2개에서 4개로 늘리고 대신 보드카 판매대는 4개에서 3개로 줄였다. 맥주를 찾는 러시아인이 해마다 50%가량 늘고 있다고 하며 세계 각국의 맥주 220여개 브랜드가 팔린다는 것이다.

보드카의 원조인 러시아에서 맥주가 갈수록 높은 인기를 끌고 있는 이유는 뭘까? 젊은이들 사이에 보드카보다 맥주를 선호하는 게 유행이라는데……. 러시아 언론은 이런 맥주 수요 급증의 1차 이유는 '가짜 보드카' 에 대한 공포라 한다. 공업용 솔벤트와 물을 섞은 가짜 보드카가 범람하면서 러시아에선 연간 300여명이 사망한다. 1만 명 이상이 건강을 해친다. 롤란드 피르메즈(Pirmez) 하이네켄 러시아 법인 대표는 '맥주 소비 증가는 신흥시장(emerging market)의 특징' 이라고 지적한다. 그

---

41) 권경복 특파원쪽지, 조선일보 국제면 2008년 1월 18일 참조.

는 '빈곤국가일수록 독주 판매량이 늘고, 경제수준이 올라갈수록 알코올 도수가 5%내외인 맥주를 선호한다' 고 말한다. 러시아의 젊은이들도 거침없이 맥주를 선호하는 것은 문화적인가 아니면 그들의 사회적 환경 변화인가를 읽고 새로운 전략적 고민을 해야 한다.

12. 몸의 노출과 폭력

여름철에는 날씨가 덥기 때문에 최대한 몸을 노출시키려고 한다. 남자나 여자 모두가 노출함으로 자신의 피부를 태우려고 한다. 남자들은 더우면 상의를 다 벗어버린다. 날씨 관계로 인해 몸을 노출시키는 것도 있지만 실제는 과시욕도 포함된다.

러시아인들의 폭력 사건은 주로 이권과 관련되어 있다. 즉 자생적인 이익집단은 자신을 보호하기 위해서 폭력 집단을 형성한다. 한국의 조직 폭력은 음지에서 출발한다. 나이트클럽 같은 곳에서 음성적으로 출발한다. 음지에서 합법화(카지노)하는 쪽으로 발전한다. 러시아의 마피아는 유명하다. 2006년도는 살인사건이 두 건이나 있었다. 러시아의 마피아는 총대장 밑에 제1대장과 2대장 등으로 조직화 되어있다. 또 하나는 고속도로에서 발생한 사건이다. 과거에는 적에 해당하는 사람만 죽였었다. 고속도로에서 차가 주행하는 중에 차를 막고 과감하게 사람을 죽일 수 있는 것은 권력자의 위치에 있다는 것이다.

또한 길거리에서 청소년들이 담배를 많이 피운다. 실제적으로 담배를 피우는 것에 대한 제한이 있지만 많은 젊은이들이 공공연하게 담배를 피우고 있다. 길거리에 있는 담배 가게 앞에는 미성년자에게는 담배를 팔

수 없다고 되어 있지만 어디서나 담배를 사서 피울 수 있다.

13. 꽃을 좋아하는 민족 러시안

러시아인은 꽃을 사랑하는 민족이다. 아파트 앞의 화단, 정원, 공원, 어디를 가도 꽃이 많다. 그만큼 꽃을 사랑하고 가꾼다. 이들은 만나거나 가정을 방문할 때 최고의 선물로 꽃을 준다. 한 송이의 꽃을 선물해도 웃음을 잃지 않는 민족이다. 꽃을 사랑한다는 것은 정서적으로 아름다움을 좋아한다는 의미가 있다.

러시아를 여행하다보면 기차역과 지하도 입구에서 꽃가게와 꽃을 파는 할머니들을 만나게 된다. 나는 개인적으로 꽃 장사를 하는 사람이 왜 그리 많은가라고 생각을 했다. 나중에 안 사실이지만 러시아 사람들은 꽃을 무척 좋아한다는 것이다. 꽃을 선물하는 것은 상대방에 대한 깊은 신뢰와 사랑의 표현이란다.

러시안들에게 꽃은 홀수로 선물해야 한다. 이는 '상대방에 대한 행복을 기원하고', '당신과 나와 관계가 좋다', '기쁨을 주고.' '마음을 보여주는 것을 상징' 한다. 러시아에서 꽃을 선물할 때는 짝수로 주지 않는 것이 예의이다. 그러나 꽃을 짝수로 선물할 경우는 장례식장에 갈 때이다. 짝수는 '나와 인연을 끊겠다. 당신과의 관계를 더 이상 가질 수 없다.' '불행' 을 의미한다. 만약 당신이 짝수로 상대방에게 꽃을 선물한다면 기분이 나쁘다며 화를 낼 것이다.

꽃을 홀수와 짝수로 구분하여 선물하는 것은 전통적인 관습이다. 꽃을 선물할 때 홀수는 신앙적인 내용이 담긴 것 같다. 최근에 꽃을 선물할 때 홀수를 선물하는 관습은 민간신앙이 되어버렸다. 그들의 정신적 세계를 지배하는 신앙이다. 그러나 러시안 기독교인들은 이런 관습에 전혀 관심이 없다고 하지만 실제로 홀수를 선물하는 것을 예의라고 강조한다.

따라서 러시안들 은 불행한 사고가 발생했던 곳이나 존경하는 사람의 동상과 묘지에도 꽃을 놓는다. 그래서 공동묘지의 묘비 앞에는 인조 꽃이 많이 놓여 있다. 또는 교통사고로 사망한 곳에 꽃을 놓아 죽은 자를 위로하기도 한다. 뿐만 아니라 시골길을 여행하다 보면 도로의 교차지점이나 출발지점에는 정교회의 십자가가 세워져 있다. 십자가 밑에는 꽃이 놓여 있는 것을 보게 된다. 정교회를 통해 신앙 생활하는 사람들이라고 하나 생활 속에는 안정과 평화를 추구하는 민간 신앙적 요인이 숨겨져 있다. 누구나 길 가는데 평안하기를 비는 마음에서 십자가를 세웠을 것이다. 아무튼 러시아에서 꽃은 재배하지 않고 외국에서 수입해 오기 때문에 장미 한 송이에 75루블이나 된다(한화 3,000원정도). 아무리 꽃이 비싸다 해도 사랑하는 사람에게 꽃을 선물하는 모습은 아름답게 보인다. 러시아인은 꽃을 사랑하는 민족이다.

14. 찻잔이 넘치도록

러시아에서 식사를 마치거나 교제를 할 때는 커피, 짜이 등은 잔이 넘치도록 부어 주어야 한다. 이것도 전통적인 관습이긴 하지만 그들 속에 흐르는 우정이 담긴, 사랑이 넘치는, 기쁨을 주는 것이라고 믿고 있다.

실제로 커피 잔을 받을 때 잔이 넘치도록 주기 때문에 다 마시는 것은 부담스럽다. 나는 러시안 집에 방문했을 때 커피를 머그잔에 가득 채워주기에 놀란 적이 있다. 이것이 그들의 문화이고 손님에 대한 예절이다. 잔이 넘치도록 부어주라 차고 넘치게 말이다. 얼마나 자연스러운 관습인 가?

15. 사우나와 보드카

러시아는 추운 겨울이 6개월 정도로 보면 된다. 이듬해 4월까지 진눈 깨비와 눈이 내리는 지역이다. 그렇다보니 환경적으로 적응하는 방법이 다양하다. 호텔, 연수원 혹은 가정에 사우나 시설을 갖추어 놓고 겨울을 난다. 최근 들어 사우나는 핀란드식도 유행하지만 전통 러시아방식을 고 집하는 곳도 있다고 한다. 그런데 러시아에서 사업을 하려면 사우나를 함께 하라는 말이 있다. 이는 자연적인 상황에서 서로 신뢰한다는 의미 이며, 여기서 보드카를 마시면서 모든 대화가 마무리 된다고 한다. 사우 나와 보드카는 비즈니스, 혹은 관계회복에 좋은 만남의 장소가 된다는 것이다.

16. 인터넷을 잡아라.

1) 인터넷 증가 추세

2008년 5월 퇴임하는 블라디미르 푸틴(Putin)러시아 대통령이 정치 적 영향력을 유지하기 위하여 인터넷에 눈을 돌리고 있다는 뉴스가 보도 되었다.[42] 이유는 아주 간단하다. 러시아의 인터넷 인구가 급증하고 있기 때문이다. 2002년 한국, 2004년 우크라이나 대선에서 보듯이 인터넷을 활용하면 정치적 목적을 달성하는데 도움이 된다는 계산으로 풀이된다.

내가 러시아에서 인터넷을 사용할 때 정말 힘이 들었다. 인터넷을 클릭하여 메일을 여는 데까지 인내가 필요하다. 그래도 러시아의 젊은이들 사이에는 인터넷이 가히 폭발적이다. 2006년 말 TNS미디어와 갤럽이 조사한 러시아의 인터넷 사용 인구는 전체 인구 1억 4360만 명 가운데 2370만 명(16.5%)이나 된다. 2000년 말 334만 명이었기 때문에 6년간 665%가 증가했다는 결론이 나온다. 더욱이 인터넷 이용인구가 16.5%라고 하지만, 10대 미만과 60대 이상의 연령층을 제외하면 실제 인터넷을 사용하는 인구 비율은 25%를 넘을 것이라는 분석이다.

모스크바 주재 권경복 특파원(조선일보)은 "70대 연령층에서도 '나도 네티즌이 됐다' 며 자랑하는 이들을 종종 볼 수 있다"고 보도한다. 그는 모스크바 동쪽 노보기리예보에 거주하는 연금생활자 카리나 사포쥐니코바(71)씨를 소개한다. 이 노인은 "얼마 전 무선 인터넷 사업자인 골든 와이파이(Golden Wi-Fi)에 가입, 매월 900루블(약 3만 600원)을 지불하고 집에서 인터넷을 쓸 수 있게 됐다"고 흐뭇해 한다는 것이다. 사포쥐니코바 씨의 사례는 멈출 수 없는 상황이라는 것을 증명해 준다. 앞으로 러시아 인터넷 시장은 활화산처럼 타오르게 될 것이다.[43]

---

42) 권경복, "러시아 푸틴도 인터넷을 잡아라" 조선일보 2007년 11월 10-11일 국제면.
43) 러시아의 인터넷 도메인은 _ru와 _su를 합쳐 63만 9174개라고 한다. _su도메인은 인터넷 혁명 초기인 190년 9월 소련이 존재했을 때 부여된 것이다. 15개월 뒤인 1991년 12월 소련은 공식 소멸됐다. 이후 러시아의 국가 도메인은 _ru로 바뀌었다. 2000년도에는 15만개였으나 6년 만에 4배 이상 증가한 것이다(Ibid).

2) 인터넷의 영향

2007년 9월에는 과거 소련에 부여됐던 _su를 퇴출하려는 국제인터넷 주소관리기구(ICANN)의 방침에 네티즌이 제동을 걸었다. 인터넷발전 기금 대표 알렉세이 솔다토프(soldatov)는 _su에는 도메인 이름의 역사가 담겨 있고 올 들어 1500개의 신규 웹사이트가 이 도메인 사용 신청을 했다며 이 도메인을 폐지해서는 안 된다고 으름장을 놨다.

러시아에서 인터넷의 힘은 언론매체에서도 확인되고 있다. 신문들이 웹사이트를 운영해 기존 독자 외에 젊은 층의 독자를 끌어들이고 있다. 한국 축구 국가대표팀의 감독이었던 히딩크를 구한 것도 네티즌들의 힘이 컸다고 한다. 2006년 말 러시아 대표 팀이 유로 2008년 예선 초반 크로아티아와 약체 이스라엘에 비기자, 기존 러시아 언론들은 히딩크 축구엔 더이상 마법이 없다며 혹평하면서 감독교체를 주장했다. 하지만 네티즌들의 다수 의견은 히딩크를 믿고 맡겨보자는 것이었고 결국 2007년 10월 17일 잉글랜드를 격파하고 본선 진출을 눈앞에 두고 네티즌들의 기대에 부응한 것이 단적인 예이다.

푸틴 역시 인터넷의 힘을 모를 리 없다. 그는 2000년부터 지금까지 대통령직을 연임하고 있다. 차기 정부에서도 인터넷을 이어가려는 측면에서 보면 당연하다. 푸틴의 측근들은 친정부 성향의 인터넷 매체를 설립하거나 기존매체를 인수하는 형식을 통해 인터넷 빌리기에 앞장서고 있다. 아무튼 러시아에서 인터넷의 힘은 정계와 언론계에 상당한 영향력을 미치고 있음을 보게 된다.

3장

미르선교학교

미르선교학교의 목적 ·일정과 훈련 프로그램 · 오리엔테이션 · 선교훈련 동참자의 자세 · 러시아어 배우기
러시아인들의 문화를 배워라

RUSSIA

RUSSIA

미르선교회의 중점적 사역은 미르신학교를 중심하여 러시아 내지 단기선교, 현지교회 일꾼 양성, 평신도 선교사 훈련, 러시아 목회자 양성, 제자학교 및 훈련원을 운영하는 것이다. 현지교회를 섬기므로 교회연합과 복음전도, 독립연합국가 연합을 위한 중보기도, 청소년 선교를 비롯한 문서와 찬양선교를 하고 있다. 또한 미르선교세미나를 통한 현지 목회자 협력과 계속교육, 독립국가 연합내의 미전도 종족 선교연구, 선교 현지 목회력 개발 등이다. 특히 미르선교회를 위해 한국교회가 할 수 있는 일은 선교편지를 주고받기, 단기교사로 헌신하고, 도서보급, 현지인 선교사 파송후원, 신학생과 현지목회자 후원을 하거나 기도로 도울 수 있다. 이 선교회는 평화의 복음을 세계로 전하는 것이 비전이다.

3장 미르선교학교

1. 미르선교학교의 목적

금번 내가 러시아를 방문하게 된 동기는 미르선교학교 강의를 위해 초청받은 것이 계기가 되었다. 미르선교회는 러시아 서북지역의 선교사들 모임으로 팀 선교가 강점이다. 이들은 발칸 해협과 핀란드, 스웨덴 등에 흩어져 사역하는 분들의 공동체 모임이다. '미르' 란, 러시아 예수 선교회의 러시아 약자로 세계 또는 평화란 뜻을 가지고 있다. 미르선교회는 1996년에 선교사들과 현지 목회자들과 협력 선교하는 가운데 결성된 현지 초교파 선교단체다. 이 단체는 러시아에 선교본부를 두고 있으며 선교 현장 중심의 사역에 중점을 두고 있다. 이제 선교회는 시작에 불과하지만 러시아 선교의 한 모퉁이를 담당하게 될 것이다.

미르선교회(Mission Jesus in Russia)의 주 사역은 미르신학교(MIR, Bible Institute), 미르한인교회("MIR"), 미르선교훈련원(Missionary Training Institute)등이다. 미르신학교는 러시아 성도들을 제자로 양육하여 러시아 교회를 섬기도록

하는 지도자 양성기관이다. 이 신학교는 1994년 2년제 야간 신학교로 출발하여 1996년 주간으로 변경하였다. 현재 6회에 걸쳐 46명이 배출되어 목사 혹은 전도사, 교사로 교회를 섬기고 있다. 신학교의 교수는 다국적 소속의 목사들이 교육하고 있으며 현지교회와 연합하는 선교 공동체로 서의 촉매역할을 하고 있다. 미르선교훈련원은 러시아와 세계복음화를 위하여 러시아인 현지 헌신자들과 한국과 미국으로부터 러시아 현장에 서 선교훈련을 받기를 원하는 선교사 후보생들을 훈련하는 기관이다. 특별히 단기 선교팀을 훈련하여 그들로 하여금 선교사적 삶을 살아가도록 하는데 있다.44)

미르선교회의 중점적 사역은 미르신학교를 중심하여 러시아 내지 단기선교, 현지교회 일꾼양성, 평신도 선교사 훈련, 러시아 목회자 양성, 제자학교 및 훈련원을 운영하는 것이다. 현지교회를 섬기므로 교회연합과 복음전도, 독립연합국가 연합을 위한 중보기도, 청소년 선교를 비롯한 문서와 찬양선교를 하고 있다. 또한 미르 선교세미나를 통한 현지 목회자 협력과 계속교육, 독립국가 연합내의 미전도 종족 선교연구, 선교현지 목회력 개발 등이다. 특히 미르선교회를 위해 한국교회가 할 수 있는 일은 선교편지를 주고받기, 단기교사로 헌신하고, 도서보급, 현지인 선교사 파송후원, 신학생과 현지목회자 후원을 하거나 기도로 도울 수 있다. 이 선교회는 평화의 복음을 세계로 전하는 것이 비전이다.

미르 선교학교의 특징은 현장에서 생동감 넘치는 선교훈련을 하는데 있다. 선교훈련의 목적과 러시아 선교의 방향과 전략을 세우는데 있으며 러시아 선교 헌신 자를 발굴하는데 있다. 즉 훈련에 참석한 모든 사람들이 선교사적 삶을 사는데 있다. 선교사는 하나님의 영광을 위해 산다는

---

44) 미르선교회의 리플릿에서 재인용.

가치관을 정립하고 하나님의 도구로 살도록 돕는데 있다. 그리고 나는 언제 제일 행복할까를 질문해 보는 것도 훈련의 일부분이다. 이를 위해 러시아에서 '선교현장 훈련캠프'를 진행하게 된다.

2. 일정과 훈련 프로그램

일정은 10일 동안 선교사의 교회 방문, 러시아교회와 고려인 교회 참석, 지역연구, 러시아어 및 문화배우기, 정교회, 기독교 세계관, 21세기 선교신학의 방향, 선교헌신과 장애요소, 단기선교, 이슬람주의와 세속주의, 영성관리, 선교사역 종류, 미국선교사의 특강(John Gerig), 러시아사역자 특강(Mihail), 선교지 생활훈련으로 대중교통이용과 자유 시장 땅 밟기, 장애인 사역, 선교사와 영성, 정교회방문, 최근선교와 선교학의 동향, 호치민시 대학생 문화연구, 보내는 자와 나가는 자, 선교사적 삶과 영성, 교회와 선교단체, 개인구원과 사회구원, 고려인 가정방문, 성격유형과 리더십, 국제화 및 상황화, Field Trip 등의 교과과정으로 되어 있다.

3. 오리엔테이션

러시아인의 문화와 삶, 훈련과정에 대하여 구체적으로 설명한다. 오리엔테이션은 오전 9시 20분부터 진행되어 90분 동안 진행되었다. 러시아 선교사역을 오랫동안 한 선교사의 경험을 통해 설명한다.

강의 방식은 대학원 수준으로 진행하되 질의응답을 통해 선교 현장 지식을 쌓는데 있었으며, 훈련과정을 통해 선교 현장을 보다 쉽게 이해하도록 돕는데 있다.

4. 선교훈련 동참자의 자세

미르선교학교를 개강하면서 주의사항을 보면 다음과 같다. 겸손하라. 남을 나보다 존경하라. 섬김의 리더, 상호간의 연락처를 받아 두라, 합숙 훈련동안 음식 나눔, 참여가 중요하다는 것이다.

선교훈련 중 가장 효과적인 방법은 모든 프로그램에 참여하는 일이다. 내가 가지고 있는 생각을 상대방에게 표현할 때 공동체의 중요성을 알게 된다. 공동체 생활에서 참여는 문제 해결의 기폭제가 된다.

다른 사람과의 순응성과 융통성이다. 상호간의 문화와 환경에 순응하는 것은 공동체 생활의 윤활유가 될 수 있다. 삼성의 이건희 회장은 환경에 적응하기 위해서는 아내를 빼놓고 모두 바꾸라고 했다. 훈련받는 자의 사고전환이 없으면 변화가 일어나지 않는다.

선교에 대한 평가 규정이다. 훈련자의 평가는 돕기 위한 방편이다. 선교사와 목회자들이 평가받는 것을 제일 싫어한다. 평가는 미래를 위한 도움을 준다.

선교사역은 분명한 목표가 있어야 한다. 아프리카에서의 야생동물들이 사자를 만났을 때 도망을 간다. 그러나 사슴이 도망을 가지만 목적이 없이 도망가다가 나무에 부딪혀 죽는다. 야생동물이 도망을 할 때 광경은 한치 앞을 볼 수 없다. 긴급한 상황에서 살아남으려는 욕망이 있다. 내 안의 자존감이 강하다는 등의 모습을 발견하게 된다. 내 앞에 어려움이 있어 도망을 가더라도 목적이 있어야 한다.

5. 러시아어 배우기

미르선교학교를 개강하고 난 후 오전에는 지역연구에 대한 강의를 들었다. 오후 시간에는 러시아를 배웠다. 러시아어는 처음 배우는 것이지만 현지문화를 이해하는데 도움이 되었다. 가장 기초가 되는 알파벳과 명칭, 발음 연습을 했다. 33개의 자음으로 된 루스키 아직(러시아어)를 공부했다. 간단한 인사말과 감사, 날씨, 시간, 요일, 이름, 생활언어, 고기류, 야채, 숫자 등에 대하여 공부하였다.

한 시간 동안의 언어 공부는 매우 유익했고 현지에서 활동하는데 많은 도움이 될 것으로 보인다. 언어 공부를 마친 후에는 러시아 문화를 배우게 되었다. 즉 선교를 하거나 비즈니스를 잘하기 위해서 러시아 문화를 잘 알아야 성공할 수 있다.

6. 러시아인들의 문화를 배워라

러시아인들의 문화는 인간관계를 중시한다. 상호간의 신뢰관계가 형성되는 것을 무척 좋아한다.

일을 위한 인간관계는 답이 없다. 먼저 인간관계가 좋으면 모든 일이 잘 풀리는 것이 러시아 문화의 특징이다.

러시아는 유럽과 아시아 문화가 공존한다. 러시아인들은 동양의 정서와 서양의 문화가 융합되어 있다. 사업이나 문제의 해결을 위해서는 같이 사우나를 가고 난 다음 보드카를 마시면 일이 잘 풀린다고 한다.

러시아인들은 관료주의 체제가 매우 강하다. 물건을 구입하기 위해 상점에 가도 필요한 사람이 사던지 말든지 상관을 하지 않는다. 내가 필요한 것이 아니라 네가 필요한 것이니까 사던지 말든지 알아서 하라는 것이다. 관공서에도 일이 쉽게 끝나지 않는다. 자신의 일이 아니라 너의 일인데 내가 급할 것이 없다는 것이다. 그만큼 러시아 사람들의 관료적인 사고방식은 과거나 현재나 변함이 없다.

푸틴 현 대통령은 러시아 연방공화국을 꿈꾸고 있다. 그는 이미 대통령을 두 번이나 했기에 세 번째는 하지 않겠다고 말한다. 그 배경에는 러시아의 주변 국가를 흡수하려는 시나리오가 숨겨있다는 것이다. 자신들이 구소련시대에 일방적으로 도와주었다는 점을 강조하면서 흡수하려는 의도가 있다. 그러나 연방 국가들은 통제된 상황에서 살고 있었기 때문에 이를 벗어나려고 한다.

러시아의 변호사와 금융권 사업은 많은 돈을 벌고 있다. 러시아의 관광가이드는 지식이 많은 사람들이다. 과거 역사 교사를 지냈거나 KGB에서 활동하던 사람들이 봉사하고 있다.

러시아 청년 문화는 어떠한가? 러시아 젊은이들은 영어에 대한 필요성을 느끼고 있다. 러시아 학생들의 영어 학습은 상당한 수준이다. 발음과 표현 능력이 대단한 실력자들이 많다. 그리고 대학생들의 문화는 놀 수 있는 문화가 없어 학문에 전념하는 편이다. 구소련 국가시절의 기량이 그대로 남아 있는 상황이다.

4장

러시아 정교회

RUSSIA

RUSSIA

러시아의 기독교 역사는 860년 러시아인 콘스탄티노플을 방문하여 복음을 영접한데서 비롯된다. 864년에는 콘스탄티노플의 포티우스 주교가 러시아의 키예프에 주교를 파송했고, 955년에는 러시아의 올가(Olga)여왕이 콘스탄티노플에서 세례를 받았다. 988년에는 블라디미르 대제가 세례를 받은 후 정교회를 국교로 공인했다. 1700-1917년까지는 러시아 정교회의 서양화로 쇠퇴기였다. 특히 1914년 당시 러시아 정교회의 숫자는 54,457개로 전국적으로 확산되었으며 1917년에 러시아 정교회(Russian Orthodox Council; 개혁운동)창립되었다. 1918년에는 교회와 정부가 분리되었다. 1940년 들어 90%의 교회당을 정부가 관리 통제하면서 공장, 극장 등으로 사용하였다.

4장 러시아 정교회

미하일 고르바초프가 표방한 개방과 개혁(Perestroika)정책으로 말미암아 소련의 공산주의 체제가 1991년에 와해되고 그에 따른 여파로 동유럽의 공산국가들 역시 공산주의를 포기하고 민주주의와 자본주의를 채택했다. 구소련과 동유럽의 민주화 바람을 타고 종교의 자유를 알리는 종소리가 무신론을 외치던 동토의 땅에 울려 퍼진지가 벌써 오래되었다. 서구의 기독교 단체들과 아시아의 선교단체들이 러시아를 비롯한 슬라브족과 기타 동유럽에 예수의 복음을 전하고자 열성적인 선교활동을 하고 있다.

한국교회의 많은 선교사들이 러시아에 입국하여 활동하는 동안 문화와 정교회에 대한 이해 부족으로 구소련정부에 부정적인 이미지를 끼치기도 했다. 구소련 정부는 한국정부에 선교사들의 활동을 자제해 줄 것을 요청해 왔다. 한국선교사들이 러시아인들에게 물량공세, 한국여행 약속 등을 통해 교회를 성장시키려 함으로 정교회 및 비신자들의 심기를 불편하게 하였기 때문이다.

결국 러시아 정교회는 정교회를 국교로 삼고자 1993년 7월 14일 외국선교단체의 활동을 제한하는 '종교 활동 자유법 개정안' 을 의회에서 통과하기에 이르렀다. 이로 인해 지금까지 한국교회가 러시아 선교에 힘든 상황이라는 인식을 갖고 있다. 그러나 러시아 정교회의 역사적 배경을 이해하고 선교적 전략을 세운다면 유익할 것이다.

정교회는 AD 330년 로마제국의 콘스탄틴 1세가 수도를 콘스탄티노플로 천도한데서 비롯된다. 395년에는 로마제국의 분열로 동로마제국(비잔틴제국-테오도시우스 1세가 주축)과 서로마 제국(로마가 중심)으로 분열되었다. 476년 서로마 제국이 멸망하였고, 622년에 이슬람교가 창설되었다. 1054년 서부 유럽의 로마 가톨릭교회와 동부 유럽의 그리스 정교가 분열되었다. 1453년 비잔틴 제국이 멸망함으로(이슬람교의 투르크만이 콘스탄티노플 점령)그 명성은 사라지게 되었다. 그 후 1917년에 볼세비키 혁명이 일어났다.

정교회의 역사적, 종교적 배경은 정교회 신학을 이해하는데 도움이 된다. 황제 콘스탄틴 1세는 주후 330년 로마 제국의 수도를 지금의 터키 이스탄불(콘스탄티노플)로 천도하였다. 그후 대 로마제국은 국운을 회복하지 못한 채 395년에 동서로 분열하게 되었다. 서부의 로마제국은 로마를 중심으로 흥왕하였으나 북방 변경지대에서 세력이 강해진 야만족, 게르만의 침략으로 멸망하게 된다. 비잔틴 제국은 1453년에 이슬람의 오스만 제국에 콘스탄티노플을 침략당하면서 1천년이란 역사의 장을 마무리하게 되었다. 종교적인 측면에서 로마 가톨릭과 그리스 정교회가 정식으로 분열된 때는 1054년이다.

러시아의 기독교 역사는 860년 러시아인 콘스탄티노플을 방문하여 복음을 영접한데서 비롯된다. 864년에는 콘스탄티노플의 포티우스 주교가 러시아의 키예프에 주교를 파송했고, 955년에는 러시아의 올가(Olga)여왕이 콘스탄티노플에서 세례를 받았다. 988년에는 블라디미르 대제가 세례를 받은 후 정교회를 국교로 공인했다. 1700-1917년까지는 러시아 정교회의 서양화로 쇠퇴기였다. 특히 1914년 당시 러시아 정교회의 숫자는 54,457개로 전국적으로 확산되었으며 1917년에 러시아 정교회(Russian Orthodox Council; 개혁운동)가 창립되었다. 1918년에는 교회와 정부가 분리되었다. 1940년 들어 90%의 교회당을 정부가 관리 통제하면서 공장, 극장 등으로 사용하였다. 1988년에는 러시아 정교회 가 창립된 지 1천 주년 기념식을 가졌고 7,000교회와 6천만 성도의 교세 를 갖게 되었다. 1991년 종교 활동 자유법 개정안으로 정교회가 다시 성 장하기 시작하였고, 과거 공장, 극장으로 사용되던 곳을 수리하여 교회 로 사용하고 있다. 최근 전국적으로 정교회 건물들이 복구되고 있으며 사제들과 교인들이 증가하는 추세에 있다.

1. 고대 러시아의 종교

러시아는 988년에 비잔틴[45] 으로부터 기독교, 즉 동방정교(비잔틴정 교)를 수용해 국교로 정한 이후, 타타르의 지배와 볼세비키 혁명 등의 파 란곡절을 겪으면서도 1,000년 이상의 오랜 기독교 역사를 자랑하고 있 다. 비잔틴정교를 수용하기 전에 동슬라브에 속하였던 러시아는 다른 슬 라브족들과 마찬가지로 풍요로운 '이교신앙'을 가지고 있었다. 9세기 이전 슬라브인들은 문자가 없었기 때문에 이교신앙에 대한 정확한 기록 을 남기고 있지는 않지만 대체적으로 자연의 현상을 신격화한 다신교였 다고 할 수 있다. 기독교 개종 이전의 슬라브인들의 이교 신앙적 요소는 기독교로 개종 이후에도 기독교의 요소와 혼용되어 민중들의 일상생활 에 다양한 형태로 남아 있다.

---

45) 과거 비잔틴은 헬레니즘의 동방문화였다. 313년 밀라노 칙령을 통해 콘스탄티누스 대제는 기독교를 국교로 인정하였다. 320년의 교리논쟁을 거쳐 325년 니케아 공의회를 거쳐 기독 교 교리를 확정했다. 예수의 신성에 의문을 갖고 있는 알렉산드리아의 아리우스파를 이단 으로 정죄하고, 예수의 신인성을 확정했다.

2. 러시아 정교회의 도입

1980년 블라디미르공은 키예프를 점령한 이후 키예프대공이라는 전제군주의 자리에 올랐다. 블라디미르공은 초기에는 이교를 장려하여 민족의 통일을 도모하였지만 이후 러시아 루시(초대국가)를 국가적으로 통일하기 위해 보다 보편적인 종교를 찾게 되었는데, 당시 유행하고 있던 동방정교, 로마 가톨릭교, 이슬람교, 유대교 가운데 하나를 선택해야만 했다.

블라디미르가 이 많은 종교 가운데 동방정교를 수용한 것은 무엇보다도 키예프인들의 현세 지향적이며 신인동격체인 민간신앙의 전통이 그리스정교와 가장 잘 맞아 떨어졌기 때문이다. 이러한 점에서 러시아정교회는 처음부터 전통적인 민간 신앙의 기반에서 받아들어 졌다고 할 수 있다. 따라서 러시아정교회는 국민들의 큰 저항 없이 슬라브인들의 통합을 촉진시키는 큰 기여를 하였다.

우리는 타오르는 대지의 촛불 정교회를 생각하지 않을 수 없다. 아주 멀리서 혹은 가까이서 동네 한 가운데 우뚝 서 있는 정교회를 바라다보

면 새로운 감회가 밀려온다. 정교회 사원의 황금빛 양파머리 지붕은 타오르는 대지의 촛불과 같다. 러시아 전문가인 이덕형은 정교회를 향해 꾸뿔 즉 신에 대한 우리의 간절한 염원, 그리고 그 기도가 타오르는 대지의 촛불의 상징이라고 말한다. 정교회는 자신의 존재를 이러한 시각적인 불꽃만이

아니라 종탑의 종소리로 알리고 있다. 정교회의 종은 내타식 즉 종 안의 쇠 방울을 울려서 내는 종이다. 그래서 정교회를 꾸뻘과 종소리의 대표적인 상징물이라 할 수 있다.

정교회의 또 하나의 상징은 십자가이다. 정교회의 십자가는 우리네가 보았던 것과는 차이가 있다. 우리의 눈에 익숙하지 않은 횡축과 경사진 나무가 붙어 있는 십자가이다. 십자가의 맨 윗부분은 그리스도의 머리, 중간의 긴 횡목은 못 박힌 그리스도의 두 팔, 맨 아래는 그리스도의 두 발을 상징한다. 맨 아래쪽의 횡목의 오른 쪽은 긍정적인 의미를 지닌다. 왼쪽은 부정적인 의미를 지닌다고 한다. 왼발이 있는 부분은 보다 아래로 기울어져 있다. 그리스도와 같이 십자가에 못 박힌 강도 중에서 그리스도의 오른쪽에 매달린 강도만이 예수를 인정하고 천국에 간다는 신화적 구조를 보여 주고 있다.[46]

3. 소비에트 시절의 러시아 정교회

1917년까지 러시아 정교는 러시아의 국교였으며 다른 종교는 공식적으로 금지되었다. 이콘이라고 불리는 러시아 성상화는 정교의 가장 중요한 상징으로 집집마다 걸려 있었고 여행을 갈 때나 심지어 임종을 맞이할 때에도 가슴에 품고 있을 정도였다. 종교적인 국가로서 러시아는 어디를 가든지 교회와 수도원 성지를 발견할 수 있었다.

그러나, 1917년 볼세비키 혁명직후 러시아 정교회는 레닌의 '반교회 포고령'에 대항했지만 얼마가지 못해서 실패로 끝났다. 공산당 정부는

---

46) 이덕형, 『천년의 울림 러시아와 문화와 예술』152. 러시아 현지 거주자도 동일한 설명하고 있다.

정교회 사제들을 체포하였다. 교회 건물과 수도원 등 교회재산을 강제로 압수하였으며, 지극히 제한된 범위 안에서만 종교 활동을 허용하였다. 이후 70여 년 동안 무신론을 표방한 볼세비키 정권은 정교회를 비롯한 모든 종교에 대해 적대적인 정책을 실시하였다. 이에 따라 러시아정교회 활동은 급격히 위축되어 1930년에 3만여 개에 달하던 개방된 교회의 수가 1940년 스탈린의 탄압 정책 후 1천 개 이하로 줄어들었다. 흐루시초프와 브레즈네프 시대를 거쳐 1980년대 초에는 명목상의 교회 수는 6천 개 이상이었지만 실제 예배를 보는 교회는 100개도 되지 않았다고 한다.

그러나 1985년 고르바초프가 개혁, 개방을 주창하면서 러시아 정교회의 역할이 적극적으로 인정되었다. 1988년 4월에는 러시아선교 1천 년제를 앞두고 피멘 총주교와 고르바초프 서기장 사이의 회견이 있었다. 이것은 제2차 세계대전 중에 게오르기 총주교와 스탈린 사이에 있은 회견이후 45년만의 일이었다. 1988년 6월에는 러시아정교회 지방회의가 개최되어 교구사제의 임명에 관한 교회 측의 주도권을 확인하였다. 1988년 6월 5일부터 12일까지 러시아선교 1천년제가 소련의 국가 축제처럼 진행되었다. 이로 인해 러시아정교회의 위상은 크게 향상되었으며, 대외적으로는 소련의 변화를 알리는 계기가 되었다.

러시아정교회의 재건을 알리는 가장 상징적인 사업은 크렘린궁 맞은편에 있는 '구세주 그리스도교회'의 건설이다. 2만 평방미터의 부지에 건축비만 5억 달러가 소요되어 1997년 완공된 이 교회는 세계 최대의 정교회 교회이다. 소연방의 붕괴이후 러시아정교회는 러시아 국가를 중심으로 애국심을 고취시키고 국민통합을 이루면서 정교회의 위상을 재고하고 있다.

4. 러시아 정교회의 특징

　러시아 정교회의 특징은 교권이 세속적 권력, 즉 왕권, 또는 국가권력을 정당화시켜주는 도구로 사용되었다는 점이다. 러시아 정교는 키예프 루시가 정교를 받아들일 때부터 국가의 필요에 의해 선택적으로 받아들여진 종교에서 출발했으며 이후 모스크바 공국의 왕권이 강화되면서 이를 정당화시켜 주는 역할을 하다가 1721년 표트르 대제가 총대주교제를 신성종무원으로 대치하면서 완전히 국가에 종속된 기구로 전락해 버렸다.

　원래 동방정교에서의 교회-국가관계는 통치자의 영역과 하나님의 영역간의 조화로운 관계를 추구하는 것이었다. 따라서 어떠한 것도 사제의 존엄성으로서의 황제의 근심거리가 되어서는 안 된다. 왜냐하면 그들이 지속적으로 하나님을 찬미하는 것은 제국의 복지를 위해서 이기 때문이다. 러시아 정교는 비잔틴의 이러한 조화(symphonia)에 대해 도덕적 권고와 적절한 영향력을 행사하는 역할을 담당하는 것으로 규정 지웠다.

　러시아 정교가 세속적인 권력에 종교적 합법성을 부여해 준 것은 왕권의 강화와 국가권력의 확립이 본격적으로 이루어지던 모스크바 공국 시기였다. 타타르 세력을 물리치고 노브고로드를 해방시키면서 모스크바의 대공이 러시아의 유일한 지배자로 된 후 러시아는 국가 아이덴터티 확립이라는 문제에 직면하였는데, 여기에서 정교회는 '제 3로마론' 이라는 이데올로기를 통해 러시아인들에게는 정신적 통합을, 그리고 왕권에게는 합법적 정당성을 부여하게 된다.

　결국 '제3로마론' 은 결과적으로 군주에게는 모스크바를 중심으로 러시아를 통합하는 것에 대한 이론적 근거와 짜르의 영향력에서 벗어나

100년 후인 1589년에 독자적인 총대주교를 선출할 수 있는 자주권을 가져다주었다. 그리고 러시아인들에게는 모스크바가 전 기독교 세계의 중심이며 기도를 통해 전 우주를 구원할 수 있다는 메시아니즘적 사고와 이를 바탕으로 하는 러시아 민족주의 전통의 기반을 마련해 주게 된다.

러시아 정교회의 가장 큰 특징은 이처럼 종교체계와 사회체계가 지나치게 용해되어 있다는 점이다. 러시아 정교는 도입부터 국가의 필요성에 의해 선택적으로 수용되었으며 이후 국가의 권력이 강화되었으며 국가에게 종교적 정당성을 제공해 주는 수단이 되었다. 그리고 그것은 교회와 국가의 조화라는 논리를 통해 국가권력(자)의 모든 것에 종교적 신성함을 부여해 주었다. 바로 이러한 이유로 러시아 정교회는 이후 농노제나 짜르체제 등의 사회적 문제에 대해 어떠한 저항도 거의 시도하지 않았던 것이다.

5. 러시아 정교회의 교리

러시아 정교의 기본적인 교리는 보편주의, 상호의존성, 겸손, 부활에 대한 확고한 믿음 등이라고 할 수 있다. 그리고 그것은 사회적 평등의식과 자발적으로 조직되는 단일한 공동체 의식을 가져다주었다. 특히 러시아인들 모두를 하나의 거대한 가족으로 여기려는 러시아인의 성향은 자기희생을 통한 집단의 유지와 각각 개인의 독특한 가치의 조화에 대한 동방기독교적 확신에 그 뿌리를 두고 있는데, 이것은 기독교를 신봉하지 않는 동양의 공동체와 러시아의 공동체를 구별할 수 있게 하는 구분선이다.

러시아 정교는 통일과 조화, 상호의존성 등이 기반이 된 종교문화를 가지고 있었다. 그리고 그것은 성상화라는 상징을 통하여 그 의미가 표출되고 전달되었으며 사회적 영역과 충돌하면서 여러 모습의 문화형태로 재구성되었다. 현세 지향적이고 민족적인 문화와 국가종속적인 문화, 평등지향적인 농민공동체, 애국주의 등은 바로 상징이 재구성된 '사회적 실재' 였던 것이다. 역사 속에서의 러시아 정교문화는 현세 지향적이었으며 국가에 종속적인 성격을 보여 주었다.

러시아 정교회에서 발견할 수 있는 러시아인들의 이러한 집단주의적 전통은 자연히 집단원칙에서 개인을 인식하며 사회이익에 개인의 이익을 복종시킨다. 그리하여 국가와 같은 사회적인 영역이 가장 우선적인 위치를 차지하며 개인의 다양성이나 개성, 자율성은 허용되지 않으며 모든 것은 인민이라는 집단 앞에 강제로 위계화 되는 것이다. 결국 개인화의 억압, 그리고 전체로서의 사회적 이익의 상징화 등이 러시아에서 전체주의적 체제를 가져 왔으며 이것은 러시아 정교의 기본 교리와도 연결되는 것이다.

러시아 동방정교 즉 비잔틴 문화의 핵심이라 할 수 있는 동방정교의 초월적 세계관은 끼에프루시에 의해 전파된 이후 러시아 문화의 정신사적 기초를 형성하고 있었다. 특히 정교회는 삼위일체와 성육신, kenosis(케노시스)와 텅비움을 강조한다. 케노시스는 겸손과 굴종이라는 의미로 자기를 낮추고 비우는 것을 말한다. 예수가 인간을 자신을 희생하고 인간을 위해 대신 죽음을 택했다는 관점에서 발생한 정교 신학의 중심개념이다.[47] 그 외에도 정교회 신학은 부정신학과 아포파시스(apophasis)이다. 아포파시스는 정교적인 세계관, 러시아 문화의 전체적인 성격을 대변하는 상징적 개념으로 이해하면 된다. 정교는 헤시카즘(hesychasm)

과 침묵이 있다. 이는 고요함과 침묵을 의미한다. 신을 만나기 위한 영성 수련의 한 방법으로 사용하기도 한다.

6. 러시아 성상화

러시아에서의 성상화는 하나님에 대한 지식을 얻는 가장 중요한 수단 가운데 하나이다. 즉 러시아의 성상화들은 기독교성(Christianity), 즉 인간으로서의 신의 구현, 그리스도의 고난, 십자가에 못 박힌 고뇌, 죽음 과 지옥으로 떨어짐, 예수의 부활, 죄 많은 인간에 대한 대속(구원) 설교 를 통한 12사도의 전도, 성자들의 생과 투쟁, 순교, 예수의 생애, 구원에 이르기까지의 인간의 죄 씻음과 순례 등을 가장 중요한 주제로 하고 있 다.

러시아의 성상화는 12세기부터 비롯되는데 키예프의 동굴 수도원에 있던 성 알리피(St. Alipy)가 러시아 성상화의 원조라고 간주되고 있다. 그리고 15세기에 들어와 성상화에 대한 대중적 관심이 나타났는데, 이것 은 바로 성상화가 러시아적 혼의 상징이며 러시아인들의 일상생활과 민 간 문화의 통합된 부분으로 간주되었다.

러시아의 성상화 가운데에서 가장 대중적인 주제는 헌신의 대상으로 받아들여졌던 성모 마리아였다. 성모 마리아가 아기 그리스도를 안고 내 려다보고 있는 성상화는 러시아의 모든 성상화 가운데서 가장 숭배되는 그림이며, 러시아의 어머니라는 이미지, 즉 하나님과의 평화라는 이미지 를 통해 민족적 통일성을 상징하는 것이기도 했다. 또한 성모 성상화는

___
47) Ibid., 72-73.

중세 러시아에는 신앙과 전투, 예술과 군대 사이의 밀접한 협력을 표현하는 것이었다. 보골류프스키(Andrew Bogoliubsky)는 성모 성상화를 도시의 방어를 고취시키기 위해 1395년에 모스크바에 가져오기도 하였으며 '카잔의 성모'라는 이름의 성상화는 이반 대제가 카잔에서 타타르를 물리친 것이 성상화의 힘이었다는 것이다.

성상화가 정교회에서 이처럼 중요하게 자리 잡게 된 것은 동방정교에는 사제의 설교가 없기 때문이다. 대부분의 신자들은 글을 읽을 줄 몰랐고 교리에 대해서는 아무 것도 몰랐다. 그들은 교회의 많은 원칙들을 이해하지 못하였으며, 단지 그들이 이전에 들었던 것만을 상상하거나 유추하곤 했다. 바로 이러한 이유 때문에 성상화는 농민들의 바이블이나 다름없는 것이었고, 그 자체가 숭배의 대상이기도 하였다. 대다수 러시아인들은 성상화에 그려진 그림을 통해서 정교의 가르침을 느끼고 실천했던 것이다. 그리하여 성상화는 러시아 문화의 상징으로 모든 집에 걸려있게 되었으며 19세기까지 러시아 농민들은 오두막집의 성상화를 걸어두는 장소– 식탁 위의 '성스러운' 구석–를 정하고 거룩한 장소로 인식하고 있었다. 그리고 손님은 집안에 들어오면 우선 성상화를 찾고 그 앞에 머리를 숙이며 세 번 성호를 긋는다. 그런 다음에 비로소 주인에게 "신의 가호가 있기를!" 하며 인사를 한다.

7. 정교회의 신학적 진단

러시아 선교를 위해서 가장 필수적으로 이해할 부분은 러시아정교회의 신학적 이해이다. 과거 동방정교회의 신학은 역사적으로 초대교회와 뗄 수 없는 관계에 있다.[48] 특히 초대교회가 7차례에 걸쳐 행한 세계교회 회의에서 내린 신학적 선언문이 정교회 신학 구성에 많은 영향을 끼쳤다. 그 영향은 오늘 러시아 정교회에까지 지속된다. 초대교회가 행한 일곱 차례의 종교회의를 살펴본 후 프로테스탄트 신학간의 차이와 유사점을 살펴보기로 하겠다.

초대교회는 예수의 신성과 인성을 각각 강조하는 여러 가지 비성경적인 기독론이 대두되었다. 이단적 기독론으로부터 교회를 지키고자 초대교회 교인들은 일곱 차례나 회의를 개최하였다.

1) 세계 공의회와 정교신학

초대교회의 신학논쟁은 교회 공의회를 통해 열기를 더해 갔다. 특히 초대교회가 정식으로 채택한 기독론은 325년 니케아회의에서 451년 칼케톤 회의에 걸쳐 전 세계의 수많은 교회지도자들이 4번이나 모여 토론한 끝에 채택되었다. 기독론 논쟁은 325년 아리우스(Arius)가 예수는 피조물의 하나이며 따라서 죄를 범할 수 있다고 규정함으로써 그의 신성을 약화시키는데서 발단되었다. 이에 놀란 아타나시우스(Athanasius)는 니케아 공의회에서 아리우스의 주장을 이단으로 판결하면서 '예수 그리스도의 완전한 신성'(very God of very God)을 주장하게 되었다.

381년 아폴리나리우스(Apollynarius)는 그리스도의 신성만 강조함으로 그리스도의 인성을 부인하는 오류를 범하였다. 즉 그리스도가 다른 사람들처럼 육체와 정신은 있으나 사실상 그리스도의 정신은 보통 사람과 달리 하나님 말씀이신 로고스(Logos)라고 함으로 예수의 완전한 인간성을 부정했다. 이에 381년 콘스탄티노플 공의회가 소집되어 아폴리

---

48) 노봉린, "러시아 정교의 역사적 배경"『CIS를 바로 알자』(서울: 도서출판 횃불, 1994), 35.

나리우스주장을 이단으로 규정했다. 그리고 예수의 완전 인간성(very man of very man)을 주장하게 되었다.

콘스탄티노플의 주교 네스토리우스(Nestorius)가 주장한 기독론은 다시 예수의 인간성을 강조하게 되었다. 그의 기독론은 예수의 인격을 두 가지 본성 즉 신성과 인성으로 분명하게 구분한다. 예수는 근본적으로 완전히 인간이었으나 하나님으로부터 신성을 부여받았다고 주장했다. 따라서 예수의 어머니 마리아는 하나님을 낳은 분이 아니라 그리스도를 낳은 분이라고 정리했다. 하나님은 어머니가 있을 수 없으며 어떤 피조물도 신을 생산할 수 없기 때문이다. 이에 431년 에베소 도시에서 에베소 공의회가 소집되었고, 네스토리우스 기독론은 이단으로 정죄되었다.

네 번째로 이단 논쟁이 일어났는데 유티쿠스(Eutychus)라는 신학자가 그리스도의 신성과 인성을 구분하지 않은 채 예수라는 사람이 신성과 인성이 혼합된 단 하나의 성질을 갖는 분이라고 가르친데 서 발생하였다. 451년 칼케돈 공의회는 유티쿠스의 기독론을 이단으로 판결하였다. 예수의 신성과 인성은 혼돈과 구분 없이 한 인격으로 잠재되어 있다고 강조하였다.

553년 제5차 공의회는 예수의 신성과 인성을 구별하지 않은 채 혼합하여 하나의 신·인성을 강조한 단성론(單性論:Monophysitism)을 주장한 결과 553년 이단으로 규정되었다. 6차공의회는 예수의 신성과 인성의 의지(will)를 구별하지 않고 혼합하여 하나의 의지라고 가르친 문제를 두고 토의하였다.

서방교회가 성상에 대한 긍정적 태도를 보이는 것과 마찬가지로 정교회는 이슬람 종교가 기독교의 삼위일체를 다신교로 판단하는 상황 속에서 성상에 깊은 관심을 갖게 되었다. 정교회는 신자들의 시각과 영성에 활기를 주고자 그리스도와 사도들의 초상화를 보급 장려하기에 이르렀다. 아무튼 정교회는 개신교회와 비교적 차이가 있지만 세계교회협의회(WCC)에서 구원에 있어 예수의 유일성을 주장하는 유일한 일원으로 활동하고 있다.

2) 러시아 정교회와 개신교의 유사 교리

• 삼위일체 교리

서방교회(가톨릭), 동방정교회, 개신교가 갖는 유일한 교리는 기독교의 삼위일체이다. 기독교는 니케아 신조와 칼케도니아 신조를 중심으로 예수 그리스도가 하나님의 아들로서 완전한 인간이시고 완전한 하나님이심, 인성과 신성을 갖고 계신 분이라고 고백하고 있다.

• 성령론과 필로크(Filique)

787년 니케아 회의는 성상문제와 성경론에 관한 교리를 논의했다. 여기서 공표된 필로크 성령론으로서 '성령은 성부와 성자로부터 나왔다'

는 주장을 반박하게 되었다. 동방교회의 포티우스(Photius) 총대주교는
867년 로마 교황 니콜라스 1세
(Ncholas)를 비난하였다. 필로
크 성령론은 비성경적이며 삼
위일체 하나님을 2위1체로 만
들었다고 반박하였다. 이후 정
교회는 성부, 성자, 성령의 본
질적인 동등성을 주장하면서
성령의 영원한 발현과 이 세상
에 잠시 오셔서 역사하시는 성

령을 강조하고 있다. 개신교는 필로크 성령론과 삼위일체론을 믿고 있
다.

• 그리스도의 십자가와 부활

로마 가톨릭교회가 예수의 십자가를 강조한다면 동방정교회는 예수
의 부활을 더 강조한다. 구원을 얻는데 있어서 정교회는 예수의 십자가
은혜만이 필요하며 하나님의 자녀가 된 사람들에게 신성을 강조한다. 신
성이란 인간이 신의 본질을 소유한다(범신론)는 것이 아니라 하나님의
능력을 얻어 소유할 수 있고 이를 맛볼 수 있다는 것이다. 개신교는 예수
의 십자가와 부활을 믿으며 마틴 루터가 주장한 오직 은혜로(Sola-
gragia), 오직 믿음으로(sola fide), 구원 얻는다고 믿는다. 사실 정교회
는 보수 신학적 입장을 취하면서 WCC내 인본주의신학자들에게 도전을
준다. WCC의 문서에서 예수 그리스도가 세계의 구세주가 된다는 확신
을 찾아보기 어렵다.

WCC의 삼위일체 하나님, 구원
관, 복음의 기쁜 소식, 하나님의 형
상대로 지음 받은 인간, 교회론 등
등에서 기독교인의 이해가 성경으
로부터 나날이 이탈되고 있다는
느낌을 받게 된다.

• 성경관

개신교는 성경 66권을 믿으며 기본교리로 받아들인다. 이에 서방교회
는 독자적으로 외경을 14권이나 추가하여 80권의 성경을 갖고 있다. 정
교회는 성경에 있어서 약간의 차이가 있다. 개신교와 가톨릭이 구약에
있어서 마주라판을 사용하는 것과 달리 정교회는 70인역을 사용하고 있
다. 따라서 정교회는 개신교회보다 10권이 더 많은 구약을 사용함으로써
76권의 성경을 사용하고 있다.

• 세례식

유아세례를 반대하는 침례교회와 소수의 개신교단을 제외하고 동방
정교회, 로마 가톨릭, 개신교 모두가 장년 세례와 유아세례를 거행한다.
세례 방법은 정교회는 세 번 물속에 침수하는 침례방법을 취함으로 침례
교회와 유사하다.

• 성찬식

로마 가톨릭교회는 성찬식을 화체설(Transubstantiation) 즉 성찬이

몸 속에 들어가는 순간 떡과 포도주가 예수의 몸과 피로 바뀐다는 것이다. 성찬식에 참석하는 사람은 예수의 진짜 몸과 피를 먹고 마시는 것이다.

정교회는 성찬식에 화체설이라는 용어는 사용하나 그 의미가 좀 다르다. 성찬을 할 때 떡과 포도주가 그 본질이 변하여 예수의 몸과 피가 되는 것은 아니지만 신비스럽게 예수가 실제 동참하심으로서 예수의 몸과 피를 먹고 마시는 것이라고 이해한다. 왜 이런 일이 일어나는가라고 질문하면 예수의 몸과 피를 상징하는 것은 받아들일 수 없다고 말한다.

개신교회는 칼빈과 쯔빙글리, 루터가 성찬식에 내린 해석은 서로 다르다. 칼빈은 성찬식에 참여할 때 예수의 영적인 참여에 강조를 두었고, 쯔빙글리는 성찬식을 예수의 몸과 피를 상징하는 것으로 이해했다. 루터는 부활한 예수가 참석한다고 해석했다.

3) 정교회와 개신교의 차이

교회조직: 정교회는 교황 무오설을 주장하면서 성직자 계급제도를 유지하고 있다.[49] 교회는 하나님의 삼위일체 현상이고, 그리스도의 몸으로 지금도 계속되는 오순절의 역사가 일어나는 기관으로 교회 밖에는 구원이 없다고 믿는다. 교회는 오류가 없으며 총대주교는 권위를 갖는다. 총대주교와 주교는 결혼이 허락되지 않으나 일반 신부는 허락된다. 정교회의 성직제도는 개신교와는 차이가 있다.

연옥, 림보 죽은 영혼을 위한 기도: 정교회는 연옥과 림보는 부정한다. 반면 죽은 영혼이 잠시 고통 받는 중간기간이 있다고 믿으므로 죽은 영혼을 위한 기도 예식을 하고 있다. 그러나 개신교는 죽은 자의 영혼을 위

---

49) Ibid., 41-43을 정리

한 기도는 하지 않는다. 죽은 후에는 그 영혼이 직접 천국이나 지옥으로 간다고 가르치는 성경을 믿기 때문이다.

일곱 가지 성사: 정교회는 일곱 가지 성사 즉 세례, 성찬, 견진, 고백, 성품, 혼인, 병자성사를 갖는다. 개신교는 세례와 성찬만을 성사로 인정한다.

성경과 전통: 마틴 루터가 개혁의 원동력으로 외쳤던 오직 성경을 신앙의 토대로 삼는 개신교와는 다르다. 정교회는 교회 전통을 강조한다. 교회 전통은 예수 그리스도와 사도들로부터 물려받은 신앙을 근거로 하여 우리 신앙은 성경은 물론 교회 전통에 근거를 두어야 한다. 교회와 전통은 불가분리의 관계에 있다.

성상 및 성모 마리아 숭배: 정교회 내부에는 예수와 초대교회의 사도들의 초상화가 걸려 있다. 이로 인해 개신교와의 거리를 좁히지 못하는 요인이 된다. 특히 성모 마리아를 숭배하는 테오토코스(하나님의 어머니)란 관념은 개신교를 불편하게 만든다. 개신교는 성상과 마리아 숭배를 거절하며 오직 십자가의 형상만을 교회에서 용납한다.

초대교회의 유물: 정교회는 초대교회 성도들의 유물을 교회에 보관하는 전통을 유지하고 있다. 성도의 시신을 신성시하고, 성도들의 영혼과 형상이 스며들어 있다고 여겨지는 유물을 귀중히 여기고 숭배한다. 개신교회는 이런 유물들에 대하여 받아들이지 않는다.

원죄와 부인: 정교회는 인간에 대한 이해를 '인간은 태어날 때부터 아담과 하와가 저지른 도덕적 타락성은 물려받았지만 죄인인 것은 아니라

고 한다. 인간이 죄인인 것은 그가 실제로 죄를 범하였기 때문이지 원죄가 있어서가 아니라' 고 가르친다. 정교회는 인간의 원죄를 부인한다. 이런 관점에서 정교회는 성 어거스틴이 주장했던 인간의 본질적인 타락과 차이가 많으며 칼빈주의 원죄관과도 다르다.

지금까지 러시아 정교회에 대한 이해를 도왔다. 그렇다면 한국교회는 러시아 선교를 위해 정교회를 어떻게 이해하는 것이 올바른가에 대한 답변이 필요할 것이다. 한국교회는 러시아 정교회를 비롯한 정교회의 삼위일체 신관과 인간을 구원하기 위해 오신 예수의 십자가와 부활교리가 근본적으로 같다고 보면 된다. 그 외의 교리에 있어서는 많은 격차가 있는 것도 사실이지만 정교회와 개신교회와의 차이가 로마 가톨릭과 개신교 간의 차이에 비해 적다는 것에 주의해야 한다.

그리고 개신교회가 러시아 정교회를 이단으로 정죄하는 것은 극단적인 비난이기에 조심스럽게 보아야 한다. 한국교회는 동유럽을 비롯하여 정교회를 면밀하게 연구할 필요가 있다. 정교회의 역사, 문화, 교회 전통을 이해하고 이들 국가에 대한 복음화를 위한 긍정적인 선교정책과 전략을 세워 나가야 할 것이다.

따라서 선교전략을 실행할 때 정교회를 무조건적으로 비판하지 말고 한국교회와 공통점을 찾아 쌍방의 우호적인 면을 유지하면서 복음을 전해야 할 것이다. 상호간의 격차를 최소화하는데 힘써야 하며 정교회 지도자들과 상호이해 증진과 쌍방간의 우호관계를 맺는데 주력해야 한다.

다양한 선교사역을 위한 패널 토의

RUSSIA

RUSSIA

팀 사역의 핵심은 관계성과 배려라고 본다. 현지인의 삶과 가치를 인정하는 섬김의 사역이 팀의 활력소가 된다. 섬김이란 타인을 인정하고, 자신의 의견을 포기할 수 있어야 한다. 그러나 팀에서 머리가 되겠다는 생각은 팀워크에 문제 요인이 된다.

러시아에서 팀 사역의 기적은 상호협력 리더십이다. 이곳은 단기 사역자가 없는 것이 맹점이지만 선교사의 일은 매우 중요하다. 이를 위해 일할 때마다 느끼는 것은 부모님과 후원자들의 기도이다.

그러나 팀 사역을 할 때 기대보다는 실망이 많다. 이것을 극복해야 성공적인 사역이 가능하다. 특히 러시아 미르선교회는 1996년에 장로교 합동, 통합, 감리교, 성결교단에 소속된 5명의 선교사에 의해 설립되었다.

5장 다양한 선교사역을 위한 패널토의

상트페테르부르크에서 시외곽으로 조금 떨어진 그레이스 김나지아의 강의실, 밤 9시 30분이 되어도 대낮처럼 밝다. 여름철에만 있는 백야 현상이다. 도스트엡스키가 새로운 로마로 부르면서 "뻬쩨르부르그, 이 도시는 지구상의 모든 도시중에서도 가장 환상적인 역사를 가진, 가장 환상적인 도시다"라고 말한 곳이다. 안드레 벨리는 "뻬제르부르그는 지도 위에 표시되지 않은 제4차원이다"라고 말했다. 그만큼 아름다운 도시이다. 이도시는 러시아적인 모더니티의 결과이다. 우리가 이곳에서 아침과 점심, 저녁을 먹으면서 미래사역의 구상을 할 수 있었던 것이다. 그런데 이곳은 백야의 땅이다. 그래서 저녁 식사는 해를 보면 건너뛰기 쉽다. 식사는 시간을 보면서 알아서 먹어야 한다. 나는 훈련생들과 운동을 한 다음 오후 3시 30분부터 '선교헌신과 장애 요소'란 주제로 토론을 했다. 나를 비롯한 스웨덴, 러시아, 말레이시아 선교사가 패널토의 강사로 참석했다.

1. 선교 사역의 종류

먼저 스웨덴 선교사는 효과적인 선교와 장애를 뛰어 넘기 위해서는 전문성과 공동체 사역, CCM, 농촌 사역을 꼽았다. 그러면서 한인목회를

하면서 현장에서의 접촉점은 어떤 것인가에 대한 질문에 다음과 같이 말한다.

한인교회 사역은 전 세계적으로 몇 천개가 된다. 그러나 미국과 유럽에 건강한 교회는 그리 많지 않다. 대부분 본국으로부터 후원을 받으면서 교민을 상대로 목회를 하게 된다. 이런 결과로 교회는 성장하지 못하고 미성숙한 상태로 남아 있게 된다. 이는 선교사가 본국으로부터 후원받는 것에 익숙해 있는 것과 한인들의 주일개념에 대한 확신이 미약하기 때문이다. 따라서 한인교회를 부흥시키고 교인들의 신앙 성숙을 위해 교회의 정체성 교육, 선교하는 교회, 십일조 하는 교회를 지향하면서 목회하고 있다.

최근에도 입양인 사역, 노인선교를 시도하고 있으나 감상적으로 끝이 나는 경우가 많다. 얼마 전 교회에서 경로잔치를 열었는데 50명 가운데 1명만이 참석한 결과로 시행착오가 일어났다. 내가 볼 때 선교지에서 입양인 선교는 10년이란 시간이 필요하다.

그리고 스웨덴에는 몽골 사람들이 많이 이주해 오고 있다. 몽골인은 한국인보다 많다. 적어도 3천명은 몽골사람이다. 이들은 한국교회를 사랑하고 선호한다. 고국에서 한국인 교회를 출석했고 교회로부터 도움을 받았다고 한다. 이러한 것이 선교의 접촉점이 될 수 있다.

현지 사역자는 첫마디로 '선교는 삶이고 화려하지 않다' 라고 말한다. 선교는 선교 현장에서 일어나는 모든 일이 나의 삶이지만 그 이면에는 외로움과 갈등이 많기 때문이다.

선교지에서의 장애요소는 첫째, 한인 커뮤니티가 강하면 현지인에게 가까기 가기 어렵다. 최근 러시아의 젊은이들은 영어를 잘한다.

둘째, 현장에 머무는 동안, 다양한 갈등과 고민으로 내면적 고통이 있다.

셋째, 동료 선교사가 없어 힘이 든다.

넷째, 환경 적응에 필요한 것들을 준비하는데 어려움이 따른다. 즉 현지 언어와 식사문화에 적응되지 않는 것은 선임선교사들에게 짐이 될 뿐이다. 선교현장 적응을 위해서는 국제적인 언어를 습득하고, 언어에 대한 자신감을 가져야 한다.

이러한 내용들은 러시아에서 사역하는 젊은 선교사의 고백이다. 과연 선교지에서 어떤 일을 해야 가장 효과적인 것인가를 찾아야 한다.

2. 선교현장에서 팀 사역은 무엇인가?

팀 사역의 핵심은 관계성과 배려라고 본다. 현지인의 삶과 가치를 인정하는 섬김의 사역이 팀의 활력소가 된다. 섬김이란 타인을 인정하고, 자신의 의견을 포기할 수 있어야 한다. 그러나 팀에서 머리가 되겠다는 생각은 팀워크에 문제 요인이 된다.

러시아에서 팀 사역의 기적은 상호협력 리더십이다. 이곳은 단기 사역자가 없는 것이 맹점

이지만 선교사의 일은 매우 중요하다. 이를 위해 일할 때마다 느끼는 것은 부모님과 후원자들의 기도이다. 그러나 팀 사역을 할 때 기대보다는 실망이 많다. 이것을 극복해야 성공적인 사역이 가능하다. 특히 러시아 미르선교회는 1996년에 장로교 합동, 통합, 감리교, 성결교단에 소속된 5명의 선교사에 의해 설립되었다.

설립의 목적은 첫째, 러시아 선교를 혼자 할 수 없다는 필요성. 둘째, 선교회의 조직에 상하구조가 없다. 다만 나이 차이는 있지만 조직 체계를 갖지 않고 협력 체계만을 갖추었다. 셋째, 팀 사역에 대한 우려 즉 선교회는 곧 깨질 것이라는 생각이 지배적이었으나 현재까지 아름답게 협력하고 있다. 사실, 협력 사역을 하면서 마음이 깨질 때가 있어 자리를 박차고 나오고 싶었지만 인내와 용납으로 지금까지 유지되고 있다. 그래서 미르선교회는 머리가 없다. 모든 선교사가 서로 머리(회장)가 되는 것을 원하지 않는다. 다만 운영 회의를 위해 위원장 제도를 둘 뿐이다. 선교단체든 어디서든지 조직이 강화되면 성장하려는 운동이 멈추게 된다. 교회도 조직이 잘되면 성령의 임재하심과 전도 운동이 일어나지 않는다. 그래서 이사회도 없고, 통제기능도 없다. 모든 일은 현장선교사가 알아서 일을 처리한다. 만약 이사회가 있다면 여러 모양의 어려움이 따른다. '이사회가 강하면 현장이 약하고 현장이 강하면 이사회가 약하게 된다' 는 사실을 알고 미르선교회는 하나님만 두려워할 뿐이다.

넷째, 동질 그룹의 사역은 사역의 상승효과를 가져온다. 선교사 동질 그룹이 함께 모여 유학생 중심의 한인교회와 고려인 교회를 설립하여 오늘에 이르고 있다. 교회를 설립하고 난후 발견한 것은 '선교지역에서 혼자서는 사역이 불가능하다' 는 것을 발견하고 동질그룹간의 결속을 강화하기로 했다. 기업정신의 목표는 수단과 방법을 가리지 말고 일을 따내는 것이라면 선교는 목적달성을 위해 끝까지 양보하고 협력하는 것이다. 현대 창업주 고 정주영 회장의 "모든 생활면에 있어서 긍정적이고, 모든 목표에 있어서 낙관적인 생각을 가지고 노력하면 반드시 뜻한바 성공을 거두게 된다" 라는 말이 생각난다.

3. 평신도 실버 선교사가 필요한가?

최근 한국교회에 불고 있는 선교 현상은 실버미션과 전문인 사역자의 증가이다. 실버선교사가 갑자기 늘어난 원인은 여러 요인들이 있을 것이다. 첫째, 은퇴 후 국내에서 생활이 어려운 점. 둘째, 전문지식을 갖고 인생의 마지막을 선교현장에서 값비싼 헌신을 통한 봉사, 셋째, 하나님의 부르심에 응답하기 위함 등일 것이다.

실제로 선교지에서는 실버 선교사가 필요하다. 실버 선교사가 할 수 있는 사역의 영역은 매우 다양한데 재정, 행정, 선교위원회의 일, 선교사 자녀학교, 돌봄, 교사 등이다. 선교지에서는 목사와 평신도 선교사 자녀를 위한 돌봄이 필요할 뿐 아니라 한국어와 한국 역사를 가르쳐야 하기 때문이다.

선교 현장에서 실버 선교들의 사역은 좋은 면도 있으나 때로는 염려스러운 부분도 발생한다. 이를 극복하기 위해 몇 가지 제안을 한다면,

첫째, 단기로 사역을 시작한 후 장기로 전환하라.

둘째, 평신도가 목사선교사의 일을 하려고 한다. 파송교회도 목사 사역 정도로 일해 주기를 원한다. 어느 선교사는 "집사님, 이것 좀 해 주세요" 라고 하자 즉각적인 항의의 표시로 "목사님, 내가 집사입니까? 선교

사이지" 라고 말하더라는 것이다. 물론 단기 선교사로 파송 받았으나 선교사임에는 틀림이 없지만, 평신도가 목사에게 주어진 말씀 강도권과 성례권까지 다 할 수는 없는 일이다. 아무리 선교사로 파송 받았다 해도 목사와 평신도의 사역을 구분하여 일해야 한다.

셋째, 평신도 선교사들은 목사 선교사들의 삶을 보고 실망하기도 한다. 선교사는 단기든 장기든 사역현장에 거주하다 보면 실망스런 일도 많게 된다.

넷째, 서구 선교단체는 실버 선교사들이 선교사회에 가입하지 않는다. 즉 실버선교사와 선교사는 구분해 놓는다. 그만큼 성숙한 교회의 모습을 갖고 있다. 서구선교사회의 관련된 책 "Great Commission Compang"을 참고하기 바란다.

아무튼 실버선교사로 지원하기를 바란다면 선교현장의 기본 언어를 준비할 것과 국제 운전면허증을 준비해야 한다. 이는 선교사로서 최소한의 편리한 생활을 위해서이다.

4. 단기 선교의 개선 방안은?

한국교회는 교회마다 많은 단기 선교팀을 각 국에 파송하고 있다. 그러나 단기로 선교지를 방문하는 것도 좋지만 프로그램에 얽매여 사역의 참된 맛을 느끼지 못할 때가 많다. 이런 경우 선교사에게 많은 부담이 된다. 이와 같은 문제점을 개선하기 위해 교회는 선발과 훈련을 철저히 해서 파송해야 한다. 보다 구체적으로 교회가 준비해야 할 것이 무엇인가를 살펴보자.

첫째, 교회는 평신도 선교사 파송을 위해 사전준비와 계획을 철저히 세워야 한다. 중도에 계획을 잘못 세워 인재를 발굴하지 못하는 우를 범하지 말고 처음부터 선발을 잘해야 할 것이다. 선교는 하나님 나라 확장과 영혼을 구원하는데 필요한 것이다. 선교를 통해 효율성, 인력, 전문적 지식 등을 따져 자기 능력에 맞는 선교를 전개하도록 해야 한다.

둘째, 선교에 대한 교육이다. 선교는 뛰기 전에 생각하고 뛰고 나서도 생각하면서 사역해야 한다. 효과적인 선교를 위해 밑그림부터 그려놓고 그 위에 서서히 선교의 실체를 만들어 나가기 위해 교육하라는 것이다. 선교의 초기 밑그림의 균형이 맞지 않을 경우 전체의 그림이 어긋날 수밖에 없다. 그래서 선교는 예술과 같다. 선교의 새로운 영역을 개척하면서 창조적으로 일을 추진해 나가야 한다. 이를 위해서는 선교에 대한 기초적인 교육을 통해서만 가능해 진다.

교회가 선교사를 파송하기 위해 교육하는 것은 기초를 다지는 것이다. 기초가 잘된 곳에는

무너지는 법이 없다. 기초가 튼튼하면 실패하는 법도 없다.

셋째, 교회도 책임을 질 줄 알아야 한다. 많은 교회들이 평신도 선교사를 파송해 놓고 관리를 하지 않는 경우가 많다. 선교지에서 일어나는 일, 사역보고는 받아도 통제를 하지 않는 것에 대한 책임은 누가 질 것인가? 이러한 문제를 방지하기 위해 교회는 끊임없는 관심과 케어가 필요하다. 교회가 선교사를 파송해 놓고 관리하지 않는 것은 책임회피일 뿐이다. 그래서 평신도 선교사를 파송하기 전에 교회는 합숙훈련(1박2일), 파송자에 대한 케어와 스크린이 필요하다.

교회도 기업가들이 부하직원을 어떻게 관리하는가를 배워야 한다. 기업가들은 인간 경영에 뛰어난 사람이다. 기업은 사람이 하는 것이다. 사람이 기업을 일으키고 기업이 사람을 만든다. 사람과 기업은 상호보완관계에 있다. 그러므로 선교 현장의 사역의 극대화를 위해서는 유능한 인재가 필요하다. 그리고 유능한 선교사를 만드는 것은 바로 목회자의 몫이다.

목회자는 평신도가 사명이 있다고 무작위로 파송할 것이 아니라 정확한 안목을 갖고 사람을 보아야 한다. 즉 유능한 인재를 찾아내는 능력이 뛰어나야 한다. 그리고 가능성 있는 사람을 양육하는데 남다른 관심을 가져야 한다. 그것은 당근과 채찍이다.

이러한 내용을 주제로 몇 시간 동안 토의를 했다. 나는 선교헌신과 장애 요인은 결과적으로 훈련받지 않고 파송 받은 자에게 있음을 발견했다. 선교의 성공과 실패는 사람을 통해서 나타난다. 모든 일의 성패는 일하는 사람의 사고와 자세이다. 새로운 일에 도전한다는 것은 확실히 모험이다. 모험이 없으면 제자리걸음을 해야 하고 그 다음에 뒤떨어지고 그 다음에는 아주 주저앉게 된다.

그러므로 선교 사역의 장애요소를 뛰어 넘기 위해서는 선교사에게 따르는 책무가 있다. 선교사는 선교사대로, 평신도 선교사는 평신도 선교사대로 책무가 있다. 선교 현장과의 밀접한 연관을 고려하고 현지 목회자와 연합하는 시야가 넓어져야 한다. 또한 단기간의 효과를 초월한 선교활동을 해야 할 때도 있다.

5. 선교헌신과 장애요소

나는 점심 식사를 마치고 오후 프로그램에 참여했다. 선교학교에 참석한 자들을 대상으로 몇 개의 조를 조직하여 러시아 내의 선교헌신과 장애요소는 무엇인가를 놓고 토의를 했다. 먼저 각 조별로 나눈 토론에서 선교헌신에 대한 정의를 한마디로 '하나님을 향한 삶의 전환 즉 방향전환'이라는 결론을 내렸다. 모두가 복음적인 정의를 내린 것은 바람직한 현상이었다. 선교사의 헌신은 철저하게 하나님을 향한 마음, 그에 대한 헌신의 시간을 드리는 것이다. 전환점의 대표주자는 아브라함이다. 하나님의 선택과 관심, 새로운 것에 대한 전환점이 믿음의 아버지가 되었고, 족장들의 모범이 되었다. 그의 삶은 하나님을 향한 고백과 헌신으로 이어졌다. 그래서 그는 많은 사람들 가운데 복의 근원이 되었다. 헌신은 믿음의 결과이며 순종의 결과이다. 선교는 헌신을 통해 이루어지고 낮아짐에서 하나님의 선교가 성취된다. 결국 아브라함을 부르시는 사건의 핵심은 하나님이 모든 백성에게 주시는 복이다(창 12:1-3; 8:18; 28,14).

아브라함이 받은 복은 이스라엘을 위한 복이면서 동시에 보편적인 약속이다. 아브라함은 이스라엘의 뿌리이지만 그 안에서 모든 백성들, 이스라엘 백성이 아닌 다른 민족도 복을 받는다. 여기에서 발생하는 것이 그분의 약속과 아브라함의 사명을 이루도록 이끄는 것은 개별주의와 보편주의라는 두 논리이다. 그 후에 아브라함을 비롯한 많은 사람에게 주어진 것은 하나님의 선택, 하나님의 유일성, 하나님의 법을 중심으로 한 가르침을 주기도 했다. 그러나 선교사역은 유일하신 하나님께서 우리에게 완전한 응답을 요구하신다는 점이다. 그리고 그 법은 하나님의 현존이다(신 4:1-9).

선교의 장애요소는 어떤 것들이 있는가라는 주제에서는 많은 이야기들을 했다. 선교의 장애는 언어와 문화, 자기관리를 꼽았다. 선교현장의 언어는 통역이 있어도 어렵기 때문에 스스로 배워야 한다. 그렇지 않으면 문화를 이해하는데 많은 어려움이 있음을 이야기했다.

그러나 언어와 문화를 배우는 것도 소중하지만 자기관리도 빼놓을 수 없는 부분이라고 한다. 그 외에도 선교는 하나님의 사랑을 외면하거나 그 창조와의 관계를 단절할 때 장애가 된다. 특히 선교는 예수님의 사랑의 계시를 통해 드러난다. 그런데 예수님의 참된 사랑을 제한할 때 장애가 발생한다. 그러므로 선교는 성령의 강력한 인도가 필요하다. 그리고 선교는 교회의 생활이고 교회의 얼굴이다. 선교는 유일하며 교회는 모든 사람에게 복음을 전파해야 할 항구의 임무를 갖고 있다. 그리고 선교는 그 상황에 따라 다양하기에 그 상황을 잘 읽어야 한다. 이 모든 것을 잘한다면 보다 더 효과적인 선교가 가능하게 된다. 아무튼 효과적인 선교를 위해서는 통전적 준비가 되어야 장애를 극복할 수 있다.

6. 개인 차고

각 국의 도시를 여행하다 보면 고층빌딩, 자동차, 사람이 많다. 그러나 도시 중심으로 가다보면 숨이 막힐 때가 종종 있다. 바로 자동차에서 배출되는 매연 때문이다.

내가 러시아 상트페테르부르크를 방문하면서 가장 의문을 가졌던 부분이 있다. 바로 주차장이었다. 이 도시의 인구는 530만 명이다. 그러나 공산주의 패망과 새로운 정부로 인해 국민들은 혼란기에 살고 있다. 국가의 정치적 변화, 자본주의 경제의 활성화로 인해 가치관의 혼돈과 생활고로 사회문제가 대두되게 된 것이다. 시내에 거주하는 시민들 가운데 일부는 경제 능력이 없거나 생계유지를 위해 범죄행위를 할 수 밖에 없다. 그것은 관광객이나 외국인에 대한 소매치기, 날치기, 생계형 도둑으로, 러시아의 사회적인 골칫거리가 되고 있다. 이는 정부가 해결해야 할 문제이지만 70년간 지배해 온 공산주의 문화를 탈피하는 것이 더 급선무이다.

러시아의 급변하는 사회현상은 바로 개인의 재산에 손을 대는 일이다. 재산을 가진 사람은 재산을 지키기 위해 방어해야만 한다. 예를 들면, 어느 한 사람이 돈이 있어 새로운 자동차를 샀다면 그는 개인 차고에 차를 보관해야 한다. 아파트나 도로변에 차를 세워 둘 경우 카세트를 비롯한 액세서리를 도둑맞기 십상이다. 자신의 재산을 보호하기 위한 개인의 차고는 러시아에서만 볼 수 있는 광경이다.

러시아에서 개인 차고를 만드는 것은 또한 겨울철 차량보호를 위해서다. 러시아는 겨울이 길고 봄과 여름은 짧다. 많은 눈이 내리고 강추위가 있는 곳에서 차를 보호하기 위한 자구책인 것으로 보인다.

7. 카잔 정교회 가는 길

전철역에서 나오자 네프스키프로페트(페트는 거리라는 뜻)가 쭉 뻗어
있다. 전철역에서 5분 거리에 카잔 정교회가 있다. 정교회가 있는 거리
는 유럽식 건축양식으로 지은 건물들이 많다. 러시아 정교회를 중심으로
서점과 해군본부 등 국가의 중요한 기관들이 있다. 정교회 건물은 매우
웅장하다. 정교회의 십자가가 달린 돔을 중심으로 양쪽 날개로 펼쳐진
두 개의 문, 길게 세워진 기둥, 십자가형으로 지어진 건물 세 곳의 출입구
는 매우 인상적이었다.

카잔 교회는 당시 무명이던 건축가 보로니힌에 의해 설계되어 1801년
부터 10년에 걸쳐 지어진 아름다운 교회 건물이다. 네프스키 대로를 향
해 펼쳐진 반원형의 회랑에는 94개의 코린트식 기둥이 늘어서 있다.

카잔 정교회당의 완성 후 러시아는 나폴레옹 전쟁에서 승리했다. 교회
안에는 프랑스군에게서 탈취한 몇 개의 군기가 장식되어 있다. 코린트식
기둥이 세워진 양 옆으로 쿠투조프 총사령관과 바르클라이드 토리 동상

은 전쟁의 승리를 기념하기 위한 것이다.

19세기 혁명이 발발하기 전까지 교회 앞은 학생들의 집회 장소가 되었다. 지금은 저녁 때에 네프스키 대로를 거니는 사람들, 여행객들의 휴식처이기도 하다.

카잔 정교회당 안으로 들어가면 여자들은 머리에 두건을 쓰고, 남자는 모자를 벗어야 한다. 교회 안의 우측에는 이콘과 책, 두건을 파는 곳이 있다. 한편에서는 헌금 봉투를 쓰는 책상이 놓여져 있다. 건물 벽 곳곳에는 성화 즉 이콘이 걸려있으며 그 앞에는 촛불을 필 수 있는 촛대가 꽂혀 있다.

정교회의 중앙에는 높은 돔을 중심으로 사복음을 상징하는 성화가 그려져 있고, 지성소 방향 정면에는 최후의 만찬 그림이 붙어 있다. 지성소로 가는 문에는 성모 마리아의 이콘이 있는데 이곳에는 많은 여성들이 줄을 서서 기다린 후 차례가 오면 마리아상에 입맞춤을 한다. 이는 마리아의 이콘에 입맞춤은 하나님이 우리와 함께 계신다는 것에 대한 최고의 존경심을 표현한다. 이 교회 안에 있는 많은 이콘 중에서 성모 마리아의 것이 가장 중요하다.

그 옆에는 고해성사를 하는 곳이 있다. 그리고 정교회당의 강단에는 4개의 문이 있다. 중앙은 왕의 문이고, 양 옆의 문은 사역자의 문이다. 지성소의 문 위로 하나님의 빛을 상징하는 빗살이 금색으로 되어 있다. 이는 하나님의 뜻을 상징한다. 십자가 모형으로 만들어진 교회 안에는 의자가 없다. 다만 장애인과 노약자를 위한 의자가 벽 쪽으로 몇 개 놓여 있을 뿐이다. 한 가지 아리송한 것은 1990년대에는 러시아의 박물관으로 사용되었다.

카잔 정교회는 유럽식 도시의 거리에 세워진 것과 표트르 대제의 실용

주의 노선에 따라서 세워진 것이 특징이다. 재미있으면서도 충격적인 사실은 교회 종탑에 있는 종(鐘)을 황제가 떼어다가 변기를 만들었다는 것이다.

정교회의 정문은 항상 서쪽으로 향하게 하고 예배 중에도 문은 항상 열어 놓는다. 아무튼 교회 안에는 다양한 이콘들이 놓여 있고, 성도들은 이콘에 입 맞추는 것으로 예배의식에 참석하게 된다.

예배의식을 시작하기에 앞서 사제는 성화를 위한 의식을 행한다. 이콘과 교회 안의 주변을 돌아다니면서 성화를 위한 연기를 흔들고 난 후 사역자의 문으로 들어간다. 그리고 나서 왕의 문이 열리고 지성소 안쪽의 예수상이 있는 곳을 향해 경배를 한 후 문은 닫힌다. 다시 사제들이 촛대를 들고 나와 이콘 등에 불을 붙임으로 성화 의식을 행한다. 여러 절차를 거친 다음 2층에서 성가대에 의해 찬양이 흘러나온다. 그때 집사장은 하나님께 '우리를 불쌍히 여기소서' 라고 외치면서 사죄의 기도를 한다. 이 기도는 텍스트에 기록된 대로 읽으면 된다. 사죄의 기도를 드리는 동안 시편을 찬송한다. 이 찬송은 2층에서 울리기 때문에 천상의 소리처럼 들려오며 웅장하고, 중압감도 준다.

정교회의 예배 시간에 읽는 성경은 좀 다른 면이 있다. 저녁에는 구약성경을 읽고, 아침예배는 신약성경을 읽는다. 사제가 읽어주는 성경말씀을 들으면서 모든 예식은 두 시간 동안 진행된다.

사제들을 구분하는 방법은 정교회 담임은 황금색으로 된 모자를 쓰고, 결혼한 사제는 빨강색, 결혼하지 않은 사제는 검정색 모자를 쓰는 것이 특징이다.

카잔의 정교회 건축양식은 러시아가 아닌 유럽식이며 15세기에 건축되었다. 건물의 기둥과 문양은 코린트 방식으로 지어져 있다.

우리는 정교회의 저녁 예배시간을 다 채우지 못하고 나왔다. 다음 사역지로 이동을 해야 하기 때문이다. 나는 정교회 예배를 참석하고 나오면서 정교회의 러시아어 성경책(290루블)과 교리양육서(230루블), 정교회 안내 책자(100루블), 정교회의 예배 의식 관련 DVD(160루블)를 구입했다.

8. 아침묵상

나는 매일 아침 성경을 묵상한다. 그리고 그날그날 주님께 나의 모든 삶을 맡기는 기도를 드린다. 그동안 사무엘서와 열왕기상을 읽으면서 하나님의 섭리적인 사랑을 받았다. 그리고 오늘 아침에는 누가복음 2장 1-7, 20절의 내용을 다시 한번 보게 된다. 내가 유럽 땅에서 선교하면서 가장 은혜를 받은 내용의 말씀이다. 러시아를 포함한 유럽지역을 포함하여 선교하는 분들은 특별한 부분이 있다. 그것은 바로 생존의 문제이다. 그 생존은 바로 하나님의 복음 선포인데 그 열매가 나타나지 않는다면 서글픈 일이다.

유럽은 아주 큰 대륙이다. 유럽의 특성은 종교성이 매우 좋다. 그렇지만 믿음은 척박한 땅에 있는 것과 같다. 현재 러시아도 매우 척박한 땅이다. 스웨덴도 영적으로 매우 척박한 땅이다. 한 영혼을 구원하는 것이 매우 어려운 지역이다. 아무튼 복음의 문이 닫혀 가면 다음에 복음을 전하기가 어렵다. 복음의 문이 닫히기 전에 추수할 일꾼을 세우고 전략적으로 움직여야 한다.

그리고 스웨덴에서 살아남기 위해서는 끊임없는 노력과 헌신이 요구된다. 아무튼 러시아든 한국이든, 스웨덴이든 하나님의 사역을 감당해 나가는 것이 결코 쉽지 않다는 것이다. 이를 어떻게 하는 것이 가장 효율적인 복음전도이며 사역인가를 고민해야만 한다. 주의 사역은 힘들고 어려워도 감당해 나갈 때 결과를 맛보게 된다.

우리는 하나님의 일을 할 때 사명감을 가지고 해야 한다. 그리고 러시아의 1억 5천 명의 영혼을 위해 기도하고 전도할 사명이 있다. 이 땅의 영혼이 하나님께 돌아오도록 기도하고 전하고, 치유하고, 가르쳐야 할 의무가 있다. 이러한 내용의 아침묵상 말씀을 듣고 기도한 후 하루를 다시 시작하게 된다.

선교사(그리스도인)의 영성관리는?

성경에 나타난 성장과 정체현상 · 예수의 영성관리는 · 선교사의 영적 성장의 기초
네프스키 대로의 서점을 가다 · 김나지움으로 가는 길

RUSSIA

RUSSIA

선교사역의 효율성을 위해서는 기본적인 것이 있다. 큐티와 기도이다. 정기적인 기도를 통한 하나님과의 깊은 교제와 순간순간 말씀을 읽는 일이다. 말씀을 묵상하고 읽은 것에 대한 실천으로서 한 영혼을 위한 전도가 있어야 한다.

선교사가 이를 잘 지키지 않는다면 영적 불황에 허덕이게 된다. 선교현장에서 영적 불황은 영적 장애인이 되어 타인을 케어할 수 없다. 우리에게 찾아오는 영적 불황은 죄이다. 죄란 하나님의 계명을 범하거나 의식적으로 하나님의 뜻과 반대되는 행동을 했을 때 발생한다. 많은 사람들이 이러한 행위들에 대하여 인정하려 하지 않거나 밝히려 하지 않는다. 그렇게 되면 영적 불황으로 인한 고통이 따라오게 된다. 다윗은 "내가 토설치 아니할 때에…… 내 진액이 화하여 여름 가물에 마름같이 되었나이다"(시 32:3-4)라고 고백했다.

6장 선교사(그리스도인)의 영성관리는 ?

그리스도인 즉 선교사의 영적 관리는 어떻게 할 것인가?[50] 이 문제에 대한 고민을 해야만 한다. 왜냐하면 그리스도인의 삶은 자전거를 타는 삶과도 같다. 자전거는 두 개의 바퀴가 있다. 이 바퀴를 움직이는 것은 페달이다. 자전거를 탄 후 페달을 밟고 앞으로 전진하지 않으면 떨어지고 만다. 자전거를 타려면 계속해서 페달을 밟아야만 된다. 마찬가지로 오랫동안 정체해 있으면 안 되는 삶을 사는 사람들이 우리들이다. 그러나 실제로 우리의 삶은 신앙생활을 시작한 이후로 시간이 지남에 따라 전진이 없고 급기야는 떨어지고 만다. 왜 이런 현상이 일어나는 것인가? 무엇이 문제인가를 발견해야만 한다.

특히 유럽이나 러시아에서 선교를 해야 하는가? 물론 한인교회를 담임하는 것도 선교의 일부분으로 중요하다. 선교사로 활동하려면 선교사적 목회자 정체성이 있어야 한다. 그렇지 않으면 매우 힘든 삶을 살게 된다. 어떻게 문화를 이해할 수 있는가에 대한 과제가 남게 된다.

한인교회가 성장하지 못하는 이유는 정체성, 생존에 대한 문제, 선교지에서 열매에 대한 부담감과 이로 인한 스트레스이다. 유럽교회의 사람들이 예수를 잘 믿는가? 그렇지 않다. 스웨덴 사람은 태어나면 세례를 받는다. 15세가 되면 캠프에 참석하게 된다. 그들은 '나는 기독교인이기 때

---

50) 이 부분은 스웨덴 스톡홀름의 한인교회에서 사역하는 이승섭 목사의 "그리스도인의 영성관리"를 정리한 것임을 밝혀둔다(2007년 7월12일 미르선교학교 훈련 강의안).

문에 나에게 전도하지 말라', '나는 나대로의 신앙생활을 하고 있다' 고 주장한다. 이런 점들이 어려운 점이다. 한인교회도 분쟁이 많다. 교회가 성장하려면 전도해야 한다. 자신들끼리 싸운다면 성장하지 않는다.

어떻게 하면 그리스도의 사역자로, 선교사로 살 수 있는가를 고민해야 한다. 선교적 삶을 살기 위해 고민하지 않는다면 하나님의 사역은 물거품이 된다.

1. 성경에 나타난 성장과 정체현상

사역을 위한 준비는 매우 중요하다. 선교현장이 부흥하길 원하는가 아니면 정체하길 원하는가? 여기에 대한 질문은 다양할 수 있을 것이다. 그러나 성경적 관점에서 내면세계의 질서와 영적 성장을 보아야 한다.

먼저, 초대교회를 보라. 바울이 복음을 전하면서 세웠던 고린도교회의 현상을 보라. 이 교회는 은사가 많은 교회이며, 문제가 많은 교회이다. 고린도 교인들은 바울로부터 3번의 편지, 2번의 방문, 디도를 통한 권면을 받았다. 그럼에도 불구하고 육신에 속한 자와 어린아이와 같은 믿음의 소유자가 많았다(고전 3:1-3).

히브리교인들도 마찬가지였다.

때가 오래므로 너희가 마땅히 선생이 될 터인데 너희가 다시 하나님의 말씀의 초보가 무엇인지 누구에게 가르침을 받아야 할 것이니, 젖이나 먹고 단단한 식물을 못 먹을 자가 되었도다. 대저 젖을 먹는 자마다 어린아이니 의의 말씀을 경험하지 못한 자요. 단단한 식물은 장성한 자의 것이니 저희는 지각을 사용하므로 연단을 받아 선악을 분별하는 자들이니라(히 5:12-14).

이 두 교회의 교인들을 보면서 우리는 어떻게 해야 계속 성장할 수 있을까를 고민해 보아야 한다. 이를 위해 다윗의 영적 성장을 보면 이해가 될 것이다. 다윗은 인생을 그렇게 쉽게 산 사람은 아니다.

다윗은 위대한 영적 거장(巨匠)이었다. 그의 삶의 여정은 결코 순탄치 않게 시작되었다(삼상 16:6-). 그는 가족잔치에 초대받지 못했고, 이름조차 불리지 못하는 자였다. 그리고 쉽지 않은 과정이 그에게 있었다. 기름부음을 받은 이후에도 어려움이 계속되었다. 변함없는 양치기 생활(17:15), 인정받지 못함(골리앗과 싸우기 전 엘리압의 질책; 17:28), 골리앗을 죽인 후엔 곧바로 사울의 견제에 들어감(심히 노함-천천만만, 창을 던짐, 18:10-11), 이후에는 피난민 생활을 하면서 요나단의 도움으로 간신히 목숨을 구걸했다(20:35). 다윗은 제사장 아히멜렉 앞에서는 거짓말로 떡을 얻어먹었다. 그 결과 제사장 85명이 몰살을 당했다(21장). 그리고 이방 민족 가드왕 앞에서는 미친척하여 간신히 도망을 나왔고(21:10), 10여년이 지난 후에야 비로소 유다지파의 왕이 되었으며(삼하 2:4), 다시 7년 반이 지나서야 통일 이스라엘의 왕이 되었다(삼하 5:3).

다윗은 왕이 된 후에도 어려움이 있었다. 그의 생애에서 결정적 실수를 범했다. 밧세바 사건과 간음, 살인(삼하 12장)등이다. 그뿐 아니라 근친상간, 존속 살해(암논이 이복누이 다말을 겁탈하고, 압살롬이 암논을 죽인 사건; 삼하 13장)와 압살롬의 반역(삼하 15장)과 끊임없는 권력투쟁이 있었다.

다윗의 생애는 많은 고통과 위기를 겪었다. 자신의 생애가 파란만장했던 자신의 삶을 뒤돌아보면서 하나님의 도우심을 찬양했다(삼하 22장). 그가 하나님을 찬양했던 광경을 보면, "가로되 여호와는 나의 반석이시오 나의 요새시오 나를 건지시는 자시오"(삼하 22:2), "나의 하나님이시오 나의 피할 바위시오 나의 방패시오 나의 구원의 뿔이시오 나의 높은 망대시오 나의 피난처시오 나의 구원자시라 나를 흉악에서 구원하셨도 다"(삼하 22:3)라는 말씀에 근거한다.

2. 예수의 영성관리는

사복음서에 보면 예수의 영적 생활을 발견하게 된다. 누가복음에 보면, "예수는 그 지혜와 그 키가 자라나며 하나님과 사람에게 더 사랑스러워 가시더라"(2:52)는 말씀은 예수의 어린시절, 성장과정에 대한 유일한 기록이다. 본문은 예수에 대하여 지적, 육체적, 영적, 사회적 성장의 모습을 잘 나타내 준다. 그는 하나님의 아들로서 당시 사회의 완벽한 모델이 되었다. 그의 생애 가운데 발생하는 정치, 경제, 사회, 상담 등 다양한 분야에서 리더십을 발견하게 된다.

예수에게 나타나는 특성은 지적 성장, 육체적 성장, 영적 성장이다. 먼저 예수는 지적 성장의 부분에서 뛰어났다. 그렇다면 선교사역을 하려는 사람은 지혜가 있어야 하고, 머리가 좋아야 한다. 또한 성경에 나타난 인물들 가운데 요셉, 느헤미야, 다니엘은 포로였지만 똑똑함으로 국가로부

터 크게 쓰임을 받았다. 모세와 다윗, 바울은 다양한 지식과 재주를 가지고 있었다. 이들은 최신 문명을 받아들인 사람들이다. 그 결과로 왕궁에서 생활하게 되었다. 더구나 무식한 베드로조차도 하나님의 일을 할 때는 그 지혜를 감당할

수 없었다. 오순절 날 설교 한 번 하자 많은 사람들이 놀라기도 했다. 일 자무식한 뱃놈이 저렇게 유식한 말을 한다며 당시의 사람들이 충격을 받았다.

하나님의 일을 효과적으로 감당하기 원한다면 지식을 쌓고 달란트를 잘 사용해야 한다. 첫째, 이는 대학생은 학과 공부에 최선을 다하고, 직장인은 자신의 맡은 일에 탁월성을 드러내는 것이다. 둘째, 다양한 분야에 대해 연구해야 한다. 자신의 발전을 위해 연구했던 자들이 있다. 피터 드러커는 3~4년마다 새로운 주제에 대해 글을 쓴다. 그리고 최소한 자기 전공분야 한두 가지는 만들어 놓아야 한다. 이승섭은 청년 사역 강사목록을 만들 때 특별히 잘하는 것이 없다. 언제나 다양한 분야를 나열하고 섭외하는 일에 무능하다. 이러한 것을 탈피하기 위해서는 책을 읽을 것을 말한다. 흔히 젊은이들이 시간을 쉽게 보내기 쉬운 영화, 만화만 보지 말 것을 말한다. 패널리스트 다치바나는 [나는 이런 책을 읽어왔다]라고 말한 것처럼 늘 지식을 쌓기 위해 책을 가까이 할 것을 권한다.

셋째, 육체적 성장이다. 선교지나 전 세계의 모든 사람들의 공통적인 말이 있다. 그것은 "바쁘다, 피곤하다"고 한다. 이를 어떻게 극복할 것인가를 생각하는 사람은 그리 많지 않다. 아무리 바빠도 건강은 내가 알아서 챙겨야 한다. 우리의 육신이 약하면 영적인 것도 약화될 수 있다. 예수는 전도 여행을 다니면서 걸어서 다니고 때로는 나귀도 타고 다니셨다. 이는 육체적인 건강을 위해서였다. 예수께서 십자가에 못 박히시기 전날 밤에 겟세마네 동산에서 기도한 것은 육체와 영혼의 나약함을 고백하고 있다. 마태복음 26장 40-43절까지 잘 나타내 준다. 여기서 예수의 육체적 연약함이 세 번에 걸쳐 나온다. 첫째, 깨어 기도할 수 없더냐. 둘째, 육신이 약하도다. 셋째, 아버지의 원대로 되기를 원하나이다.

선교사가 약하게 되는 시기는 육신이 연약할 때 실패하게 된다. 선교사역의 효율적인 사역을 위해서 지켜야 할 것이 있다. 그것은 규칙적으로 운동하면서 생활하는 것이다. 아무리 사역의 분주함이 있어도 자정 전에는 취침을 해야 한다. 예수는 늘 성경을 읽었고 틈만 나면 아버지를 향해 마음을 드리며 기도했다. 그는 급할수록 밤이 맞도록 아버지께 기도를 올렸다. 그리고 구약의 말씀을 지키려고 엄청 노력했고 보낸자의 뜻을 따라 행동했다. 이것이 예수의 영적 능력이었다.

3. 선교사의 영적 성장의 기초

선교사역의 효율성을 위해서는 기본적인 것이 있다. 큐티와 기도이다. 정기적인 기도를 통한 하나님과의 깊은 교제와 순간순간 말씀을 읽는 일이다. 말씀을 묵상하고 읽은 것에 대한 실천으로서 한 영혼을 위한 전도가 있어야 한다.

선교사가 이를 잘 지키지 않는다면 영적 불황에 허덕이게 된다. 선교  현장에서 영적 불황은 영적 장애인이 되어 타인을 케어할 수 없다. 우리에게 찾아오는 영적 불황은 죄이다. 죄란 하나님의 계명을 범하거나 의식적으로 하나님의 뜻과 반대되는 행동을 했을 때 발생한다. 많은 사람들이 이러한 행위들에 대하여 인정하려 하지 않거나 밝히려 하지 않는다. 그렇게 되면 영적 불황으로 인한 고통이 따라오게 된다. 다윗은 "내가 토설치 아니할 때에……내 진액이 화하여 여름 가물에 마름같이 되었나이다"(시 32:3-4)라고 고백했다.

선교사의 지나친 자기신뢰(Self-Confidence)이다. 고린도 교인들의 깊은 영적 침체는 교만한 마음에서였다.

> 형제들아 내가 너희를 위하여 이 일에 나와 아볼로를 가지고 본을 보였으니 이는 너희로 하여금 기록한 말씀 밖에 넘어가지 말라 한 것을 우리에게서 배워 서로 대적하여 교만한 마음을 먹지 말게 하려 함이라. 누가 너를 구별하였느뇨 네게 있는 것 중에 받지 아니한 것이 무엇이뇨 네가 받았은즉 어찌하여 받지 아니한 것 같이 자랑하느뇨(고전 4:6-7)

고린도 교회의 교인들은 세상에서 가장 찬란한 영광의 은사를 받았다. 이러한 은사가 하나님께로부터 왔다는 것과 다른 사람들을 위해 사용해야 한다는 것을 몰랐다. 오히려 서로 자랑하며 시기하고 싸웠다. 결과적으로 자기 신뢰의 병폐는 영적으로 불황을 가져왔다.

선교사에게 가장 무서운 적은 나태(Laginess)이다. 히브리 교인들은 경험이 많아 게으름이 앞서 있었다. 그들은 경성하고 깨어 부지런하게 앞으로 나가야 하는데 나태함으로 인해 목적을 이루지 못했다(히 6:11-12). 선교사역과 활발한 영적 생활을 위해서는 범사에 하나님의 말씀을 받아들이고(to receive the word of God), 성경을 암송하고(scripture memory), 주의 깊게 말씀을 들으며(attentive listening) 순종과 적용하는 일(obedient application), 부지런히 탐구하는 일(persistent prayer)은 영적 풍요를 가져다준다.

영적 불황에는 선교지의 영혼에 대한 사랑 결핍, 잘못된 우선순위, 균형의 상실, 영양실조, 이성교제, 과식(Overeating), 이성교제 등이다. 이

러한 것을 잘 극복하기 위해 선교사는 언제나 자신을 십자가 앞에 복종시키는 훈련이 있어야 한다.

선교사를 선교지로 보내거나 부르심은 영적 성숙을 통한 복음화를 위해서다. 하나님 마음에 합한 자가 되기 위해서는 우리 안에 현존하시는 하나님이 크심을 믿고 순종하는 생활이다(요일 4:4).

그밖에도 선교사의 길은 긴장감과 절제, 여유를 다 갖춘 예술작품처럼 살아야 한다. 선교사 생활을 하면서 인내하지 못하고 중도탈락하는 일보다는 늘 기쁨과 감사가 넘치는 느낌을 갖고 살아야 한다. 그리고 선교사로 오랫동안 사역하거나 명예와 인기탓에 자기도취에 빠지는 것은 영적으로 아주 위험하다. 그래서 선교사는 하나님의 공동체안에서 균형잡힌 삶을 살아야 하며 섭리에 대한 믿음이 확고해야 한다. 선교사의 길을 가는 것에 대하여 조금도 후회하는 일이 없어야 영적으로 건강한 사역이 가능하다. 마지막으로 선교사의 영적 능력은 찬양이다. 바울 선교신학의 한 중요한 요소는 찬양적 요소다. 이것이 성경에서 끌어 온 것이다. 로마서 15장9-12절의 기본내용은 찬양, 찬미, 기쁨, 환호이다. 찬양은 나약한 영혼과 주저앉고 싶을 때 일으켜 세우는 보약이다.

그리스도인 아니 선교사역자로서의 영적 관리에 대한 생각을 하면서 상트페테르부르크의 네프스키 대로를 걸어 다녔다. 이유는 책을 구입하기 위해서다.

4. 네프스키 대로의 서점을 가다

나는 외국을 방문할 때마다 종교와 관련된 도서를 구입한다. 러시아에서도 러시아 정교회와 관련된 도서를 구입하기 위해 서점에 갔다. 그러나 내가 구입하려는 책보다는 러시아어로 된 도서들만 있어서 다른 서점으로 가서도 구입하지 못했다. 러시아에서는 책을 구입하기가 그렇게 어렵다는 것을 알고 네프스키 대로 주변을 걸어 다녔다.

네프스키 대로는 3개의 운하로 교차하고 있으며 구해군성이 보이는 곳까지 갔다. 그리고 다시 거리에서 교차하는 모퉁이 건물(18번지)에는 문학찻집이 보였다. 나중에 안 일이지만 제정 페테르부르크 시대의 작가들이 자주 모이던 곳이라 한다. 푸슈킨은 이른 아침 이곳에서 결투하러 나가 지금의 기념관이 된 자택으로 돌아오지 못했다.

조금 걸어서 네프스키 대로 폰탄카 운하에 걸린 아니치코프 다리는 말과 인간의 조각상이 네 개가 놓여 있다. 다리를 건너 오른쪽에는 큰 서점이 있고 뒤쪽으로 가면 베스킨 아이스크림 가게가 있다. 이곳에서 아이스크림을 먹고 난후 스파스나 클라비 교회까지 걸어서 갔다. 이 교회는 운하를 끼고 있으며 결혼식을 마친 신혼부부들이 방문하여 행복을 비는 곳이다. 스파스나 클라비 정교회 성당은 현재는 예배를 드리지 않는다. 성당 안으로 들어가려는 자들에게 입장료를 받는다. 최근에 알려진 일이지만 일부 러시아 정교회는 교회에서 포도주를 만들어 판매하기도 하며 성당 출입자에게 입장료를 받아 관리한다고 한다. 나에게는 매우 충격적이었다. 교회가 교회 역할을 하지 못하는 것은 무엇인가? 교회의 본질이 무엇인가를 깊이 생각하며 숙소인 김나지움으로 되돌아 왔다.

5. 김나지움으로 가는 길에

러시아, 참으로 거대한 국가안에 내가 있다는 것이 신기했다. 누구나 방문할 수 있는 곳이지만 그래도 내가 있다는 것이 신기하다. 나는 선교 사역의 영적 기초가 무엇인가를 곰곰이 생각하며 기차를 타고 김나지움으로 되돌아왔다. 시내에서 숙소로 돌아오는 길에 나름대로 몇 가지의 결론을 얻었다. 그것은 선교사로서 가장 기본적인 교회생활에 의식적이고 집중적인 신앙생활이 필요하다. 선교사는 완전한 자가 아니다, 많은 것이 보충되어야 할 사람이다. 선교사는 자신이 세운 교회, 교인들과 깊은 관계를 갖기 위해 노력해야 한다. 자기가 전해준 가르침과 지시, 교회 설립 때 전해준 복음(고전 15:1-3)을 일깨워주는 일에 진력해야 한다. 공동체에 대한 윤리의식과 선교사로서 흠잡을 데 없는 생활(살전 3:13)이 요구된다. 현지인들과 긴밀한 형제애와 사역에 있어서 게을리 하지 않는 태도, 고난을 참고 견디며(빌 1:29), 악하고 비뚤어진 세상에서 등불처럼 빛을 내는 것이 영적리더십이다.

그리고 교회 생활의 다양성은 갖가지 봉사 직분과 임무들이다. 그것은 데살로니가 전서 5:12절 "형제들아 우리가 너희에게 구하노니 너희 가운데서 수고하고 주 안에서 너희를 다스리며 권하는 자들을 너희가 알고"

라는 말씀에 잘 나타난다.

두 번째는 선교사는 가정생활에서도 다른 사람들의 생활과 구별되어야 한다. 가정에서의 생활방식은 개인주의와 대중사회로 특징지어지는 현대문명의 가정생활과 조금 달라야 한다. 가정은 주거지 이상의 생활공간이다. 지배자인 남편이자 가장, 그의 아내와 자녀들 또 노예들 그리고 종종 그 밖의 친척들이 한 가정에서 함께 살고 일한다. 물론 큰 가정도 있고 작은 가정도 있다. 그래도 가정은 관계중심의 길을 준비하는 위대한 곳이다. 그리고 가정은 사역의 안식처이고 위로의 장소이다. 힘들고 어려운 사역의 길목에서 기쁨과 동정 그리고 우는 자들과 함께 울어 줄곳이 바로 가정이다.

마지막으로 외국이란 도시에서 사는 것도 중요하지만 세상안에서 살고 거기서 자신을 입증하는 것도 중요하다. 선교사는 도시에 살던 시골에 거주하던 그 살고 있는 지역의 영적지도자라는 것을 잊어서는 안된다. 선교사가 잘하면 그가 세운 교회는 성장하게 된다.

선교사 그는 부르심의 체험을 가진자이다. 그는 복음을 선포하는 자다. 이제 복음을 선포하는 자로 하나님 아들의 복음(롬 1:9), 나의 복음(롬 2:16), 우리의 복음(고후 4:3, 살전 1:5)을 담대하게 외치길 바란다.

선교사로서 영적 통찰력을 지니되 선교현장의 영적 고갈 대비, 추방대비, 영적허브 청사진을 세우는 감각이 필요하다. 사역의 극대화를 위한 추진력이다. 하나님 말씀의 영역으로 자유구역조성 작업에 박차를 가해야 한다. 더나아가 영적 상상력을 그려야 한다. 세계최고의 하나님 나라 건설에 대한 꿈을 현실로 이루고, 타종교와의 경쟁력에서 앞서가야 한다. 이는 타종교의 정치, 경제, 교육적 전략보다 우수한 능력을 지니라는 말이다. 이를 위해서는 영적 감수성이 뛰어나야 하고 끊임없이 노력하는 성실함도 보여야 한다.

따라서 선교사는 하나님의 사자로서 친절하고 매력적이며 유익한 자가 되어야 한다. 사역에 집중하는 동안 피곤할 때에도 활기차게 보여야 하며 마음에서 우러나지 않아도 현지인에게 친절해야 한다. 나와 관심이 없는 말을 하더라도 경청해야 하며 수고스럽더라도 남에게 도움을 주며 일을 할 때 영적으로 더 발전하게 된다.

영적 지도자로서 현지인에게 지시하기 보다는 말을 많이 들어야 한다. 말을 할 때는 균형있게 말해야 한다. 현지인 지도자나 일반 대중 앞에서 말을 할 때는 신중하게 하되 확언을 해서는 안된다. 이는 선교사역의 기본적인 관계 형성을 위한 것이지만 잘못 말한 것으로 인해 많은 강박관념이 사역의 부담을 느껴서는 안된다.

선교사는 기본적인 것을 잘하면서 영적 기초를 세워간다면 두려울 것이 없다. 그리고 성경 말씀대로 전해 주는 것이다. "내가 너희에게 전한 것은 주께 받은 것이니 곧 주 예수께서 잡히시던 밤에 떡을 가지사"(고전 11:23), "내가 받은 것을 먼저 너희에게 전하였노니 이는 성경대로 그리스도께서 우리 죄를 위하여 죽으시고"(고전 15:3)란 말씀대로다. 여기서 전해받다와 전해 주다는 바울의 신앙적 전승의 고리안에 있음을 나태낸다. 이런 정식적 표현들이 랍비와 유대교의 본보기들에 의지하는 것 같지만 실제로는 당시에 널리 퍼져 있는 것들이다. 고린도전서 15:1절에 "형제들아 내가 너희에게 전한 복음을 너희로 알게 하노니 이는 너희가 받은 것이요 또 그 가운데 선것이라"는 말씀이 잘 증명해 준다.

아무튼 선교사는 하나님의 말씀을 기초로 영적 성장을 이루면서 무엇을 전해받고 전해주어야 하는 지를 분명하게 인식하는 통전적 자세가 중요하다.

7장

러시아 정교회와 개신교회 관계

러시아 기독교 1000년을 회고하며 · 정교회와 혼합종교의 신속한 확산 · 서유럽에는 교회가 국가위에 있었다
러시아 정교회는 서방과의 부정적인 관계

RUSSIA

RUSSIA

지금 1000년 전을 한 번 생각해 보자. 왜 천년을 생각해야 하는가? 그것은 기독교가 1000년 전부터 전파되었기 때문입니다. 잠시 우리 러시아에 과거에 어떤 종교가 있었는가를 말씀드리겠습니다.

이제 20세기로 돌아가 우크라이나의 티에프 도시를 보겠다. 남쪽에서 북쪽으로 해서 이슬람이 많이 살고 있었다. 그들은 독립된 민족이지만 나라로는 크지 않았다. 그들이 몇 개의 분국으로 형성되어 있었다. 여러 분국 중 영향력 있는 분국이 키에프였다. 여러분이 지도를 보시면 키에프가 비잔틴과 매우 가까운 것을 보게 된다. 기독교를 받아들이기 전에 키에프에는 기독교를 받아들인 상인이 있었다. 그래서 그들이 서로 물건을 사고 팔 때 이슬람어로 말했다. 이슬람교도들은 몇 번에 걸쳐 콘스탄틴에 다녀올 수 있었다. 콘스탄티노플이 정치적인 목적 외에도 다른 것으로 형성되어 있었다. 한쪽 면에서 이슬람의 영향이 있었고 다른 곳에서도 이슬람의 영향이 있었다.

7장 러시아 정교회와 개신교회 관계

13일의 금요일 아침

이 글을 쓰는 오늘은 7월13일이다. 누구나 싫어한다는 13일의 아침이다. 오늘 나에게 가장 기대가 되면서 한편으로 긴장감이 든다. 그것은 바로 러시아의 정교회를 내부자적 관점과 외부자적 관점에서 배울 수 있기 때문이다. 내가 러시아를 방문하고 난 후 가장 기대가 되는 날이다. 동시에 러시아와 북유럽의 역사를 알고 배우게 되어서 그렇다. 이제 러시아 개혁교회의 목사와 미국선교사의 강의를 통해 다양한 러시아의 역사와 종교 그리고 사회적 관점에서 본 러시아 선교의 가능성을 보기로 하자.

1. 러시아 기독교 1000년을 회고하며[51]

지금 1000년 전을 한 번 생각해 보자. 왜 천년을 생각해야 하는가? 그것은 기독교가 1000년 전부터 전파되었기 때문입니다. 잠시 우리 러시아의 과거에 어떤 종교가 있었는가를 살펴보겠다.

이제 20세기로 돌아가 우크라이나의 티에프 도시를 보겠다. 남쪽에서

---

51) 미하엘 목사(러시아 개혁교회/ 2007년 7월13일)의 강의 내용이다.

북쪽으로는 이슬람 교도들이 많이 살고 있었다. 그들은 독립된 민족이지만 나라로는 크지 않았다. 그들이 몇 개의 분국으로 형성되어 있었다. 여러 분국 중 영향력 있는 분국이 키에프였다. 여러분이 지도를 보시면 키에프가 비잔틴과 매우 가까운 것을 보게 된다. 기독교를 받아들이기 전에 키에프에는 기독교를 받아들인 상인이 있었다. 그래서 그들이 서로 물건을 사고 팔 때 이슬람어로 말했다. 이슬람교도들은 몇 번에 걸쳐 콘스탄틴에 다녀올 수 있었다. 콘스탄티노플이 정치적인 목적 외에도 다른 것으로 형성되어 있었다. 한쪽 면에서 이슬람의 영향이 있었고 다른 곳에서도 이슬람의 영향이 있었다.

비잔틴 쪽에서 선교사들이 들어오기 시작했다. 처음에는 기독교를 받아들이기 시작한 곳이 불가리아였다. 아주 오래된 교회 언어로 성경이 번역되었다. 특별한 알파벳, 특별한 언어로 쓰여 졌다. 그때에 제작된 알파벳은 지금까지 사용하고 있다. 지금도 정교회는 공식적으로 교회의 고대의 언어를 사용하고 있다. 교회의 사용언어는 들을 수 있는 것도 있지만 낯선 언어였다. 그리고 그 후 그 언어를 알아듣게 된다.

그후에 키에프 대교 불리대보가 정교회를 받아들이게 된다. 자신이 먼저 정교회를 받아들임으로 우리나라도 전체적으로 받아들이게 되었다. 988년에 정교회를 받아들이고 키에프는 세례도 받아들였다. 세례 받을 때 힘이 있었다. 그리고 군대도 전체적으로 집단 세례를 받게 된다. 이와 같은 방식으로 하루 만에 크리스천이 되었고 간단하게 전도하게 되었다. 또 한 가지는 이렇게 하는 것에 대하여 커다란 저항이 없었다. 이유는 성직자가 없었기 때문이다. 이와 같은 방식으로 슬라브족들에게 정교회가 전파되었고 이것이 긍정적으로 받아들여졌다. 그러나 동시에 많은 문제가 따라왔다.

2. 정교회와 혼합종교의 신속한 확산

그 당시 사람들은 믿고 있었던 신이 없었기 때문에 정교회가 신속하게 확산되었다. 그래서 조직적으로 교육하고 양육하는 시스템이 없었다. 그렇기 때문에 겉으로 모이는 것 즉 형식적으로 모이는 것으로 바뀌게 되었다. 심지어는 이런 일이 일어났다. 과거에 자신들이 믿던 신까지도 등장하게 되었다. 바로 빌리스(Велес)라는 동물을 하나님으로 섬기는 일이 발생했다. 그래서 지금 이방종교와 기독교가 혼합되어 성직자가 기도함으로 혼합종교가 되었다. 이름이 비슷하여 누구에게 기도하든지 무슨 필요가 있는가라고 말했다. 그 당시에 성직을 섬긴 사람들은 지식이 없는 사람이었다. 여러분은 목사님이 글을 읽지 못한다면 상상이 갑니까? 나는 한국말을 전혀 읽을 줄 모릅니다.

성직자 교육은 어떻게 이루어졌는가? 아버지가 아들을 가르치는데 그대로 따라서 하는 것이다. 구전에 의해 성직 교육이 이루어졌다(전승적). 당시의 성직자들은 가난했기 때문에 농사도 지으면서 살았다. 이것이 현실이었고 책은 없었다. 그 때의 러시아에는 양이 작아 양피지로 책을 만드는 것이 어려웠다. 양피지로 책을 쓰곤 했다. 그래도 양피지 책이 있었고 그로 인해 강력한 그리스도인이 나오게 되었다.

강력한 그리스도인이 있었던 것은 책과 수도원이 있는 곳에만 있었다. 500년 동안 그리스 정교회 주교가 지배했다. 당시에는 그리스 정교회 영향아래 있었다. 이 정교회가 러시아의 문 안으로 들어왔다. 이때는 러시아의 문화와 정교회가 주고받았기 때문에 러시아의 속담들이 성경에서 나왔다. 그래서 많은 사람들이 기독교와 이방종교에 혼합된 삶을 살았다. 지금 우리가 생각하기에는 당시의 역사가 오늘날까지 영향을 주고 있다. 이미 천년이나 지났는데, 현대 러시아 문학에도 이방문화가 존재하고 있다. 사람들은 그런 것이 이방문화인 것을 모르고 심지어는 기독교의 영향으로 생각한다. 또한 러시아 사람들은 아직도 조상신을 숭배한다. 성경강림절이 되면 자기 부모에게 빵과 보드카를 붙고, 자식이 먼저 죽으면 과자를 놓는다. 러시아의 종교적 문화는 기독교적인 요소와 이교도적인 것이 혼합되어 있다. 이것이 러시아 기독교가 사회에 미치고 있는 영향이다.

3. 서유럽에는 교회가 국가위에 있었다

로마 교황이 그 나라 황제들의 대관식을 집행했다. 정교회는 반대이다. 황제가 교회를 실제적으로 주관했다. 이것이 다시 러시아로 들어왔다. 정교회는 국가의 권력이 없으면 매우 불편해 한다. 항상 국가와 같이 가고 있다는 것이다. 아직까지도 정교회는 국가와 같이 간다. 그렇기 때문에 러시아 정교회의 신자가 된다는 것은 러시아를 사랑하는 것이 된다. 러시아 사람은 정교회 신자가 되어야 함을 기억하기 바란다.

잠시 개신교회의 영향력을 생각해 보겠다

제가 종교적인 영향에 대해서 부정적인 생각을 했을 것이다. 그 때 당시에 이런 현상을 좋아하지 않던 사람이 있었다. 많은 돈을 지불하게 되었다. 그래서 교회가 세례를 받거나 장례를 하게 되면 돈을 내야만 했다. 그러자 많은 사람들이 교회의 의식에 반대하게 되었다. 사람들이 첫 번째 유럽의 개신교에 대한 생각을 하게 되었다. 기독교가 16세기에 시작되었는데 기독교의 전통이 그 전부터 싹트고 있었다. 교회의 개혁적인 영향력을 러시아에서 받을 수가 없었다. 그 사람들 가운데에는 이단적인 경향에 빠진 사람도 있었다. 당시의 개혁적인 운동을 한 사람은 살해를 당했다. 여기서 멀지 않은 로고보르라는 도시가 있었다. 당시에는 매우 큰 중심 도시였다. 많은 사람을 살해하여 매장하기도 했다.

4. 러시아 정교회는 서방과의 부정적인 관계

14-5세기에 많은 전쟁이 있었다. 폴란드와 전쟁이 모스크바까지 영향을 미쳤고, 스웨덴까지도 미쳤다. 그 후에는 스웨덴은 더 이상 싸우지 않았다. 그렇기 때문에 이 영향력의 역사 때문에 서방에 대하여 반대하는 분위기이다. 지금도 역사의 영향을 미치고 있다. 러시아 사람, 성직자들은 외국 선교사들에 대하여 거부반응이 있다.

여기서 중요한 것은 믿음의 다리를 놓는 것이다. 서방과 러시아의 관계성은 사업관계였다. 16세기에 모스크바와 독일과의 사업적인 관계가 있었다.[52] 이렇게 함으로 서방과 동방이 연결되는 다리가 되었다.

러시아 역사 가운데 이반 대제가 있었다. 이 사람이 기독교에 대하여 관심을 갖고 토론을 시작했다. 그의 전체 생애에 있어서는 영향을 주지 못하였다. 그러나 이것이 첫 번째 다리역할이다.

두 번째 다리 역할은 표트르 대제이다. 이는 러시아를 개혁한 사람이다. 개혁의 모델로 분배, 복장 등을 정리했다. 그 사람은 스스로 네덜란드로 가서 조선공으로 일을 했고 배웠다. 당시에 이미 러시아에는 외국의 영향이 많이 수입되었었다. 하지만 종교적으로는 네덜란드, 스웨덴, 독

---

52) 당시의 외국 사람들이란 독일 사람들을(독일인을 '냄스' 라는 말은 러시아 말을 못한다는 뜻인데) 벙어리라고 말한다.

일, 덴마크 등은 개신교가 더 강했다. 그 사람들이 들어와서 자신들의 영역을 확보하면서 러시아 사람들처럼 살았다. 그리고 자신들의 종교적 생활을 허락받았다. 그리고 그들이 살았던 네스트펙트 거리는 여러 종교의 건물이 세워진 특별한 거리이다. 이제 네덜란드, 아르메니안의 여러 나라의 교회들이 세워져 있다. 그렇게 자신의 신앙을 고백하며 살았지만 자신들의 종교는 되었으나 러시아인들을 개종시키는 것은 어려웠다. 만약 당신이 루터란이라면 어떤 모습을 보여 주었을 것이라고 생각하는가 생각해 볼 문제이다.

러시아 사람을 루터란으로 개종시키는 것은 어려웠다. 그러나 어떤 청년이 러시아 여인을 좋아한다고 해서 결혼한다면 그 남자는 당연히 러시아 정교회 교인이 되어야 한다. 그래서 정부는 사람들이 정교회 안에 있기를 바랐다.

18세기에 두 번째 영향은 독일로부터이다. 그 당시는 예까제린 대제가 그 땅으로 많은 메노나이트 사람들이 이주해 왔다. 처음에는 누룩과 같은 점이 후에는 다양한 기독교 종파로 영향을 미치게 되었다. 러시아의 황제들은 독일의 피, 혈통이 들어있었다. 1812-44년까지 나폴레옹이 잠식을 했다. 이 전쟁 후에 나라의 모습은 지금과 비슷했다. 희망을 잃어버리고, 그 당시의 모든 것을 팔고 사고할 수 있었다.

1825년 알렉산더 대제가 기독교 사회를 형성했다. 1865년에 러시아어로 성경이 모두 번역되었다(신구약). 당시 런던에 있는 국제 성경협회와 관계가 되어 있었다.

세 번째 정교회가 성경단체와 함께 하고 있었다. 신자들에게 성경이 읽혀지고 토의하고 관심을 갖고 있었다. 당시에 롤드네스토피라는 전도자가 왔다. 그는 당시에 철학적인 이야기를 많이 했다. 당시에 성경을 연구하는 그룹이 있었다. 정교회에서는 이런 모습을 보면서 당황하고 놀랬다. 그리고 많은 사람들이 해외로 나갔다.

또 다른 장소로는 비브리스톤이라는 곳이다. 이곳은 우크라이나 사람들도 러시아 사람들을 초청해서 성경을 공부했다. 러시아 사람들이 성경을 읽고 공부하다보니 이콘과 성모 마리아에 대해서 언급하지 않은 것을 발견하고 집에서 이콘을 떼어내기 시작했다. 러시아 사람들은 정교회 사람이 되어야 한다는 생각이 있었다. 개신교 사람들은 시베리아로 보냈다. 아무도 그곳으로 가는 것을 원하지 않았다.

그 비슷한 일이 까브가스에서 일어났다. 러시아의 남쪽지방이다. 정교회 이외의 신앙을 갖고 싶은 사람들은 까브가스로 이주했다. 러시아와 우크라이나 까브가스가 개신의 영향력이 있는 사람들이 머문 곳이다.

1905년에 러시아에 정교회의 개혁이 있었다. 제 1차 세계 대전과 러시아 혁명이 일어났다. 혁명이 끝날 때에 개신교가 자유를 얻었다. 레닌은 개신교 사람들을 자신의 동지로 여기는 경향이 있었다. 개신교 사람들이 정교회를 대적하는 경향이 있었기 때문이다. '원수의 원수는 나의 친구다' 라는 말이 있다. 당시에는 개신교는 급성장했다. 러시아에는 공산주의 연맹 청년들이 있었다. 청년들 가운데 침례교 연맹 소속 자들도 있었다. 당시에 침례교 청년 연맹의 숫자가 공산주의자보다 더 많았다. 1928년에 핍박이 다시 시작되었다. 교회 문을 닫고 지도자를 ◎아내었다.

그 당시에 신앙이 좋은 사람, 엘리트 들이 러시아를 떠났다. 1937-39년에는 교회의 핍박이 극에 달했다. 믿는 자들을 체포하고 제거했다. 모두가 다 죽었다. 체포된 그리스도들에게는 증명서를 발급해 주며 그 자녀들이 10년 동안 어느 지역으로도 이주할 수 없다는 것이다. 이때부터 핍박이 더 심해지기 시작했다.

그리고 나서 2차 대전이 시작되었다. 이때는 스탈린이 자신의 국민들을 모았다. 특별히 관심을 갖고 사랑하는 형제자매 여러분이라고 했다. 스탈린은 정교회 신학교에서 공부를 했다. 독일에 대항해서 영국과 미국과 협력을 했다. 러시아를 연합하게 하는 서방의 조건은 종교의 자유를 허용하는 것이었다. 여러 가지 군비수송을 하는 조건으로 종교의 자유를 주라고 했다.

1948년에 러시아 정교회와 개신교 지도자가 자리를 같이 했다. 그것이 60년도까지 이어졌다. 후루시초프가 정권을 잡으면서 '우리에게 종교는 필요 없다'고 말했다. 이제 신자들을 대항하는 매우 강한 선전들이 시작되고 핍박이 시작되었다. 그 이후로 믿는 사람들의 집단은 교육을 받지 못하게 되었다. 믿는 사람들의 교육 수준이 아주 떨어지게 되었다. 교육을 받기 위해서는 공산주의 연맹에 들어가야 했다. 믿는 자들에게는 불가능하였다. 하나님을 믿지 않는 단체에 들어가는 것은 불신앙과 같았다. 그래서 믿는 여자들 중 직업에서 가장 높은 자리에 올라갈 수 있는 것은 간호사였고 청년들은 운전기사였다. 성경을 나누어주지 않았다. 어떤 사람에게서 성경이 발견되면 징역을 살게 되었다. 그래서 자연히 이런 이유로 믿는 사람들의 모임은 세상으로부터 분리되어 생활하게 되었다. 그때 당시 믿음이 전파되는 것은 자녀를 통해서였고, 자녀를 많이 낳게 되었다. 이 큰 도시에 교회들이 있었는데 교회의 통역관은 KGB였다. 마지막 때를 알기 때문에 그런 사람을 안다. 전부 다 안다. 그 사람이 오게 되면 모두 냄스가 된다. 자료들도 없다. 물론 음악가도 없다. 그래서 당시에 불렀던 찬송은 세상의 노래를 바꾸어서 불렀다.

이제 외국인들이 교회에 출석하기 시작했다. 그 사람들에게 '이런 교회가 있습니다'라고 했다. 외국인이 예배할 수 있는 곳은 3-4개였다. 실제로 도시에서 100키로만 떨어지면 완전히 다른 상황이 되었다.

1988년은 정교회를 받아들인 지 천년이 되었다. 이 큰 행사는 어떻게 할 수 없는 행사였다. 정부가 피할 수 없는 큰 행사를 맡으면서 교회와 대화를 하게 되었고, 철의 장막이 무너지게 되었다.

러시아로 많은 사람과 정보가 흘러 들어왔다. 영화, 새로운 사람들이 들어오게 되었고 영적인 환경에 영향을 미치게 되었다. 그 당시에는 전도자만 러시아로 오는 상황이었다. 그들은 모일 때마다 박수를 쳤고 박수치는 일만해도 만족하며 모여들었다. 전도자들은 큰 스타디움에 많은 사람을 모았다. 그리고 교회는 부흥되어 종탑이 높이 올라가기도 했다. 교회는 성장하여 러시아에 부흥이 오는가라고 생각하게 되었다. 그렇지만 교회가 성장하는 것도 잠시 뿐이었다. 많은 사람이 교회를 떠났다.

그 이유는 정치적인 것과 이주문제, 경제적인 것 등이 얽혀 있어서 그렇다. 러시아 상황에서 도저히 교회는 성장하기 힘들 정도로 어려움을 겪어야만 했고, 정교회의 권력과 결탁은 개신교의 발전에 상당한 어려움을 가져다주었다. 그럼에도 불구하고 교회는 성장하였고 많은 목회자들은 하나님의 사람을 뽑아서 교회로 나오게 했다고 믿었다. 그러나 많은 사람에게 전도 집회는 감정적인 것과 정신적인 쇼크에 불과했다. 이제 우리가 알고 있는 것은 교회로 초청하는 일뿐이다. 개신교의 숫자는 가장 많이 해도 2%에 불과하다. 80%이상의 사람들은 정교회 사람이라고 말한다.

러시아 종교의 경향(Trends of Religiosity in Russia)을 간략하게 살펴보면 이해가 될 것이다. 여기에 '러시아인들은 무엇을 믿는가?' 라고 묻고 있다. 그들이 믿고 있는 종교적 경향은 아래의 네 개의 표에 잘 나타나 있다.

표1) 러시아에서 선택된 믿음의 현상을 백분율로 환산한 것이다(1991-2002)

	1991	I 1993	I 1996	i 1993	t 1993
	34	46	47	59	59
	17				
God					
Life after death		25	24	24	27
Devil	12	28	27	32	32
Hell	13	24		26	27
Heaven	15	25	24	29	
Resurrection after death		12		10	10
Reincamation	17	21	20	21	20
Astrology magic			37	42	43
				43	43

표 2) 1999-2002년 신앙의 범위(%)

	1991	1993	1996	1999	2002
Believer	23	32	34	40	42
Seeker	28	28	30	30	29
Non-believer	7	30	24	22	20
Atheist	35	5	6	5	5
Do not know	7	4	6	2	2

위의 도표를 보면 1993년에 5-6%의 신앙의 범위로 차이가 나고 있음을 보게 된다. 매년마다 차이는 있지만 러시아인의 믿음의 범위를 파악하는데 도움이 된다.

표 3) Adherents of various traditions among respondents who regard
themselves as Orthodox in 2002(%)

Do you regard yourself primanily as	
a Christian in general	48
a follower of the Russia Orthodox Church(Moscow Patriarchate)	13
an Old Believer	1
Orthodox in general	34
do not know	4

현재 러시아의 종교적 현상은 표 4와 같다.

	1991		1996	1999	2002
At least once a month	6		6	7	7
Several time a year	8		20	19	19
Once a year or less	27		25	29	31
Never	59	62	48	45	42

위의 도표를 보면, 년도 별 교회 통계가 나온다. 1년에 한번 교회 가는 사람이 31%로 되어있다. 많은 사람은 교회를 두 번 간다. 아이가 출생할 때와 죽었을 때이다. 내가 여행하는 동안 만났던 정교회 신부가 있다. 저에게 말하기를 " 정교회 신자가 말하기를 진짜 신자는 2%밖에 안 된다"고 말한다. 정교회 신자들은 정치적으로 사상적으로 받아들이고 있다. 이것은 참 옳지 못한 현상이다. 이러한 상황 속에서 오늘날까지 이르게 된 것이다. 여기서 중요한 역할이 선교사에게 있다.

지금 개신교 상황을 역사적으로 보면 실제적으로 손발이 없는 장애인과 같다. 선교사의 역할로 인해서 교육하고 공부할 수 있는 기회가 되었다. 지금 무엇이 중요한가? 정기적으로 땀을 흘리면서 교육하는 것이 필요하고 사람들의 수준에 맞추어 교육해야 한다. 기독교의 값진 구원의 진리를 보여주어야 한다. 라디오와 텔레비전으로 보여주어야 한다. 이것은 사람들을 준비시키기 위해서는 쉽지 않다. 러시아에 뿌리를 두는 것은 사실이지만 우리가 선교사들과 작은 믿음이 크게 되기를 바라기에 함께 하는 것이다. 매우 중요한 사역이다. 대부분의 선교사들이 이 사실을 이해하고 있는 것에 감사한다. 러시아에 영적 교육들은 선교사들에 의해 세워지고 있다. 그러므로 기독교 사회에 변화가 일어나고 있다. 기독교 교육은 다음 단계로 이동하고 있다. 언어, 변호사에게도 기독교적 세계관으로 교육하는 일이 일어나고 있다. 우리가 러시아인으로 어떻게 살고 있을까? 우리는 수가 매우 적지만 낙관적으로 생각한다. 하나님께는 우연이 없다고 생각한다. 하나님이 사역자로 부르셨다면, 땅을 경작하기 위해 있는 것이 아닌 세워지고, 말씀을 읽고, 하나님이 우리와 함께 하심을 믿는다.

　- 여러분, 질문이 없습니까? 네, 질문이 있습니다. 러시아인들은 한국인 선교사에 대하여 긍정적으로 생각하는가?

　- 네, 러시아 사람들은 유럽 사람이라고 말하지 않는다. 러시아인이라고 한다. 필요에 따라 유럽인도 되고 아시아 사람도 된다. 어떤 경우에도 한국선교사들과 관계가 좋다. 우리끼리 말하기를 미국 선교사보다 약간 더 신뢰한다.

　이 사람들은 첫 번째, 두 번째, 세 번째 하면서 시작한다. 접촉을 하지 않으면 안 된다. 일반적으로 외국인과 아무런 문제가 없다는 듯이 말한다. 그리고 페테르에는 민족성에 대한 문제가 없다.

　내가 밟고 다녔던 그 땅은 경제와 종교, 정치적 종교인들의 만남이 타종교에 대한 성장에 막대한 장애요인이 됨을 발견했다. 그럼에도 하나님은 새로운 길로 교회의 성장을 허락해 주신다. 러시아의 종교적 발전은 기독교인들의 끊임없는 관심과 기도, 지원(인적, 선교 도구)을 아낌없이 실행할 때만 가능하다.

아무튼 러시아 정교회 상황에서 선교는 예수의 명령에 사랑으로 순종하라고 가르치고 실천하는 길이 최선이다. 예수의 기본적인 명령에 대한 순종에서 시작할 때 변혁이 일어나게 된다. 우선 회개, 세례, 하나님과 이웃을 실제적으로 사랑하는 일, 성만찬 진행과 기도, 주는 사역과 다른 사람을 제자로 삼는 일이다. 그리고 전도의 목표를 순종으로 정하는 일이다. 무작정 결단을 내리라고 설교하는 것보다는 제자를 만들고 그들로 하여금 자발적으로 증식하도록 만드는 일이다. 그래야 교회를 만들 수 있다.

러시아 정교회의 틈새를 노리고 전략적으로 전도를 해야 한다. 이를 위해 친구들과 친척들에게 전도하는 법을 가르치고 전도의 능력을 달라고 기도해야 한다. 여기서 기도는 전방개척선교의 전략적 무기이다. 기도는 수많은 러시아인을 그리스도께 나오도록 할 것이다. 기도는 지속적인 후원그룹을 만들고 그들로 하여금 사역기도를 하도록 하는 것이다. 이 기도운동을 통해 현지인과 선교사와 연결하는 것이다. 기도는 먼저 우리를 하나님과 연결해 준다. 여호사밧왕은 연합된 기도와 금식, 공적 예배, 찬양을 주 무기로 삼았다. 하나님은 이스라엘을 침략해 들어오는 적군에 대해 간섭하지 않을 수 없었다. 이는 영적 세계의 승리가 중요함을 가르쳐 준다.

기도는 교회의 전도 범위를 확장시켜 준다. 기도는 그리스도인이 들어갈 수 없는 닫힌 곳의 문을 열어준다. 정교회가 정부와 함께 철문으로 열쇠를 닫아 놓았다 해도 기도하게 되면 문은 열리게 된다.

영적 전쟁이 어둠의 지배를 깨뜨린다. 영적 어둠과 속박의 사슬, 이콘과 성상숭배의 땅, 미전도 종족 도시, 영적으로 어두운 부분의 권세를 무너뜨린다. 이렇게 되기 위해서는 기도가 동원되어야 한다. 그리스도의 몸안에 엄청난 기도의 자원이 있지만 우리는 이 자원을 잘 활용하지 못하고 있다. 여기서 가장 중요한 것은 전방개척 선교를 위해 우리가 할 수 있는 가장 전략적인 일은 미전도 종족, 도시, 나라들에 초점을 맞춘 지속적인 기도와 네트워크를 구성하고 활성화하는 일이다.[53] 아무튼 기도는 사역자들을 일으켜 파송하는 초자연적인 방식이다. 기도를 통해 러시아가 새롭게 변혁의 계절이 오도록 관심을 가져야 한다.

53) 멕크르스만, 『미션익스포저』정옥배역(서울: 예수전도단, 2007), 162-70.

외부자적 관점에서 본 러시아 선교방향

선교의 부르심과 선교단체 · 러시아의 특별한 3세대

RUSSIA

RUSSIA

종교는 무엇인가?, 그들에게는 공산주의가 종교였고 이를 지키는 자가 애국주의자였다. 많은 사람들이 공산주의자이며, 모든 사람이 평등했다. 그들에게 하나님은 없었다. 우리나라(러시아)가 어머니다. 당시의 젊은 사람들은 이것을 믿고 있었다. 나이든 사람은 지금도 이것을 믿고 있다. 공산주의는 이렇게 말하지 않는다고 말하면서 우리가 공산주의를 배반했다고 말한다. 지금도 그들은 공산주의로 돌아가자고 데모하면서 말한다. 그 주변에 몰려있는 사람들이 그렇다. 나이든 사람들은 공산주의 체제에 대한 강한 믿음이 있다.

8장 외부자적 관점에서 본 러시아 선교 방향

1. 선교의 부르심과 선교단체

나는 학교 교사였다.[54] 10대에 크리스천 클럽의 회장이었다. 우리가 애를 낳게 되면서 크리스천 커플과 함께 하는 시간을 갖지 못했다. 내 마음에 뭔가 다른 것에 대한 부담이 있었다. 다른 학교, 전임사역자가 되어야 하는가 하는 마음에 생각이 들었다.

그래서 다른 나라의 선교에 대하여 생각하게 되었다. 나는 세 곳의 선교단체를 확인하게 되었다. 미국 내의 세 군데의 선교 단체에 편지를 보냈다. 그러자 한 선교단체는 나에게 곧 답장이 왔고, 두 단체는 2개월이나 지나서야 답장이 왔다. 선교단체에서 편지를 받았지만 아내와 나는 아시아에서 선교할 것이라고 말했다. 그러나 한 단체는 나에게 러시아에서 선교할 수 있도록 겨우 문이 열렸는데 가지 않겠느냐고 말했다. 러시아에 가서 첫 해는 학교 교사로 일을 하는 것이 어떤가라고 묻는 말에 동감을 하게 되었다. 그리고 마음속으로 러시아 선교를 위해 헌신할 것을 다짐했다. 나는 마음의 결정을 하고 얼마 지나지 않아 다른 두 단체에서

---

54) John Gerig는 미국에서 교사로 일하던 중 주님의 부르심을 받고 선교사로 헌신하고 있다. 그의 가족은 아내와 네 명의 자녀가 있다.

도 나에게 선교사역을 같이 하는 것이 좋겠다며 연락이 왔다. 한 선교단체의 대표는 너의 편지를 읽어 보았다. 당신의 비전과 우리 선교단체의 비전이 같아 만나서 이야기를 하는 것이 좋겠다고 제안을 해 왔다. 그 중에 한 단체와 대화 중 러시아로 가서 선교하기로 결심했다.

그후 우리 가족 모두가 러시아에 와서 생활하면서 학교 교사로 윤리학을 가르치게 되었다.

선교단체가 나를 상트페테르부르크로 보내주게 되자 역사를 공부했다. 언어를 배우는 동안에 10대들을 가르치는 사역을 하라고 했는데 하지 않는다고 했다. 나는 러시아어를 배워야 하기 때문이다. 나에게 러시아를 가르치는 분은 독일분이다. 독일에서 선생님이 와야 언어를 배우게 되는데 오지 않았다. 그 이유는 학생들이 마지막 학기이기 때문이다. 이것이 하나님이 나에게 하시는 일인지 모른다. 그때가 1996년이었고 지금까지 가르치고 있다. 아무튼 하나님은 문을 열기도 하시고 닫기도 하신다.

우리가 하나님께 민감할 때 길을 보여주시기도 한다. 하나님이 문을 열어주셔서 다른 나라로 갈 수 있기를 바란다. 러시아에서 보고 배운 것을 관찰하기 바란다. 제가 학교 교사였을 때

의 모습을 보라. 미국 사람들의 세대들에 관한 것이다. 이것은 어렸을 때
의 교육이 전 세대에 영향을 미친다. 전쟁을 겪은 사람은 그렇지 않은 사
람에게 많은 영향을 미친다. 50년대의 삶에 익숙한 자는 그의 일생에 영
향을 준다. 전쟁 후에 태어난 사람은 그것을 기억하지 않는다.

2. 러시아의 특별한 3세대

제가 러시아에 처음 왔을 때 그 세대들이 과거와 같은가를 보았다. 3개
의 특별한 세대가 있음을 보고 들었다. 이 리스트를 보여준다. 당신은 이
리스트에 속한 사람입니다. 그래서 다른 세대의 사람들을 만나보고 더하
고 빼서 리스트를 만들었다. 보여주는 것은 결과물이다. 이러한 것들이
러시아 선교에 무슨 의미가 있는가이다. 여러분이 어느 나라로 가든지
그곳의 사람을 이해하는 것이 중요하다.

- 연금을 받고 사는 사람들은 60세 이상 된 사람들이다. 일을 마치고
  은퇴한 사람들이다.
- 술잔을 든 사람이 보인다. 중년층의 사람들이다. 35-60세의 사람
  이다.
- 35세 미만의 사람들이다.

1) 전쟁 세대

나이든 세대를 전쟁세대라고 부른다. 이 사람들은 전쟁을 겪었거나 전
쟁 후에 태어났고 매우 열심 있는 사람들이다. 이 많은 메달들이 전쟁에
서 얼마나 많은 일을 했는지를 보여준다. 훈장을 많이 달아서 무너질 정

도이다. 자랑스러워한다. 전쟁에서 이겼기 때문이다.

당시의 사람들은 스탈린주의였다. 이 사람들은 5개년 계획을 가지고 경제를 부흥시키고 사람들을 사랑한다는 조건으로 정치를 했다. '스탈린 없이는 우리는 죽는다' 라고 까지 말할 정도였다.

그러나 이런 고백도 잠시 뿐 고난의 시간이 오고야 말았다. 정부의 정책에 반대하는 사람은 강제 수용소에 가게 된다. 즉 정부와 동의하지 않는 사람은 수용소에 가게 된다. 그 당시 솔제니친이라는 문학자가 있었다. 솔제니친이 수용소에 갇혀 있을 때 사진을 보라. 그 상황이 어떠했는가를 말이다. 전쟁 세대들은 현재 연금을 받는다. 연금을 받는 사람들의 자부심은 이 도시가 어떻게 건축되었는가를 안다. 전쟁 때에는 완전히 폐허가 되었다. 그런데 스탈린이 죽기 전에 아름다운 도시를 만들었다.

종교는 무엇인가?, 그들에게는 공산주의가 종교였고 이를 지키는 자가 애국주의자였다. 많은 사람들이 공산주의자이며, 모든 사람이 평등했다. 그들에게 하나님은 없었다. 우리나라(러시아)가 어머니다. 당시의 젊은 사람들은 이것을 믿고 있었다. 나이든 사람은 지금도 이것을 믿고 있다. 공산주의는 이렇게 말하지 않는다고 말하면서 우리가 공산주의를 배반했다고 말한다. 지금도 그들은 공산주의로 돌아가자고 데모하면서 말한다. 그 주변에 몰려있는 사람들이 그렇다. 나이든 사람들은 공산주의 체제에 대한 강한 믿음이 있다.

2) 35-60세의 중간층 사람들

그 사람들은 지금 일하고 있고 앞으로도 일하려고 한다. 소위 1960-1970년 사이에 출생한 페테르 사람들이다. 60년대에 태어나 전쟁 시기를 이해 못할 뿐 아니라 생활도 다르다. 그때 당시의 공산당 서기장은 브레즈네프(BREZHNEV)가 지도자였다. 그는 모든 세대가 공산주의 지배를 받도록 하기 위한 노력을 했다. 그 결과로 국가발전의 정체가 일어나기 시작했다(Stagnation).

국가발전은 정체되고 국민들의 삶은 어려워지는 일이 반복적으로 발생했다. 세계에서 제일 좋은 나라가 되어야 하는데 연방이 최고라고 말하는데 왜 우리 창고에 빵이 없느냐? 왜 우리가 낮은 수준의 삶(세계)을 사느냐고 국민들은 아우성을 치면서 말했다. 그럴 때마다 정부는 우리가 유토피아를 이루고 있지 않는가라고 말했다. 그러나 국민들은 정부에 대한 희망을 벗어버리기 시작했다. 그러나 도시에는 데모나 어떤 변화가 일어나지 않고 매우 안정적이었다. 인플레도 없었고 그냥 있던 대로 진행되었다.

브레즈네프가 국가 지도자로 있는 동안 국가 발전에는 큰 진전도 없었다. 하지만 1961년에 일어난 큰 사건은 유리가린이라는 러시아 사람이 우주로 간 것이다. 그가 우주선을 타고 간 사건은 국가적으로 엄청난 일이지만 우리에게는 아무런 영향이 없는 일이다. 이 사건이 어떤 영향을 주었는지 알 수 없었지만 자랑스러워했다.

그 당시에 사람들이 자신들의 고유한 아파트를 소유했다. 큰 상자와 같은 아파트를 짓기 시작하고 사람들에게 하나씩 주기 시작했다. 아름답지 않지만 편해 보이고 안정적인 추세이다. 당시의 신자들의 삶은 매우 다르다. 순교, 핍박, 실직, 대학교 입학불가, 대학에 가기 위해 하나님이 없다는 것을 고백해야 한다. 만약 대학에 가면 그 사람을 왜 보내느냐는 것이다.

당시 사람들은 우리의 시스템보다 다른 나라에 관심이 많았다. 비틀즈에 관심을 갖고 자기 나라에 모방할 수 있다고 믿었다. 세르게이 비솔트스키는 재밌는 노래이고 목소리는 나쁘지만 말이다. 그 사람의 노래는 두 개의 뜻이 있다. 하나는 모든 사람이 들을 수 있는 노래이며 둘째는 보이지 않는 뜻이 숨겨져 있었다. 한 노래의 제목은 한 장소에서 달리는 것이다. 달리는 것은 매우 좋다. 그러나 그 속에는 자기 나라를 풍자하는 것이 있다. 노래를 들으면 무엇을 의미하는 것인지 알 수 있다.

70년대들어 목에 십자가를 달고 다니기 시작했다. 나라의 지도자들에게 매우 화나는 일이었다. 그러나 젊은 사람들은 만족스러워하지 않았다. 국가가 정체하는 기간에 일어난 일은 상점 앞에 길게 서서 기다리는 것이었다. 그때 당시 유행하는 말이 있었다. 앞 사람이 말하기를 "너도 줄을 서야 한다." 그리고는 "너는 왜 여기서 줄을 서야 하는지 알고 있니"

라고 물어보아야 한다는 것이다. 얼마나 어이없는 일인가? 이것이 그 당시의 상황이고 국민들의 삶의 모습이었다. 너 왜 여기 줄서있느냐고 물어보아야 한다. 그 때 앞에 있는 사람이 말한다. 우리가 줄을 서면 항상 좋은 것이 있기 때문에 줄을 서는 것이요. 알겠소. 그 좋은 것이 무엇일까? 나중에 안 사실이지만 그 당시에는 설탕, 고기를 팔지 않았다고 한다. 줄을 서면 설탕도 얻고 고기도 얻을 수 있다는 얘기다.

그러나 다른 한 편에서는 내가 고기 파는 것을 보면 친구에게 이야기하고 빨리 상점에 가서 사라고 연락한다는 것이다. 지금 상황과 매우 다르다. 돈이 있어도 그랬다. 차를 사기 위해서는 10년을 기다려야 한다. 지금은 원하는 것을 다 살 수 있지만 대부분의 러시아 사람은 돈이 없다. 그리고 그들은 돈이 없다고 말하는 것에대한 몇 가지 특징이 있다.

첫째, 다른 사람을 잘 믿지 않는다. 시스템이 그렇게 만들었다. 한 여자가 은행에 저축한 돈을 낭비했다. 왜 정부에 세금을 내야 하느냐? 은행에서 돈을 잃어버렸는데…. 예) 여름 캠프에서 일어난 일 가운데 하나다. 캠프에는 무신론자와 기독교 가정의 자녀와 함께 있었을 때 많은 사람들이 이것이 무슨 캠프냐고 항의를 했다. 이때의 사람들은 서로 신뢰하기 어렵고 사회에 대하여 매우 비관적이었다.

두번째, 알코올 중독이다. 이 세대의 남자들은 매우 힘이 든다. 그 사람들은 구소련 시대의 교육을 받았다. 지금 큰 회사들은 새로 교육받은 사람을 원하지 않고, 구소련의 교육받은 사람은 원하지 않는다. 이세대의 사람들은 실직자이고 이들보다 아래 단계의 직업을 갖고 있다. 지금 청소하는 여자들은 구소련 때는 잠수함 기술자였으나, 우리 기독교 대학의 비서는 전 세계를 다니는 기술자였다. 학교 교사들은 과일을 나누는 일을 한다. 이들이 직업을 찾는 일은 어렵다. 그렇기 때문에 그 결과 남자들이 자살을 많이 한다. 자살률이 높은 사람들은 저 계층의 사람들이다. 이들의 세대는 오늘날 참으로 힘들게 지낸다.

3) War in 아프가니스탄

이 단계로 가기 전 아프가니스탄의 전쟁이 있었고, 소련이 아프가니스탄을 이기지 못했다. 미국이 베트남 전쟁을 이기지 못한 것과 같다. 무슨 일인가? 변화가 일어나야 한다. 아프가니스탄의 전쟁으로 소련이 변화되는 일이 발생했다.

4)1980년대-1990년대의 출생자를 개혁 개방시대라고 한다

35세 미만의 사람들이다. 어떤 그룹이 가장 많은 월급을 받는가? 30-5세의 사람들이 가장 많은 월급을 받고, 25-30세의 사람들이 두 번째이다. 미국 사람들은 50대 이후가 가장 많은 월급을 받는다. 여기서는 다르다. 나이든 사람은 적은 월급을 받고, 젊은이들이 월급을 많이 받는다. 컴퓨터와 다른 언어를 잘 배우기 때문이다.

러시아인들은 전 세대에 걸쳐 술을 즐긴다. 세계에서 어느 나라가 술 소비를 제일 많이 하는가라고 묻자 러시아가 2위라고 대답한다. 러시아에서는 술(보드카)이 제일 크기 때문이다.

어느 날 새벽 5시에 누가

문을 두드렸다. 어느 젊은 사람이 내가 먼저 집으로 들어가야 한다고 말한다. 서로 먼저 집으로 들어가려 할 때 당신들은 무엇하는 사람들이냐는 소리가 들린다. 그 소리에 놀라 겁을 먹고 있을 때 집주인이 말한다. 진정하세요. 아니 여긴 당신의 집이 아니라까라고 말하자 놀라면서도 반항을 한다. 그들은 술에 취했고 사고력이 떨어졌다. 술에 취한 사람들은 헛소리를 하면서 왜 우리를 집에 들여보내지 않습니까? 여기서 자면 되지 라고 말하는 것이다. 그때 집사람이 당신의 집으로 돌아가라고 소리를 질렀다. 그리고 문을 닫아 버렸다. 이는 밤사이에 일어난 작은 사건이다.

그 다음날이 주일이라 우리가 교회로 가려고 하는데 문이 조금 밖에 열리지 않았다. 문 앞에 그 사람이 누워있어서, 머리를 치고, 깨우고 했다. 이런 일이 너무나 많다. 그날 내가 집으로 오는데 그 옆에 술 취한 사람을 보게 되었다. 너무 추운 날이었다. 누워있을 곳이 아니었다. 내가 도울 수 있는가를 보았다. 그 당시에 캠퍼스에 갔는데 죽은 시체를 보게 되었다. 겨울마다 얼어 죽는 사람이 많았다. 이것이 너무나 많다. 젊은 세대도 마찬가지이다.

당시의 국가 리더는 고르바초프, 옐친이다. 고르바초프는 처음에 소련을 끝내려고 한 것이 아니었다. 개혁이 중단된 것 뿐이다. 그 결과가 소련의 붕괴였다. 매우 재미있는 결과이다. 그때는 소련 연방공화국이 있었고, 사람들이 섞여 있었다. 그루지야, 고려인은 러시아 전역에 흩어져 살았다. 갑자기 소련이 붕괴되면서 내가 어느 나라에 살고 있는가? 카작의 러시아인은 러시아로 가자 우리는 더 이상 러시아가 아니다. 러시아로 오니까 등록도 못하고 살 곳도 없었다. 이곳에서는 사는 것이 어려웠다. 어떤 러시아인은 현재 머무는 곳에 살기로 한 자도 있다. 붕괴 전에는 높은 자리였으나 지금은 그렇지 않다. 그래서 매우 혼란스러웠다. 구소련 지역에 많은 기독교인이 살고 있었다. 그중에 어떤 사람은 말하기를 새롭게 시작한 러시아가 오래되지 않을 것이라고 말했다. 구소련의 기독교인들이 다른 국가로 이사를 갔고, 어느 교회는 전교인이 이사를 갔다. 미국으로 완전히 이사를 간 목사도 있다. 러시아의 기독교는 숫자적으로 증가되고 있지 않다. 새로 믿는 러시아 기독교인도 있지만 떠나는 사람도 있다. 기독교 대학의 학생도 이민을 간다. 이것이 변화의 시작이다.

신문 기사에 난 것을 보니 많은 젊은이들이 이민가고 싶다고 말한다. 그러나 최근에는 러시아에 남고 싶어 하는 젊은이도 많아졌다. 그러면서 발생한 것이 첫 번째로 Rise of Nationalism(민족주의)이다. 다시금 러시아내에 민족주의가 강조되고 있다.

둘째, 러시아내의 스키내들은 큰 문제이다. 외국에서 유학 온 학생들에게는 위협적이다. 체첸의 리더이다. 아제르바이잔의 사람들은 자신의 민족성에 대해 자존감이 강하다. 러시아 사람이 필요 없다고 말한다. 요즘 사람들의 생각이 우리 민족의 보호에 대한 생각이다.

모스크바의 젊은이들이 교회 훈련 장소에 참석했다. 카작에서 온 젊은 리더를 만났는데 그들은 러시아 사람과 카작인이었다. 그들은 서로 같이 일할 수 없는 사람이었다. 러시아인과 카작 사람들은 서로 다른 교회를 나간다. 교역자도 따로 있다. 그만큼 러시아내의 인종적으로 나눔의 현상이 일어나고 있다.

셋째, War in Chechnya(체첸의 전쟁): 러시아 사람을 체첸의 전쟁터에 보낸다. 엄마들은 군대에 보내려 하지 않는다. 신문광고에 군대 보내지 않는다는 광고가 나올 정도다.

넷째, Flooing in Form the West(서방의 문물)을 받아들인다. 러시아가 붕괴된 후 새로운 뉴스를 알 수 있는 채널은 성경과 잡지(주간지)뿐이다. 제가 러시아에 왔을 때는 한국의 삼성이 일을 하기 시작했다. 한국기업에 젊은 사람들이 일을 하면서 한편으로 소망이 높구나 하는 생각을 가지게 되었다.

다섯째, 러시아로 국가명칭이 바뀌고 대학에도 변화의 물결이 일어나기 시작했다. 젊은들이 대학에 입학하면서 스커트를 입고 다니기 시작했다. 다음에는 청바지를 입고 왔다. 젊은이들은 서방의 문화에 관심이 높다. 러시아의 젊은이들이 서서히 서방의 문화에 접촉하기 시작한 것이다.

여섯째, 인플레이션이 높다(Inflation and Instability). 모스크바의 물가는 세계 1위이며 페테르는 9위이다. 길거리를 다니는 여성들의 얼굴을 보라. 왜 그렇게 물가가 비싼가를 알 수 있다.

아직까지도 러시아의 많은 사람들은 감자가 주식이다. 집안의 곰 그림을 보라. 그리고 그 발자국을 보라. 앞으로 가고 싶은 데 문제들은 더 많다. 부자도 가난한 자와 큰 차이가 나고 있다. 어떻게 돈을 벌 것인가에 대한 사고로 가득 차 있다.

일곱째, Corruption and Mafia이다. 일이 끝나기 위해 돈을 준다. 사무실에 가서 서류를 낼 때 돈을 많이 내면 빨리 끝난다. 이런 문화는 사회 전체 시스템 안에 퍼져 있다. 좋은 직장을 얻기 위해 무슨 일이든지 하라고 한다. 그러면 직장도 구할 수 있다고 말한다.

이런 것에 대한 특징은 돈에 관심이 많다는 것을 말해 준다. 어떤 서비스를 하든지 아니면 전문직에 종사를 하든지 젊은이들이 선호하는 직업이 있다. 그들이 주로 원하는 직업은 무엇인가? 그들은 한결 같이 은행, 비즈니스 매니저, 변호사, 주로 돈을 많이 버는 직종들을 원한다.

제가 러시아에 관한 글을 읽었는데 90년대와 비교하면 다른 사람을 돕
는 교사, 기술자를 중요시 여겼다. 젊은이들은 과거의 역사도 모르고 관
심도 없다. 당신들이 러시아 국가의 사람이라는 이해가 없다. 나는 개인
하나로 속한 것이 아니라고 생각한다. 그와 동시에 영적인 것을 찾는다.

여덟째, 지금 러시아는 알코올과 마약 사용이 사회 문제이다. 내가 사
는 집 근처는 괜찮고, 돈이 많다. 창 문 밖으로 보면 젊은이들이 마약을
주고받는다. 아파트 벤치에서 마약을 복용하고 있다. 이들은 지금 가족
으로부터 떨어져 나오는 일이 발생하고 있다.

아홉째, 세대의 부모들은 이혼율이 50%가 넘는다. 부모들의 이혼으로
인해 많은 자녀들이 알코올에 빠지는 현상이 일어난다. 젊은 세대들은
주로 조부모에 의해 양육된다. 가족과 함께 하지 못하고 있는 것이 오늘
의 현실이다.

마지막으로 어떻게 사역할 것인가? 어떻게 접근할 것인가? 그룹마다
특성이 있다(Ministry to Each Generation).

어느 할머니는 말한다. 교회가 저희들에게 관심을 갖지 않는다. 그들
은 신실하고, 믿으면 모든 것을 쏟아놓는다. 그렇다고 자동차가 많이 다
녀야 하는데 자동차가 다니지 않는다. 도시의 큰 길을 보았지만 거기에
도 자동차가 다니지 않는다. 세상이 끝나는 것이 아닌가? 이런 저런 생각
을 하면서 길을 걸어갔다. 버스가 하나 서 있었다. 거기에 15명의 연금을
받는 할머니들이 버스 앞에 서 있었고, 전차도 못 가게 막아 버렸다. 할머
니들이 살도록 연금을 올려주어야 하는데 그렇지 않다는 것이다. 할머니
들은 그룹을 조직하여 대중교통을 막아버렸다. 이로 인해 도로는 더 이
상 자동차가 다닐 수 있는 길이 아니었다. 아무튼 할머니들은 무엇인가
옳다고 생각하면 다 바친다. 교회가 이런 사람들을 활용해야 한다. 대부

분의 교회가 이것을 잘 모르고 있다.

어느 교회는 연금 받는 할머니들을 위한 그룹을 조직했는데, 이것을 교회가 사용해야 한다. 어떤 교회는 일주일에 1회에 연금 받는 사람들을 위한 날을 만들었다. 노래도 하고 성경도 가르쳐 준다. 이 그룹 사람들은 연금을 받고 살기에 복음 전하는 것은 어렵지만 그래도 그들에게 복음은 전해야 한다. 더 나아가 나이든 사람을 위해 클럽이나 모임을 만드는 것도 매우 중요하다.

길을 걷고 있는데 술을 들고 있는 할아버지가 있다. 이러한 일들은 일상적인 일이고 늘 볼 수 있는 일이다. 모 대학의 리더에게 들었다. 제가 묻기를 러시아에서 가장 효과적인 전도 방법은 무엇인가? 여러 가지 전도 방법이 실시된 것을 안다. 가장 효과적인 전도 방법은 무엇입니까?

우선, 알코올 중독자나 특정 그룹을 지지해 주는 것이 가장 효과적이다. 알코올 중독자들의 모임을 만들어주라. 그들은 지금 무엇을 하는지 모른다. 그래서 친척들과 모임을 갖도록 만드는 것이다. 대학교의 요리사 이야기를 해주었다. 요리사의 딸이 마약중독자였다. 한 교회가 마약 중독자의 가족 중에 정상인 사람은 모이라고 했다. 이 요리사는 기독교인이 아니지만 도움을 받기 위해 교회에 나왔고 치료받았다. 그리고 이 딸이 마약중독자의 모임에 와서 얼마간 지냈다. 그리고 새롭게 변화되어 활기찬 생활을 하는 것을 보았다. 저는 러시아의 어떤 교회를 보았다. 그 교회에도 역시 마약 중독자가 있을 것이라는 생각이 든다. 그렇지만 대부분의 사람이 영적 필요를 이해하지 못한다. 그래도 자신의 가족 중에 알코올 중독자의 치료에 대한 필요를 느낀다. 그의 강의를 들으면서 몇 가지 질문을 통해 얻은 정보가 많다.

첫번째 질문: 젊은 그룹은 어떤 상황입니까?

젊은이의 모임을 지지해 주고 재활 그룹을 만들어 주라. 재활 그룹에 방문하여 알코올과 마약 중독자를 만났다. 그들은 함께 모여 살면서 서로 돕고 재활하는 경우가 있다. 재활치료를 받은 젊은이 중에 군 입대 하는 자가 있다. 이들에 비하면 한국군은 세계에서 제일이다. 한국의 군인을 러시아 청년 돕기를 위해 보내면 좋을 수 있다.

러시아 내의 어떤 교회는 군인들이 책도 보고 탁구도 치는 공간이 있다. 이들이 교회에서 설교를 하는 것은 아니지만 교제를 통해 믿음을 갖도록 도울 수 있다.

1) 대학의 그룹이 있습니다.

대학의 개강 시기에 맞추어 학생들에게 지도를 나누어 준다. 저는 보통 1,000장의 지도를 나누어 준다. 거기에 이름을 쓰고 주소를 써서 가지고 오면 공짜로 아이스크림을 준다. 그러나 이러한 베품을 주어도 그들은 맨 나중에 성경을 배우러 온다. 성경을 공부하기 위해 온 학생들 가운데 일부는 아이스크림을 먹기 위해 800명이나 왔다. 그들이 교회에 찾아온 것은 정보를 얻기 위해서다. 그 숫자는 무려 20-50명이 된다. 나는 그들이 찾아온 목적과 달리 성경을 가르치고 치유하는데 더 많은 시간을 보냈다.

2) 대학사회의 사람들입니다

가장 많이 사용하는 청년전도 방법은 캠프 공동체이다. 전 러시아에서 50개가 넘는 캠프가 매년마다 열리고 있다. 이는 공산주의 시절에 캠프 가는 것이 일상적이었는데 그것이 전통이 되어 지금도 지키고 있다.

이와 마찬가지로 기독교인도 전통을 살려 캠프를 하고 있다. 젊은이 모이는 캠프는 복음전도의 기회이다. 이것을 우리는 놓치지 않고 찾아 다니면서 복음을 전하기 위한 틈새를 찾는다.

나는 러시아에서 지내면서 젊은이 세대와 그 외의 세대들마다 잘 분별하는 것이 중요하다. 그들을 위해 러시아에 계속 거주해야 하고, 캠프가 열리는 장소를 찾아 가야 한다. 이 것이 바로 추수에 동참하는 것이다. 러시아의 젊은 영혼들을 추수할 수 있도록 날마다 기도한다.

두 번째 질문: 전 세대를 통합한 통전적인 전도방법은 없는가?

답:

공산주의 붕괴 후 사용된 것은 대형집회였다. 사람들이 성경을 받기 위해 왔다. 70년 동안 성경보급이 금지되었다. 스타디움에 많은 사람이 모였다. 설교를 듣고 성경을 받았다. 15년이 지났고 성경은 이제 금서가 아니다. 어디서든지 구입이 가능하다. 대형 집회는 효과적이지 않다.

내가 아는 교회는 아주 적은 교회들이다. 많이 모이는 교회가 100명이 전부이다. 그래서 교회의 목록을 만들어 보았다. 약 120개 교회가 된다. 대부분 내가 다 아는 곳이다. 교회가 마치 잔디가 자라듯이 있을 뿐 큰 나무가 없다. 조그만 풀 같은 현상이다. 이것이 하나님의 뜻이 아닌가 생각도 해보았다. 만약 큰 교회로 자라면 곧 잘리게 된다. 잔디처럼 여러 곳에서 자란다면 정부가 파악하기 어려울 것이다.

그래서 여러 다른 민족, 계층들이 소그룹으로 자라나는 것이 필요한 것이 러시아의 상황이다. 큰 교회를 세우시는 것도 하나님의 뜻이 맞지만 현실은 그렇지 않다.

내가 처음으로 러시아에 왔을 때 청년들을 만나 흥분했다. 그룹은 18-

30세까지 이다. 주일학교는 12세까지였다. 문제가 있음을 발견했다. 12세에서 16세까지는 무엇을 해야 하는가? 이 사람들에게 질문을 해보았다. 특별한 일이 있는가? 대부분은 교회들이 전략이 없었다. 한 명도 우리 교회에 다니는 아이들이 없다. 러시아의 부모들은 자식들이 무엇을 해야 할지 모른다. 이 부분에 대해서 준비되지 않았다. 그들은 아이들의 교육과 진로에 대하여 어떻게 해야 할지 방향을 잡지 못하고 있다.

하나님께서 저에게 주신 소명은 중간에 있는 아이들을 위한 그룹을 만드는 것이다. 우리교회는 이 프로그램을 만들었다. 그 첫 번째 사역으로 주일대학을 만들었다. 대학생의 중간층에 있는 아이들을 위한 학교이다. 주일 대학은 주변의 젊은층들에게 호응이 좋았고 그들에게 좋은 경험을 줄 수 있는 기회가 되었다. 나의 사명은 전세대의 사람들을 돌보아야 하지만 이 그룹의 사람들 또한 돌보아야만 한다. 이것이 나의 사명이고 책임이다.

세 번째 질문: 러시아에서 음악 교육은 어떤가?

답:

선교사 자녀학교에서 음악을 가르친다(주 2회). 러시아에서도 기독교 음악이 개발되고 있는 중이다. 이 부분이 개발되어 활동하게 된다면 러시아 교회와 사람들에게는 새로운 패러다임이 형성될 것이다.

특히 러시아 교회 중 보수적인 교회에는 성가대가 있고, 과거부터 부르던 찬송가가 있다. 그런데 단조로 된 찬송가가 많다. 젊은이들은 우리가 왜 이런 찬송가를 불러야 하는가? 장례식장에 왔는가? 반문한다. 이로 인해 교회가 논란을 겪고 있다. 교회 음악으로 논란이 일고 있어 그들과 협상이 필요한 상황이다. 마지막 주일은 청년들을 중심으로 한 노래를 부르는 열린 예배를 드린다. 하지만 이 예배는 약간의 전통을 지키는 것으로 끝이 나고 있어 아쉬운 점도 많다.

네 번째 질문: 러시아의 교회 상황은 어떤가?

답:

러시아에서는 젊은이와 일하기가 쉽다. 그들은 자기의 정체성을 어느 정도 알고 있다. 내가 누군가? 무슨 일을 해야 하는가? 생각이 열려 있다. 러시아의 사교집단들도 젊은이들을 데려가고 있다. 그래서 기독교인 그룹들은 춤을 추기도 한다. 청소년들을 특별히 전도의 대상으로 생각하는 것이 매우 중요하다.

고령자들은 하나님과 정교회적인 사고방식 때문에 교회와 가깝게 관계를 가지지 못한다. 다른 그룹은 무신론자들이다. 그런 가운데서 교회와 젊은이들은 하나님의 능력이 어떻게 나타나는가를 안다. 하나님의 창조, 구속과 심판에 대하여 누구나 이해하고 알고 있다.

우리 집 이웃은 무신론자였으나 하나님을 큰 능력자로 생각하고 있다. 자신이 신앙을 가질 때 하나님과 깊은 교제를 나누며 그가 주시는 교훈을 배울 것이라고 알고 있다. 그러면서 나의 이웃은 말하기를 모든 사람이 하나님께 가는 것이지 그리스도인만이 가는 것이 아니라고 말한다.

다섯 번째 질문: 러시아를 오기 전에 어떤 준비가 필요한지?

답:

러시아에 대하여 읽고 또 읽어라. 신문, 잡지, 책을 읽어 보라고 권하고 싶다. 나는 러시아를 찾으려는 사람들 즉 처음으로 방문하는 그룹의 사람에게는 러시아 문학이 중요하다고 말하고 싶다. 특히 푸슈킨은 러시아 문학의 아버지이다. 어느 선교사는 우리와 같이 일하고 있지만 푸슈킨이 누군지 모르고 있다. 선교사가 푸슈킨도 모르고 러시아에 올 수 있는가 라는 생각을 하며 충격을 받았다.

만약 선교사로서 훈련하는 동안 러시아 문학의 아버지라 불리는 푸슈 킨에 대하여 읽어야 한다. 나는 첫 해에 마태복음을 공부했다. 러시아 통 역자가 말하기를 마태복음을 읽을 때 러시아 소설을 생각한다고 말한다. 그래서 마태복음을 읽기를 시작하고 공부를 시작했다. 마태는 예수님을 따라 다니면서 기적에 대하여 기록한 것을 읽었다. 나는 성경공부에 참 석해서 마태복음를 읽었다고 하니까 놀라워했다. 그것은 한 사람의 진실 이 아니다. 그 증거로 러시아 문학과 예수님에 대하여 토의를 하면서 많 은 사람들이 느낀 것이다. 당신이 소명을 받아 선교사로 가기 원한다면 그 나라의 모든 책을 읽고 언어도 배우시기 바란다.

나는 두 분의 강의를 들으면서 선교는 일방통행이 아닌 쌍방향으로 접 근해야 됨을 발견했다. 그리고 선교는 종족, 빈곤한자와 부자를 만나면 서 기쁜 소식을 전달해 주는 것이다. 그렇다면 그들을 위한 포용과 세계 주의 즉 코스모폴리타즘(cosmopolitanism)을 확산시킬 좋은 기회로 삼 아야 한다. 여기서 코스모폴리타즘은 보편주의가 평등만을 강조하는 것 과는 달리 세계주의는 평등과 차이를 동시에 강조한다. 세계화 (globalization)가 경제적 측면만을 강조하는데 반해 코스모폴리타니즘 은 타인과의 관계를 중요시한다. 선교도 현지인과 좋은 관계를 갖고 일 체감을 갖는 것이 소중하다.

9장

상트페테르부르크 땅을 밟다

RUSSIA

RUSSIA

어느 국가든 민족에 따라 약간 차이가 나는 민간 신앙이 있다. 러시아는 정교회가 국민들의 종교지만 그 속에 또 하나의 민간신앙이 있음을 발견하게 되었다. 종교적인 심성은 있어도 보이는 형상을 보면서 소원을 비는 것은 세계 모든 민족의 공통점이다. 러시아의 결혼식은 현대적이지만 그 안에는 전통과 관습이 남아 있다. 이들은 결혼식이 끝나면 친구들과 와인 잔을 들고 로스트랄 등대 기둥, 스파스나 클라비 성당, 마르스 광장안의 '영원히 꺼지지 않는 불' 이 있는 곳을 방문한다. 마르스 광장 주변은 온통 운하로 둘러싸인 곳으로 습지를 건조시키기 위한 운하는 백조가 사육되던 곳이라고 해서 백조운하라고 불린다. 이 광장은 원래 황제와 귀족들의 공원으로 만들어져 있다.

9장 상트페테르부르크 땅을 밟다

러시아에서 사역한 지 일주일이 되는 날이다. 그것도 13일의 금요일 날 아침에 일어나 열왕기상을 읽고 아침 묵상 집회에 참석했다. 성경은 마가복음 1장 32-39절의 말씀을 읽고 하루의 삶이 본격적으로 시작되었다. 아침에는 러시아 개혁교회 소속 목사와 미국 월드파워 선교단체에서 파송하신 두 분을 통해 특강을 듣게 되었다. 이 두 분의 강의는 매우 독특한 면이 있어서 그들의 내용을 소개하려 한다. 두 분의 강의는 내부자적 관점과 외부자적 관점에서 러시아를 어떻게 보고 준비할 것인가? 그들과의 관계는 어떻게 할 것인가를 구체적으로 소개하는 내용이다. 첫째, 러시아 정교회와 개신교와의 관계성에 대하여, 둘째는 외부자적 관점에서 본 러시아 강의 내용이다. 오늘 강의는 러시아를 다양한 관점에서 볼 수 있는 기회가 되었다.

오늘은 페테르에서 처음으로 땅 밟기를 하는 날이다. 오랜만에 시내로 가는 마음은 어린이가 시장 구경 가는 것처럼 설렌다. 오후 6시에는 페테르에 있는 고려인 교회의 금요기도회에 참석하였다. 기도회를 마친 후 김나지움으로 가려는데 폭우가 쏟아진다. 이곳에서 폭우는 17년 만에 처음이라며 모두가 놀란다. 시내 곳곳이 갑자기 내린 폭우로 인해 흙탕물로 가득 찼다. 도로 위로는 대형버스만이 물살을 가르며 지나가지만 승용차들은 도로를 통과할 수 없을 정도다. 어떤 차는 주행 중 멈추어 서 있기도 한다. 이러한 광경을 처음 본 러시아 여성은 핸드폰으로 사진을 찍으며 가족에게 알려주기도 한다. 내가 탄 버스에도 물이 차 올라오기도 했다. 시내 도로가 흙탕물로 가득차 있는데 버스만 운행이 되고 있었다. 마치 강물이 차고 넘친 것 같은 도로 위를 시내버스는 물살을 가르며 목적지로 이동하고 있을 뿐이다.

1. 고려인 전도 초청 잔치

나는 버스 정류장에서 내려 교회가 있는 곳으로 뛰어갔다. 잠간 동안 맞은 비는 나의 옷을 흠뻑 적셨다. 교회는 2층에 위치하고 있었다. 아마도 표트르대제 때 건축된 것 같다. 아주 오래된 건물을 선교사들이 힘을 모아 매입했다고 한다.

교회 본당은 50평이 되어 보이고 그 옆으로 사무실과 친교실, 교회 뒤편에는 주방이 있어 교인들이 모여 교제하기 좋게 되어 있다. 누구나 마음 편하게 예배하고 찬송할 수 있도록 되어 있어 편안했다. 그리고 교회 뒤편에는 철길이 있어 더욱 아름답게만 느껴졌다.

고려인 초청 잔치, 고려인만을 위한 시간이 점점 다가오자 교회 본당은 빈자리가 없을 정도다. 고려인 그들은 1.5세대 혹은 2-3세대 사람들

이다. 중앙아시아에서 이주해 온 사람, 연해주에서 온 사람, 블라디보스크에서 유학 온 사람들이다. 이들은 고국을 떠나 온 부모들로부터 한국의 소식만 듣고 살았던 사람도 있고, 한국을 한 번 정도 방문한 사람도 있다. 그래도 고려인들은 교회에서 초청 잔치에 초대되어 기쁨으로 참석하고 있었다.

고려인, 그들은 구소련 시절을 비롯하여 70년 동안 어려운 생활을 해 왔다. 그들이 구소련시대의 여러 곳에 흩어져 살다가 이제 상트페트로부르크에 모여사는 것은 또 하나의 희망이다. 그들을 위해 초청 잔치는 더 없이 기쁘고 즐거운 시간이다.

전도초청 잔치에는 서울 ○○교회 성도들이 준비한 선물을 나누어 주었다. 교회에서는 예배와 음식 부분을 맡아 수고해 주었다. 교회와 고려인 사회의 관계 형성을 맺어주기 위한 좋은 시간들이었다.

2. 고려인, 그들은 ?

토요일 오전, 내가 러시아의 상트페테르부르크에 온 지 꼬박 일주일이 되는 날이다. 아침부터 저녁까지 짜여진 일정은 새로운 도전과 깨우침, 러시아를 바라보는 틀, 문화와 종교, 삶의 현장을 목격하는 기간이었다. 오늘은 고려인 전도초청 잔치를 베푸는 날이다. 한인선교사들에 의해 설립된 교회이다.

고려인, 그들은 누구인가? 대한민국의 국민이다. 그러나 제2차 세계대전이후 국가의 어려움 때문에 살길을 찾아 북방으로 이주했던 사람들이다. 고려인들은 사할린과 중앙아시아 여러 지역에 흩어져 지내왔다.

구소련 붕괴 후 소수의 고려인들은 삶을 위해 러시아로 이주하기 시작했다. 소수의 고려인들이 이곳에 모이기 시작한 것은 얼마 되지 않는다.

고려인 그들은 1937년 스탈린에 의해 중앙아시아로 강제이주 된 자들을 말한다. 2007년은 고려인 강제 이주 70년이 되는 해이다. 그들은 70년 동안 한국 정부의 도움을 기다리며 한국인 특유의 근면과 성실함으로 농사를 지으며 생활해 왔다. 그들은 농사는 그리 수입이 높은 것이 아니라 겨우 생계를 이어갈 정도에 불과했다. 그러나 고려인이 처한 현실에 대해 인지조차 하지 못하고 있는 국민이 대부분이다. 한국정부를 비롯한 보통 사람들은 고려인에 대하여 무관심으로 일괄해 왔다. 우리 국민은 냉정하게 그들이 처한 현실을 바라보며 그들을 생각해 보아야 한다.

그들은 러시아에 거주하지만 1991년 구소련 붕괴이후 중앙아시아 국가들의 강력한 민족주의 정책에 의하여 소수민족으로서 어려운 삶을 살아가고 있다. 고려인의 구소련 분포지역에 거주하는 숫자는 무려 55만명 정도인 것으로 보고 있다. 그러나 그들의 삶은 매우 열악하게 지냈다. 고려인 분포를 보면 상트페드로부르크 1만명, 모스크바 4만명, 남부 우크라이나 2만명, 볼

고그라드 로스또프 2만명, 카자흐스탄 10만 명, 우즈벡 19만 명, 타지기스탄 5만 명, 시베리아 남부 도시지역(옴스크,아르쿠츠크, 하바로프스크 등) 3만명, 연해주 4만명, 사할린 4만명, 기타지역 2만명으로 조사되었다.[55]

고려인 교회에 모인 사람들은 중앙아시아의 우즈벡, 카자흐스탄, 사할린에서 이주해 온 자들이다. 그들에게는 아픔이 있다. 고국에 대한 그리움, 삶의 고난 속에 지내온 아픔, 민족의 정체성에 대한 혼돈, 돈도 없고 땅과 집도 없다. 일부 고려인들은 들판에서 움막을 짓고 정부의 눈을 피해 몰래 기도했다. 정부로부터 발각되어 언제 추방당할지 모르기 때문에 두려움에 살고 있다. 이들을 교회가 초청하여 잔치를 베풀며 격려할 수 있다는 것은 위대한 일이다. 나는 고려인들을 위한 선교 정책을 지속적으로 펼쳐야 할 의무를 느낀다. 이제 한국정부는 고려인의 정체성에 대하여 교과서를 통해 배울 수 있도록 도와야 할것이다. 대학교 교재에서 고려인과 관련된 과목도 한두개 정도일 뿐이다. 이런 정도로는 고려인 사회를 알려주는 것은 미약하다.

따라서 그 해결책으로 교회가 고려인이 집단으로 거주하는 곳을 방문하여 격려하고 한국방문을 고려해 보는 것이다. 각종 언론 매체들이 고려인과 관련하여 다큐멘터리 제작을 통해 알려주어야 한다. 외국공관에는 고려인 커뮤니티를 만들어 언제든지 한국 상황을 알 수 있도록 해야 한다.

점심시간, 교회 안으로 나이든 고려인들이 참석하기 시작한다. 하얀 머리, 지팡이를 의지하며 계단을 오르는 할머니, 나는 한국인이란 것을 나타내기 위해 한복을 입은 할머니, 한국인을 만난다는데 기쁨을 갖고

---

55) OhmyNews 2007. 11. 29에서 인용.

찾아든 할아버지, 모두가 기분 좋은 날이다.

교회 안에 들어서자 준비된 음식, 초청된 분들로 꽉 차 있었다. 약 40명 가까이 모인 것 같다. 고려인들의 얼굴에는 수많은 고난을 겪은 흔적이 있다. 그들의 모습에서 평화로운 모습은 찾기 어렵다. 과거, 힘들고 지쳤던 모습 그대로다. 저들에게 줄 수 있는 것은 무엇인가? 그들은 과연 누구인가? 그들은 한국인이다.

3. 환영과 잔치

정오 12시가 조금 지난 시간, 고려인 초청 잔치를 위한 개회예배가 시작되었다. 그리고 식사와 피아노 연주, 워십 댄스, 러시아 노래, 아리랑 노래를 함께 부르며 한민족이란 것을 확인하는 시간이었다.

여러분, 여기에 잘 오셨습니다. 하나님은 여러분을 사랑하십니다. 이 말은 듣는 그들에게 대단히 기분 좋은 말이다. 어느 고려인은 한국에서 온 분을 만나는 것은 말로 표현하기 어려울 정도로 좋다고 말한다. 이 기분은 아주 오래갑니다. 참 좋습니다.

내가 가고 싶은 고국, 만나고 싶었던 동족, 그들을 통해 사랑을 받는다는 것은 평생을 통해 고생한 시간들을 순식간에 날려버리는 것과 같다. 그뿐만 아니라 삶의 활력소가 된다고 말한다.

그들을 위해 교회가 준비한 선물을 받을 때는 더 없는 기쁨이라고 말한다. 고국의 냄새가 물씬 풍기는 선물, 보기만 해도 기분 좋지만 내가 받았다는데 더 즐거움이 넘쳐 보인다.

고려인 교회 목사의 설교와 축도가 끝나고 식사시간이 되었다. 식사는 고려인교회에서 교우들이 정성껏 준비한 것들이다. 김치, 가지요리, 토마토요리, 증편(고려인들이 즐겨먹는 술떡, 흰색)을 비롯한 과일 등으로 푸짐한 잔칫상이다.

식사 후에는 '하이든의 판타지아' 피아노 연주, 고려인 교회 청년들의 워십 댄스, 서울의 00교회 팀의 찬양과 러시아 노래는 그들의 심금을 울렸다. 특히 구소련 시절에 부를 수 없었던 금지곡인 '러시아' 는 모두에게 감동적인 것이어서 함께 불렀다. '러시아(Russia)' 곡은 4절로 되어 있다. 가사의 일부 내용은 이렇다. "러시아 누구를 잃어버렸느냐? 하나님에게 돌아가야 한다는 곡으로 되어 있다. 이 곡의 작사, 작곡자는 미상이다.

스랍 르바르 짜아 그롬 나야 스트라 나
꼴 바즈 오즈 나스프 그놉 쩨 베다나
고드 에 앗 스룹 레냐 트바 예 보
브레 먀 브라고 닷 노예 쁘리쉬 로
뜨이 다 바라고스 빠두아 벳
이스떽 뽀르쁘라 쉬로 우쉬 노가렛
이쩨 뻬르네 뜻 뜨이 이네 담
스타 라 뜨이 스루 줫이습바감러
러시아야 러시아 스크라니스 뻬레보짐-
스크리니스-뻬렛보검-스바임-까보 -뜨이자 빌라-까보
네 바칠라-끼보- 뻬레스탈라류-빗

이 노래를 부를 때는 모두가 감격에 넘쳐 합창을 한다. 얼마나 부르고 싶었던 노래인가? 한민족끼리 노래를 부를 때는 눈시울이 뜨거워진다. 참으로 감격적인 순간이었다. 그들은 다시 나에게 말한다. "한국에서 오시면 저희들은 정말 기뻐요. 그리고 기분은 오래가요” 이 말을 듣는 순간 러시아의 고려인들을 위한 만남을 위해 노력해야 되겠다고 결심하게 되었다.

4. 고려인은 의도적으로 접근해야

고려인을 만난 것은 이번이 처음이다. 그들은 우리와 동일한 모습을 가졌다. 체격도 눈빛도 모두가 우리 민족이란 것을 바로 알 수 있다. 그러나 그들을 교회로 인도하거나 복음을 전해주기 위해서는 의도적으로 접촉해야 한다.

특히 고려인과 러시아 사람들에게 복음을 전하고 만나길 원한다면 먼저 접촉을 해야 한다. 어느 선교사는 말한다. “고려 사람들은 러시아 말을 잘한다. 고려 말도 잘한다. 그러나 먼저 시도를 하라.” 고려인들의 삶은 능동적이기보다는 수동적임을 보게 된다.

따라서 고려인과의 관계를 원한다면 쌍방통행을 하라는 것이다(마태 10:8-10). 그들을 대할 때는 순수한 자세로 지혜롭게 행동하고(마 10:16), 그들과 함께 지내고 그들의 음식을 먹을 때 선교적 모습이 드러나게 된다.

5. 한마음이 되어 춤을 추다

고려인들과 함께 한 시간은 나에게도 가장 감격적인 순간이었다. 내가 사는 날 동안 고려인을 만나 그들의 손을 잡고, 그들과 웃을 수 있었고, 그들의 모습에서 한국인임을 발견할 수 있었던 것은 잊을 수 없는 순간들이다.

고려인들과 함께 한 시간 정도 지나 끝나려 할 때, 나는 아리랑 곡을 부르는 것이 좋겠다고 제안을 했다. 한국인이라면 누구나 아리랑 노래를 부른다. 아리랑은 한민족의 정서에 맞는 노래이고 정서적으로도 동감을 불러일으키는 곡이다. 한국의 아리랑 노래는 몇 종류가 된다. 정선, 천안 삼거리, 밀양 아리랑은 매우 유명한 곡이다. 어느 고려인 할머니는 아리랑 곡을 처음부터 마지막까지 다 부른다. 나는 아리랑 곡을 4절까지 다 부르지 못한다.

아리랑곡이 끝날 무렵 모두가 자리에서 일어나 춤을 추었다. 신바람이 나서 몸을 흔들면서 춤을 추는 분, 전통적인 러시아 탱고 춤을 추듯이 스텝을 밟으며 추는 사람들 모두가 기쁨을 함께한 시간들이었다.

그런데 그 가운데 어느 할머니는 왜 우리들에게 마이크를 주지 않느냐며 질문한다. 그들은 한국의 노래를 부르고 싶었고 함께 춤을 추고 싶었던 것이다. 나에게 토요일 오후 시간은 행복한 시간이었다. 그들과 함께 할 수 있었던 그 시간이……

6. 도스트예프스키의 생가와 박물관

고려인 전도초청 잔치를 은혜 가운데 마친 후 교회 사무실로 가서 잠시 쉬었다. 오후 6시가 되어 시내를 돌아보기로 하고 밖으로 나왔다. 교회 밖에 나오자 바람이 심하게 불어온다. 금방 비가 내릴 것 같은 날씨다. 하늘에는 검은 구름이 끼어 있다.

우리 일행은 교회에서 조금 떨어진 재래시장에 갔다. 도시 서민들의 생활을 엿볼 수 있는 곳이다. 과일과 생선, 고기, 음식을 팔고 있었다. 시장 안쪽으로 가자 고려인이 반찬을 만들어 파는 코너가 있다.

고려인은 우리를 향해 목사님, 반찬 좀 사세요. 여기 스끼도 있어요. 김밥도 있어요. 한번 먹어보세요. 맛이 있어요. 괜찮아요. 예, 그럼 사서 드세요.

나는 김밥을 먹고 난 후 김밥을 조금 샀다. 정말 김밥을 먹고 싶어 산 것이 아니지만, 우리 민족이라는 동정심으로 인해 김밥을 산 후 인사를 하고 다른 곳으로 이동을 했다.

과일 가게로 가자 수박과 체리, 딸기가 있다. 러시아에서 딸기 값은 매우 비싸다고 한다. 여름철에 잠깐 출하되었다가 사라지는 것이라 한다. 딸기는 러시아에서 가장 귀한 것임에 틀림이 없다. 우리는 딸기도 조금 사서 나누어 먹었지만 자연의 맛 그대로다.

자유 시장에서 나와 러시아의 문학가인 도스트예프스키의 생가 주변을 걸었다. 그가 살던 아파트를 기념하여 만든 문학 기념박물관은 그대로 보존되어 있었다. 지금의 주택은 정부의 압력으로 1971년에 개보수하였고, 그가 시베리아 유배도 경험한 자료들이 박물관에 있다. 그는 1878년부터 1881년 1월 28일 사망할 때까지 이곳에서 살았다. 그는 이곳에서 마지막으로 『까라마조프의 형제』를 완성하기도 했다. 문학 박물관은 생전의 사진 자료를 바탕으로 재현한 서재, 그의 날개 달린 펜과 약상자, 장서 등이 깔끔하게 정리되어 있다고 한다. 나는 관람시간이 끝이 난 후에 도착해서 아파트 앞에서 기념사진만 촬영했다. 나는 박물관을 관람하지는 못했지만 그의 생가를 보았고 만질 수 있어서 러시아 문학의 생동감을 느낄 수 있었다.

7. 한글학교

러시아의 위대한 문학가의 생가를 본 다음 한인들을 위한 한글학교를 방문했다. 선교현장에서 한글학교는 매우 중요한 곳이다. 선교사와 상사원 자녀들에게 한국어를 통한 민족성, 국가관, 정체성을 교육하는 곳이다.

한글학교 교육은, '나는 한국인이다' 라는 자기의 뿌리와 자부심을 교육하는 곳이다. 그러나 시설은 낙후되어 있었고, 교육을 위한 기자재가 매우 빈약하게 보였다. 외국에 있는 한글학교에 대한 한국 정부의 지원과 민간단체의 후원이 절실하게 필요하다.

8. 신혼부부의 와인 잔 깨기

어느 국가든 민족에 따라 약간 차이가 나는 민간 신앙이 있다. 러시아는 정교회가 국민들의 종교지만 그 속에 또 하나의 민간신앙이 있음을

발견하게 되었다. 종교적인 심성은 있어도 보이는 형상을 보면서 소원을 비는 것은 세계 모든 민족의 공통점이다.

러시아의 결혼식은 현대적이지만 그 안에는 전통과 관습이 남아 있다. 이들은 결혼식이 끝나면 친구들과 와인 잔을 들고 로스트랄 등대 기둥, 스파스나 클라비 성당, 마르스 광장안의 '영원히 꺼지지 않는 불' 이 있는 곳을 방문한다. 마르스 광장주변은 온통 운하로 둘러싸인 곳으로 습지를 건조시키기 위한 운하는 백조가 사육되던 곳이라고 해서 백조운하라고 불린다. 이 광장은 원래 황제와 귀족들의 공원으로 만들어져 있다. 후에 스볼르프 장군의 기념 동상이 전쟁의 신마르스와 비슷하게 만들어져 오늘날 마르스 광장이라고 부른다.

1917년 2월 혁명 직전에 이 광장에서 데모가 일어났다고 한다. 당시 혁명에 희생된 자는 180명의 혁명전사자가 묻혀 있는 곳이다. 이곳에는 혁명전사의 기념비, 1957년에 건립된 영원히 꺼지지 않는 불이 타오르고 있다. 모스크바의 크렘린 옆에 있는 무명용사 묘의 영원히 꺼지지 않는 불은 이곳에서 채화한 것이다.

　마르스 광장에서 조금 떨어진 곳에 스파스나 클라비 로마 가톨릭 교회가 있다. 운하를 끼고 서 있는 로마 가톨릭 교회는 웅장할 정도다. 이곳도 신혼부부가 찾는 유일한 곳이다. 로마 가톨릭 교회 주변에는 관광 상품을 판매하는 곳이 즐비하다.

　나는 에르미타쥐 박물관 옆을 지나 네바 강을 건너 로스트랄 등대 기둥으로 갔다. 네바 강에서 바라다 본 에르미타쥐 박물관과 왕궁은 웅장하고 예술의 도시라는 것을 볼 수 있다. 에르미타쥐 박물관은 3층으로 되어 있다. 1층에는 원시문화, 구소련의 민족의 문화와 예술, 고대 세계의 문화와 예술을 관람할 수 있다. 2층에는 제2차 세계 대전의 전리품을 비롯하여 러시아의 문화를 한눈에 볼 수 있다. 그리고 19세기까지의 서유럽 예술품이 소장되어 있어 예술의 가치를 느낄 수 있다. 3층에는 근대부터 서유럽까지의 서유럽 미술, 동양 여러 나라의 문화와 예술, 고대 화폐가 전시되어 있다. 이 박물관은 400개의 방에 세계의 예술품이 전시되어 있다고 한다.

　에르미타쥐 박물관을 바라보며 많은 생각을 하게 되었다. 구소련시대의 특징은 예술과 문학, 음악을 잘 보존하고 있었다. 예술의 도시 상트페테르부르크의 건물들은 보통 100년이 넘었다. 전통과 예술을 중시하는 러시아인의 특성을 볼 수 있었다.

　네바 강변에 에르미타쥐 박물관이 있다면 반대편에는 로스트랄 등대 기둥이 서있다. 이는 구거래소 광장의 남북으로 2개의 원기둥이 서있다. 기둥 옆으로 솟아 나온 조각은 예술적이다. 나는 등대를 보면서 웅장함과 역사가 담겨 있음을 알 수 있었다. 높이는 32m 나 된다. 1810년에 톰 두 토몬의 설계로 당시의 상품거래소와 함께 만들어졌다.

로스트랄은 뱃머리 부분을 말한다. 적군의 뱃머리를 잘라내어 기둥의 장식품으로 사용하여 승리를 기념한 고대 로마의 관습을 기억하게 한다. 기둥에는 5m 정도의 상징적인 조각상이 설치되어 있다. 이는 러시아의 4대 강인 볼호프, 네바, 도니에플, 볼가를 나타낸다고 한다. 축제일에는 기둥위의 램프에 불이 켜진다고 한다.

로스트랄 기둥 옆으로 조금 내려가면 네버 강물이 흐르는 곳으로 가게 된다. 강가에는 지구모형으로 깎아 만든 돌이 세워져 있다. 이곳이 바로 결혼식을 끝낸 부부들이 와인 잔을 깨는 곳이다.

친구가 와인의 병마개를 따고 신랑과 신부의 잔을 채우고 난 다음 와인 을 마신 후 바위 위에 잔을 던진다. 그러고 나서 신랑과 신부가 입맞춤을 하고 사진을 찍으면 의식은 끝이 난다. 왜 신혼부부들이 와인 잔을 깰까? 바람 불고 추운데도 신부는 드레스를 입은 상태에서 잔을 들고 네버 강 변으로 걸어 내려간다. 그는 와인을 마신 후 돌에 와인 잔을 던져 깨면서 웃음을 멈추지 않는다. 그리고 신랑을 껴안고 입을 맞추면 친구들도 와 인을 마신 후 소리를 지른다. 러시아 신혼부부들이 왜 이곳을 찾아 와서 와인 잔을 깨는가에 대한 다양한 해석들이 있다.

첫째, 러시아의 전통적인 관습일 뿐 아니라 민간신앙이다.

둘째, 와인 잔을 깨는 것은 결혼의 파경이 빠르게 진행될 수 있다고 믿 는다.

셋째, 평생 동안 사랑을 하되 깨어지지 말자는 것

넷째, 과거부터 '결혼서약을 둘 중에 하나가 깨면 이 잔처럼 깨질 것이 다' 라는 전승이 있다. 이는 러시아 사람들의 전통이며 관습이다.

러시아 문화 가운데 신혼부부의 와인 잔 깨기는 나에게 매우 인상적이었다. 이를 민간신앙으로 보아야 할 것인지는 판단하기 어렵다.

9. 페트로파블로프스크 로마 가톨릭교회

러시아 상트페테르부르크 시내에서는 고대 건축과 예술, 문학, 음악 그리고 다양한 박물관과 정교회 건물을 볼 수 있다. 네바 강 토끼 섬 안에는 페트로파블로프스크 로마 가톨릭교회는 황금 돔으로 되어 우뚝 서 있다.

네바 강을 끼고 우뚝 서 있는 로마 가톨릭교회는 고대 건축양식의 특성을 그대로 나타내 준다. 로스트랄 기둥에서 바라다본 페트로파블로프스크 교회는 스위스인 건축가 도메니코 트레지니에 의해 1712년 건설이 시작되어 1733년에 완공되었다. 그 후 에 피뢰침이 없었기 때문에 자주 화재가 발생하여 1756년의 화재로 첨탑과 네덜란드 시계가 불타버렸다.

1830년에는 첨탑 끝에 있는 십자가를 든 천사의 상이 금방이라도 떨어질 것 같아 수리를 하게 되었다. 당시 슬라블리의 장인 테르시킨이 무료로 수리를 요청했는데 발판이나 사다리도 사용하지 않고 망 1개로 탑 끝 부분에 있는 상(십자가)을 수리했다고 전해진다. 그의 용기와 지혜는 지금도 페테르 도시민들의 화제 거리이다. 1850년에는 철골 탑으로 바뀌었으며 높이도 121.8m으로 상트페테르부르크에서 가장 높은 탑이 되었다.

이곳에는 역사적으로 유명한 도시를 건설했던 표트르 대제부터 알렉산드르 3세(1894년 사망)까지 역대 황제가 묻혀있는 곳이다. 1998년 7월

17일에 예카테린부르크에서 발굴되어 이곳에 다시 매장된 니콜라이 2세와 그 가족도 묻혀있다. 이 건물의 건축양식은 약 20년이나 걸렸고, 황제의 로마 가톨릭교회에 걸맞게 내부 공간이 넓고 햇볕이 잘 들게 되어 있다. 자주, 벽기둥, 대리석 벽, 다양한 색채의 아치, 금박의 석고상, 그리고 다양한 빛깔의 샹들리에 등 모든 것이 훌륭하다. 특히 이코노스타스는 떡갈나무를 조각하여 금을 붙인 것이라 장엄하다.

요새 안에는 조패국, 요새의 문, 네프스키 문은 황제를 상징하는 쌍두 독수리 등의 부조로 장식되어 있다. 나는 로스트랄 등대 기둥에서 차를 타고 요새 근처로 가는 동안 요트 경기가 열리는 것을 보았다. 상트페테르부르크에서 요트 경기는 1년에 한 번 열린다고 한다.

10. 상트페테르부르크의 세 종류 교회

러시아는 구소련 때의 인구가 세계 3위였으나 현재는 세계 9위(1억4천만)를 차지한다. 페테르의 인구는 공식적으로 530만에 이른다.

상트페테르부르크는 크고 작은 정교회들이 많이 있는 곳이지만 대표적인 개신교 가운데 침례교회, 복음주의교회, 은사주의교회를 비롯하여 동질집단이 모이는 교회도 있다. 역사적으로 유명한 페테르는 어떤 모습으로 예배하는지 무척 궁금했다. 주일날(바스크리시니) 세 군데의 교회는 다 갈 수 없었고 한 곳만 방문하기로 하고 이즈또쥐닉 교회로 가기로 했다. 이 교회는 전통적인 예배의식으로 예배하는 곳보다는 오순절적인 이즈또쥐닉 교회(은사주의)로서 러시아인의 신앙적 삶을 이해하는데 도움이 될 것 같았다.

나는 숙소에서 나와 버스를 타고 시내 핀란드역(전철 및 지방으로 가는 철도역)까지 갔고 교회까지는 한 시간 반이 걸렸다. 핀란드 역에서 키노찌아뜨로 역까지는 여섯 정거장이다. 역에서 도보로 10분 정도면 이즈또쥐닉 교회(은사주의)가 있다. 전철을 타고 가는 동안 교회를 어떻게 찾을 수 있는지 궁금했지만 전철 안에서 하나님의 말씀을 읽는 교인을 만나 쉽게 교회를 찾을 수 있었다. 최근 개업한 마트 옆에 허름한 건물이 교회였다. 과거에는 화려한 극장으로 사용되었다는 것을 한 눈으로 알 수 있다. 하지만 지금은 시설이 낡아 교회로 사용하기에는 어려운 것으로 보인다. 그러나 나의 실망스런 생각은 잠시뿐이었다. 예배하기 위해 실내로 들어가는 순간 대형 극장 안에서 예배를 준비하는 찬양 팀들, 교회 스텝들의 발 빠른 움직임은 어느 교회와 다를 바가 없었다.

오전 10시30분, 예배를 알리는 리허설, 찬양 리더의 힘찬 박수와 함께 찬양은 시작되었다. 찬양이 시작되면서 11시까지는 시내 곳곳에 흩어져 있는 교인들이 모여들었다. 예배당은 1층과 2층으로 되어 있었고 교인들은 1000명 정도나 되어 보인다.

찬양은 모두가 서서 부르거나 일부는 강단 앞으로 뛰쳐나가 워십 댄스를 하기도 한다. 이스라엘 찬양을 부를 때는 이스라엘 국기를 흔들면서 부른다. 어느 자매는 찬양하는 동안 성령의 임재를 상징하는 뜻에서 청색 바탕에 비둘기가 그려진 깃발을 흔들며 찬양한다. 이런 모습은 한국에서 볼 수 없는 장면이다.

이즈또쥐닉 교회는 주보가 없다. 찬양과 통성기도, 헌금, 찬양, 안수기도를 마치고 나서야 말씀 선포를 하게 된다. 안수기도는 목회자가 심혈을 기울여 기도하는 것도 아니다. 교인들의 머리만 툭툭 치고 가지만 어떤 분은 뒤로 넘어지려는 사람, 앞으로 넘어지려는 사람도 있었다. 어떤 성도는 목회자를 통해 내면의 질병을 치료하기 위해 안수를 받는 것 같이 보였다. 메시지는 교인들의 수준에 맞게 선포되고 있었으며, 교인들은 기쁨으로 말씀을 받아들이는 모습도 보였다. 예배시간은 오전 10시 30분부터 오후 2시까지 계속되었다. 한국교회 예배 시간과는 엄청난 차이가 있다.

나는 예배를 드리면서 하나님의 말씀과 찬양이 공평하게 이루어지는 것을 보았다. 교인들의 표정은 정서적인 면에서 상당히 감성적으로 보였으며, 워십 댄스를 하는 사람은 땀을 흘리면서 춤을 추는 열정이 매우 강해 보였다. 나는 은사주의 교회에서 예배를 마치고 나오면서 교회의 특징이 몇 가지가 있음을 발견했다.

첫째, 은혜가 넘치면 교인들은 두려움을 무릅쓰고 말씀을 듣고 찬양을 드리기 위해 모인다.

둘째, 정교회의 전통적 영향을 탈피하고

셋째, 빈야드 교회의 영향을 받은 것 같고

넷째, 영적으로 흡인력과 배출의 조화로움이 있고

다섯째, 성도들의 자연스런 참여가 돋보이고

여섯째, 열린 예배 형식 등이었다.

이는 이즈또쥐닉 교회에서 예배를 드리고 난 후의 느낌이다. 그러나 전통적인 교회와 이 교회 예배 형식의 차이는 열린 예배와 흡사하다는 점이다. 전통적인 교회 혹은 보수적인 관점에서는 거부감이 있을 수 있다. 그러나 선교 현장에서는 내가 갖고 있는 선입관, 관점, 틀, 세계관으로 바라보지 말고 상황에 맞게 보아야 한다.

그 외에 침례교는 러시아에서 가장 전통적이면서 보수적이다. 이 교회는 세 번의 설교를 하는 것이 특징이고 찬송할 때는 박수를 치지 않는다.

교회 모습은 십자가 형태이며 강단 뒤에는 성가대석이 있고, 그 뒤편으로 성경말씀의 현수막과 그림이 있다.

침례교인 들의 삶은 매우 보수적이며 그들은 최근에 유행하는 머리염색이나 파마도 하지 않는다. 그들은 옷을 입는 것이나 생활도 보수적으로 생활한다. 복음주의 교회 역시 보수적일 뿐 아니라 성령의 인도하심을 갖고 생활하는 것은 침례교회 성도들과 비슷하다.

11. 바비큐 파티

아침부터 강의실에서 "선교사의 영성"과 "최근 선교신학의 동향"이란 세미나를 듣고 나니 오늘 점심은 바비큐라 한다. 한 사람당 600g 분량은 먹을 수 있을 만큼 준비했으니 맘껏 먹어도 된다.

강의실 밖으로 나오자 하늘은 구름이 끼어 있다. 사실 3일 동안 비가 내렸다. 식사 중에 금방이라도 비가 내릴 것 같은 날씨다. 잔뜩 흐린 날씨, 강한 바람이 불어옴에도 불구하고 식사준비는 진행되었다. 훈련생들은 점심식사를 위해 식탁과 의자를 야외로 옮겨 놓았다. 고려 사람들은

기쁨으로 점심 식사를 준비하고 있었다. 우리는 고려 사람들을 보면서 안녕하세요(도브루이 제니/즈도라스뜨비쩨)라고 인사를 했다. 그들은 고려 말보다는 러시아어가 더 익숙하다.

그레이스 김나지움, 우리말로는 영재학교다. 건물을 중심으로 앞과 뒤쪽은 커다란 나무와 잔디밭으로 되어 있다. 러시아의 자연, 하나님의 오묘하신 섭리를 누릴 수 있는 자연에서 점심을 먹게 되었다.

선교학교 훈련생들과 고려인 교회의 성도들이 함께 모여 식사를 하게 되엇다. 그런데 오늘은 고려인 교회 목사 사모님의 생일이다. 사모님의 생일을 축하하기 위해 전날부터 준비했다고 한다. 고려인 교회 여 집사는 돼지고기 30kg을 밤새도록 숙성시켰다고 말한다. 성도들이 헌신적으로 준비한 음식을 먹게 된 것이다.

러시아 산 돼지고기, 상추, 오이, 토마토, 고수, 빵, 콜라를 준비했고, 케이크는 집에서 만든 것이었다. 하나님께 감사의 기도, 시편의 말씀을 듣고 난 다음 바비큐(돼지 목살)로 식사를 했다. 선교훈련생 모두가 오랜만에 돼지고기로 된 바비큐를 먹으면서 기쁨의 함성을 지르기도 했다. 고려 사람들은 많이 먹으라는 말을 '놀며 많이 드세요' 라고 한다. 이는 배부르게 많이 먹으라는 뜻이다.

생일을 맞이한 분에게 진심으로 축하를 드린다. 러시아를 사랑하고, 러시아인을 위한 헌신이 더 값지길 기도하면서 맛있는 바비큐로 점심식사를 했다.

12. 러시아 발레를 보다

러시아를 방문한지 12일이 지났다. 교회 사역과 강의, 방문 등으로 바쁜 일정을 보내면서 가끔은 복음화를 위한 땅 밟기도 했다. 예술의 도시이며 문학의 네프스키 대로 옆에는 콘서트 홀, 극장, 볼쇼이 드라마 극장, 뮤지컬 코미디 극장, 볼쇼이 인형극장, 만화(민간설화)인형극장, 서커스 극장 등이 있다.

우리는 주말에 러시아 전통 발레 관람을 위해 표를 예매하기로 했다. 발레를 관람하기 위한 예매는 일주일 전에는 해야 한다. 토요일에 관람할 수 있는 것을 구입하지 못했다. 여러 극장을 알아본 결과 알렉산드린스키 극장에서 월요일 오후 8시에 발레를 관람하기로 했다.

알렉산드린스키 극장은 오스트로프스키 광장 근처에 있다. 이 극장은 상트페테르부르크에서 가장 오래된 드라마 극장이라고 한다. 1832년 유명한 건축가 로시가 설계했으며 황제 니콜라이 1세의 왕비 이름을 빌어 알렉산드린스키 극장이라고 붙여졌다.

극장은 웅장한 클래식 양식의 건물로 6개의 원기둥이 정면을 장식하고 있다. 위쪽에는 시의 신인 아폴로의 군마차가 있다. 극장 입구에는 음악가의 사진이 걸려 있고, 5층에는 발레의 역사를 한눈에 볼 수 있는 골동품들이 진열되어 있다. 과거의 시계, 의자, 여행용 트렁크 가방도 전시되어 있다.

극장 천장에는 화가들이 그린 그림과 거대한 샹들리에가 걸려 있어 극장의 운

치를 더해준다. 알렉산드린스키 극장의 아름다움 때문이었는지 구소련 시절에는 푸슈킨 기념 드라마 극장이라고 했는데 현재는 과거의 이름을 그대로 사용하고 있다.

알렉산드린스키 극장은 체호프, 오스트로프스키, 고골라 등 러시아 작가 외에 셰익스피어 등의 작품도 상연된다. 여름철에는 발레 특별 공연이 열린다. 나는 시기를 잘 맞추었는지 모르지만 발레를 보게 된 것이다.

내가 러시아에서 발레를 관람할 수 있는 것은 하나님의 은총이다. 평소에 발레는 텔레비전을 통해 보았지만 내 눈으로 직접 확인하고 관람하게 된것은 이번이 처음이다.

알렉산드린스키 극장 앞에 줄을 서서 기다리는 순간, 이제 발레를 관람하게 된다는 것으로 흥분하기 시작했다. 극장 입구에 들어서자 북유럽을 거쳐 러시아 관광을 하려는 사람들로 가득 차 있었다. 출입구에서 표를 내고 입장한 다음 5층으로 올라갔다. 5층 입구에서 안내원이 표를 보여 달란다. 그리고 좌석제인 만큼 지정된 좌석까지 안내해 준다. 좌석은 맨 구석진 곳에 있어서 발레를 관람하기에는 매우 불편했다. 그러나 다른 방으로 옮겨가 무대를 내려다 볼 수 있었다. 무대를 중심으로 하여 5

층까지 관람석으로 된 것은 고대 유럽의 건축과 웅장함을 그대로 느낄
수 있었다.

오후 8시 정각, 시작한다는 벨이 울려 퍼진다. 관현악단의 전주가 우렁
차게 퍼지자 무대의 커튼이 올라가면서 거대한 발레 단원이 무대에 등장
한다. 그 유명한 러시아 발레가 시작된 것이다. 나는 너무나 흥분하고 기
분 좋은 나머지 캠코더의 버턴을 누르지 않아, 처음 부분을 녹화하지 못
했다. 관현악의 연주와 무대 위에서 펼쳐지는 발레 무용수들의 몸짓이
어우러져 나의 영혼을 감싸고 있었다. 관현악단이 연주하는 차이코프스
키 음악 그리고 백조의 호수는 정말 환상적이었다.

한국, 서울에서 성탄절을 전후해서 유니버설에서 주최하는 발레단과
는 비교가 되지 않는다. 우선 발레 단원들의 몸매가 다르다는 것, 둘째,
관현악 단원들이 연주하는 음악이 다르며, 셋째, 극장의 분위기가 웅장
하고, 넷째, 조명과 무대시설이 아름답다는 점이다. 이와 같이 아름다운
곳에서 발레를 관람할 수 있었다는 것은 축복이다.

알렉산드로스키 극장에서 발레를 관람하고 나오자 오후 10시 30분이
다. 곧바로 전철역으로 가 숙소로 향했다. 전철역에서 숙소까지 시간 반
이 걸린다. 숙소는 시내 외곽지역에 있
어 도착하니 자정이다. 밤 12시가 되어
발레를 관람한 것에 대한 소감을 마치
고 방으로 갔지만 초저녁 같은 분위기
다.

나는 환상적인 발레를 보고 나서, 선
교도 발레를 훈련하듯이 해야 된다는
생각을 했다. 따라서 선교사도 어릴 때

부터 인재를 발굴하여 프로가 될 때까지가 훈련을 시켜야 한다.

그래야 평생 동안 선교할 수 있게 된다. 러시아에서 발레 단원 즉 프리마돈나가 되는 것은 매우 힘들다고 한다. 세계에서 러시아 발레가 유명한 것은 그만한 이유가 있다. 그것은 첫째, 발레에 기질이 뛰어난 어린이를 어릴 적에 선발한다는 것, 둘째, 발레 훈련생으로 선발되면 그의 부모와 조부모, 외조부모까지 인터뷰를 해야 한다. 이유는 이 어린아이가 발레 훈련자로 적합한 지를 보게 된다. 즉 발레리나로 활동하기 위해서는 체형이 중요하기 때문이다. 러시아 여성들이 발레에 재능이 있어도 체형이 받쳐주지 않으면 선발되지 않는다. 발레는 가족의 체형을 보아 선발하게 된다는 것이다. 마찬가지로 신앙과 사역, 선교사로 활동하기 위해서는 가족의 신앙내력도 중요하다는 것을 발견하게 되었다.

러시아를 방문하고 많은 것을 보고 배웠지만 발레를 관람한 것은 나의 생애에 또 다른 감회를 갖게 한 날이다. 발레, 러시아의 예술이며 문화이다. 러시아를 알기 원한다면 문학과 발레, 미술을 보기 바란다. 그리고 그 안에 감추어진 비밀들을 발견해 보자.

고려인 가정방문

RUSSIA
RUSSIA

고려인 가정을 방문하면서 그들이 겪었던 고통, 외로움, 자녀와의 갈등 등을 이야기하면서 사진첩을 보여준다. 러시아인이나 고려인이 앨범을 보여주는 것은 가깝고, 신뢰가 간다는 뜻이라고 한다. 가장 가깝다고 판단될 때 자기 집의 사진첩을 보여주는 것이 이들의 생활이란다. 나는 여러 장의 가족사진과 사진첩을 보면서 종족, 혈통 중심의 가족사를 볼 수 있게 되었다. 가정의 뿌리를 중시여기는 러시아 속의 고려인들을 본 것이다.

우즈베크에서 상트페테르부르크로 이주하면서 겪었던 많은 이야기를 들으면서 은행에서 퇴근하지 않은 가장(남편)을 기다렸다. 우리를 위해 통역해 주는 사람도 기다리게 되었다.

10장 고려인 가정방문

1. 우즈벡에서 상트페테르부르크로

아침 묵상부터 오후 프로그램까지 마친 다음 고려인 가정을 방문하기 위해 숙소에서 나왔다. 고려인[56] 들이 이주자로서 어떻게 생활하고 있는지를 알 수 있는 유일한 기회다. 사람은 한번 만나고 지낸다는 것이 대단한 일이다. 그들과 함께 하는 시간을 갖게 된 것은 더 없이 기쁜 날이다.

미르선교학교 훈련생들은 5개조로 나누어 고려사람 집을 방문하기 위해 숙소를 출발했다. 숙소에서 기차를 타고 프로샤티 레니나 역까지 가는데 40분 정도가 소요된다. 이 역에서 다시 프로샤티 바스스타니야 역에서 지하철 4호선을 갈아타고 스타라야 제레부나 역까지 가서 버스를 타고 가야 만날 수 있다.

우리가 내린 역 주변은 신도시다. 새로운 아파트를 건축하거나 상가 건물들이 들어서고 있었다. 지하철 종점 역은 새롭게 단장하여 깨끗했다.

우리는 우즈벡에서 이주한 고려인 가정을 방문했다. 우즈벡에서는 상

---

56) 김일수 대사는 고려사람에 대하여 다음과 같이 설명한다. 고려사람은 한국과 북한에 대해 중립적인 태도를 취하는 자들이라고 한다. 1988년 서울 올림픽이 개최되어 한국의 발전상이 재소 여러 동포들에게 알려지면서 부터라고 한다. 고려사람은 한국에서 구소련을 왕래하는 분들에 의하여 사용되기 시작되었다. 이로 인해 고려사람들 스스로도 고려인이라고 부른다는 것이다.

류층으로 생활했으나 러시아로 오면서 집과 돈, 모든 것을 잃어버린 상태에서 새롭게 시작하는 과정에서 어려움이 많았다고 한다. 그는 과거를 회상하면 슬프고 어렵지만 지금은 하나님의 뜻이 있음을 확신하고 있다며 감사하고 있었다.

고려인은 말한다. 돈도 잊어버린 상황에서 풍요로운 삶은 아니더라도 지금은 하나님의 은혜로 알고 감사하고 생활한다며 감격해 한다. 무엇보다 자신의 기도제목은 하나님의 일을 바르게 하는 것이 목적이란다. 어떻게 하면 신앙생활을 잘 하면서 살 수 있는가를 고민하는 것이 자신의 생활이란다. 그리고 한국어 공부를 하면서 유창하게 대화하는 것이 소망이란다. 그리고 페테르에서 가장 어려울 때 한국선교사의 도움이 컸다며 잊지 않고 있었다. 선교현장에서 동질집단의 사람이 도움을 줄 때 회복이 빠르다. 고려인들에게 어려움의 시절이 어린이와 같다면 장성한 사람이 되어서는 어린 아이의 일을 버린 것(고전 13:11)과도 같다.

고려인은 계속해서 말한다. 어린 시절에 피아노를 배웠고, 노래는 잘했는데 임파선이 부어 수술을 한 결과로 육체적인 고통을 겪었다고 한다. 이제는 하나님을 믿고 그의 자녀가 되어 교회에서 찬양을 마음대로 할 수 있어 감사하다고 말한다. 내가 사는 것도 하나님의 은혜라고 고백한다. 그러나 마음의 염려는 큰 아들이 신앙생활을 올바르게 함으로 하나님의 일을 잘 하는 것이라고 한다. 큰 아들이 예수를 영접하고 믿음이 성장하기만 하면 좋겠다는 그의 말처럼 되기를 원하고 기도했다.

2. 페테르에서 직장을 구하고

가족 모두가 우즈벡에서 상트페테르부르크에 도착하여 직업이 없는 관계로 고통을 많이 겪었다고 한다. 2년 동안 남편은 집에서 말도 하지 않고 침묵으로 지냈다. 가장으로서 책임감, 자녀들 보기에 좋지 않다는 것 때문에 괴로워했다고 한다. 그리고 2년 째 년말이 되어서야 직장을 얻게 되어 출근하게 되었다. 직장에서 첫 월급은 800$이었다. 이 돈으로 집세를 지불하고 나면 남는 것이 없어 아내도 직장을 얻어 일하게 되었다. 남편은 은행에서 일을 하고 부인은 청소부를 하면서 생활하지만 하나님의 뜻을 믿고 사는 것만으로도 감사하다고 말한다. 아무튼 고려인은 매우 부지런하고 가족 공동체간에 화목한 것이 특징이다. 또한 가부장적인 의식과 어른 공경을 잘하고 섬긴다. 이것이 현지 사람들이 고려인을 평가하는 대목이다.

고려인 가정을 방문하면서 그들이 겪었던 고통, 외로움, 자녀와의 갈등 등을 이야기하면서 사진첩을 보여준다. 러시아인이나 고려인이 앨범을 보여주는 것은 가깝고, 신뢰가 간다는 뜻이라고 한다. 가장 가깝다고 판단될 때 자기 집의 사진첩을 보여주는 것이 이들의 생활이란다. 나는 여러 장의 가족사진과 사진첩을 보면서 종족, 혈통 중심의 가족사를 볼 수 있게 되었다. 가정의 뿌리를 중시여기는 러시아 속의 고려인들을 본 것이다.

우즈벡에서 상트페테르부르크로 이주하면서 겪었던 많은 이야기를 들으면서 은행에서 퇴근하지 않은 가장(남편)을 기다렸다. 우리를 위해 통역해 주는 사람도 기다리게 되었다.

3. 한국식 저녁 만찬

가족 중 큰 아들을 제외한 모두가 함께 모였다. 한국에서처럼 심방했으니 예배를 시작했다. 찬송가는 495장을 불렀다. 러시아어와 한국어로 세 번이나 불렀다.

찬송을 부르는 동안 모두가 감격적이었다. 찬송소리는 크게 내지만 눈에서는 어느덧 감동의 눈물이 흘러내리고 있었다. 성경은 히브리서 10:35-39절을 같이 읽었다. 나의 신앙적 삶에 대한 간증을 하면서 성경본문을 중심으로 해석하며 설교했다. 나의 신앙적 생애와 삶을 말씀과 비교하면서 전했는데 모두가 동감하며 결심하는 모습이 보였다. 그리고 가정의 모든 일이 하나님의 손길을 통해 아름답게 해결되길 간절히 기도한 후 축복기도로 마쳤다.

예배를 마치자 식탁 위에 하얀 보자기가 씌어 지면서 반찬을 올려놓기 시작한다. 닭고기, 돼지족발, 고사리나물, 샐러드, 김치, 고추장, 간장, 상추, 가지나물, 된장국(돼지고기와 나물을 넣은 것), 밥을 올려놓으니 식탁이 가득하다. 식사 기도를 마치고 음식을 먹기 시작했다. 모두가 즐거운 마음으로 음식을 먹기 시작했고, 나는 처음으로 족발을 먹었다. 러시아식으로 만든 족발과 치킨은 정말 맛이 있었다.

고려인 가정에 대하여 안 사실이지만 생활이 매우 어렵지만 최고로 손님을 맞고 접대하는 모습은 과거 한국인의 가정을 보는 듯했다.

4. 전철역까지 배웅하는 고려인

식사와 교제는 정말 의미가 있었고 좋았다. 식사 후 전통 민속놀이로 윷놀이를 가르쳐 주었다. 윷놀이는 어떻게 하는지, 말판을 어떻게 놓는지, 가는 길을 알려주자 많은 관심을 갖고 배운다. 가족의 화합과 발전을 위해 윷놀이 문화가 좋다고 알려주자 모두가 좋아 한다. 그리고 곧바로 집을 나와 숙소로 가야하기 때문에 인사를 나누었다. 그러는 사이 집사님의 남편과 둘째 아들은 아파트 입구에 내려가 있다. 저희들은 '전철역까지 걸어서 갈 것이니 댁으로 들어가셔도 좋습니다' 라고 말했지만 그들은 '저희는 일 없습니다. 괜찮습니다' 라고 말하면서 전철역까지 배웅해 주었다. 여기서 우리는 과거 한국의 가정 모습을 보는 것 같았다.

나는 외국 여행을 다니면서 혈통이 같은 한국인으로부터 융숭한 대접을 받은 적은 그리 많지 않았다. 이번 러시아 단기 선교를 하면서 고려인으로부터 최고의 사랑을 받은 것이다.

5. 그레이스 김나지아로

고려인 가정에서 나와 숙소로 가기 위해 전철을 탔다. 전철역 종점은 매우 깨끗하였다. 전철을 타는 곳에는 어디든지 에스컬레이터로 내려간다. 러시아 전철역의 특징은 걸어서 내려가는 전철역이 없다. 항상 에스

컬레이터를 타고 가야만 한다. 전철역 6번째 역에서 내려 1호선으로 갈아타고 두 정거장만 가면 기차역이다. 기차를 타기 위해 표를 구입했지만 기차는 기적을 울리면서 출발해 버렸다. 다음 기차는 40분후에나 있다고 한다.

10번 라인에서 기차를 타려고 가는데 역 한쪽 구석에 정교회 십자가가 서있다. 그곳은 과연 무엇인가? 십자가가 있는 곳으로 가까이 가서 보니 십자가 위에는 예수의 사진을 비롯한 대 여섯 개의 이콘이 붙어 있었다.

왜 기차역 한쪽 구석에 십자가와 비석을 세운 것인가? 여기에는 두 가지 의미가 있을 것이다. 하나는 기차여행을 하는 동안 안전을 위한 것과 둘째는 러시아 정교회인 들의 종교적 심성을 드러내는 것이 아닌가 생각된다. 여기서 두 컷의 사진을 찍고 난 다음 기차가 서있는 곳까지 걸어서 갔다.

기차를 타고 목적지 역에서 내려 숙소인 김나지아까지 40분정도 걸어서 갔다. 숙소에 도착하는 순간 밤 12시가 되었다. 고려인 가정 방문을 마치고 숙소에 도착했을 때 우리가 가장 늦게 온 것으로 알았으나 결과는 우리보다 더 늦은 팀이 있었다. 그들은 러시아 학생들이 포위하자 겁이 나

기도 했지만 가까이 하려고 하자 오히려 친절하게 대해 주었다고 한다. 아무튼 모든 팀이 숙소에 도착한 시간은 새벽 2시였다. 새벽 늦게까지 잠을 자지 않고 기다렸다는 것은 하나 됨, 공동체가 중요함을 새삼 느꼈다.

6. 고려인들의 희망은 한국방문

러시아에 거주하는 고려인들의 꿈은 한국 방문이다. 한국을 방문하기 위해 그들은 돈을 모으고 있다며 희망을 버리지 않고 있다. 노년층 고려인들은 죽기 전에 한국을 방문하는 것이 꿈이다. 그들의 꿈을 이루어 줄 수 있는 곳은 교회다. 교회가 이 일에 동참해야 한다. 왜 그런가? 고려인들을 통한 러시아 복음화, 교회성장의 촉진제가 되기 때문이다.

7. 발전하는 러시아

보통 러시아 하면 과거 공산주의 국가, 고기와 보드카와 맥주를 많이 마시는 곳이라는 선입견이 많다. 실제로 러시아 사람들은 기회가 주어지면 술병을 들고 다니면서 마시거나 동료들이 함께 마시는 것이 사실이다. 그렇다고 모든 러시아 사람들이 다 그런 것은 아니다.

러시아의 지식층이나 상류층 사람들은 때와 장소를 가려서

술을 마신다. 러시아 사람들이라고 해서 아무데서나 고기와 술을 많이 먹는 것은 아니다. 러시아에서 고기값은 매우 비싸기 때문에 항상 먹을 수 있는 것도 아니다. 도시에 거주하는 사람들도 풍요로운 생활을 하는 것은 아니다. 그만큼 러시아에서 생활은 어렵다. 최근 갑작스런 경제변화는 서민들의 생활이 점점 더 어렵게 하고, 가진 자는 더 많은 것을 갖고 사는 현상이 발생하고 있다.

나는 러시아를 방문하면서 많은 가능성을 보았다. 첫째, 러시아는 국제화를 시도하고 있다는 점이다. 소치에서 동계 올림픽 개최, 상트페테르부르크에서 올림픽 개최 준비 등이다. 둘째, 외국기업의 지속적인 투자와 기업의 진출(자동차 회사, 반도체 등), 외국인의 아파트 구입 가능성 등이다. 셋째, 세계적인 발레 종주국, 문학과 예술의 도시로 관광객을 유치하고 있다. 넷째, 건설경기가 활발하게 진행되고 있어 경기회복이 빠르게 진행되고 있다. 아무튼 러시아는 새로운 문화 변혁으로 몸살을 앓고 있다.

부이 시의 복음화를 품으며

RUSSIA

RUSSIA

러시아, 153개 종족이 여러 지역에 흩어져 사는 곳이다. 러시아 미전도 종족 운동이 일어나 현재는 80여 종족이 복음을 알지 못하고 있다. 러시아가 그리스도의 계절이 되도록 끊임없이 기도해야 하고, 복음을 전해야만 되는 곳이다. 복의 근원을 삼고자 아제르바이잔 출신의 목사님을 보내시고 그 민족과 지역이 복을 받게 하기 위하여 준비케 하신 하나님을 찬미하며 창밖을 바라다보았다.

나는 창밖을 내다보면서 모든 일정을 하나님께 맡겼다. 믿음이 좋은 사람은 맡기는 것을 잘한다. 하나님께 모든 것을 맡기면 달라진다. 맡긴다는 것은 전적으로 하나님을 신뢰하며 의지하는 것을 말한다. 하나님을 믿고 의지하니 저절로 힘이 난다.

11장 부이 시의 복음화를 품으며

1. 주님과 동행

오전 일정을 마치고 다음 장소를 향해 짐을 꾸렸다. 오랜만에 가방 정리를 하고 먼 곳으로 이동을 하기 때문이다. 상트페테르부르크에서 부이(Bui)까지는 14시간이 걸린다고 한다. 오후 4시 22분 기차를 타면 다음날 오전 6시 6분에 도착이다. 러시아에서 시베리아 방향으로 기차를 타기는 처음이다. 늘 가까운 곳에서 기차로 전철로, 시내버스를 이용한 것이 전부였지만 이번은 아주 먼 곳으로 기차를 타고 떠난다.

그레이스 김나지아에서 점심을 먹고 라도스카야 역으로 이동을 했다. 네바 강을 건너기 전에 기차역이 있다. 이 역은 현대식 디자인으로 되어 있다. 1층은 버스와 전차가 지나다닐 수 있고, 2층 중앙은 기차역으로 내려가는 에스컬레이터가 설치되어 있으며, 3층에는 오랜 시간 기차를 기다리는 사람들을 위한 쉼터가 마련되어 있다.

기차역에는 1시가 좀 넘어 도착을 했기 때문에 거의 3시간 정도 기다린 것 같다. 시간이 되어 고려인과 유학생, 그리고 일행은 기차역으로 내려갔다. 라도스키야에서 부이 역으로 가는

기차의 객실은 14개였다. 부이 역까지의 거리는 약 1000km가 되는 것으로 보인다.

내가 기차를 타려고 하자 차장은 여권과 표를 검사하고 돌려준다. 러시아에서 여행할 경우 항상 여권을 항상 소지하고 다녀야 한다. 여권은 생명과 다를 바가 없다. 차장의 차표 검사가 끝나자 곧바로 기차를 탔다. 기차는 침대칸이어서 그런지 깨끗하고 잘 세탁된 이불보가 준비되어 있었다. 나와 다른 일행은 25-28번의 침대칸으로 이동했다. 객차 안에서 화장실은 가까웠지만, 더운 물을 떠다 먹기에는 좀 먼 곳에 위치하고 있었다.

기차 안에서 기도를 한 후 장거리 여행을 위한 준비에 들어갔다. 여행 중 간식으로 먹어야 할 요구르트, 빵, 과일, 신라면을 먹으면서 창밖을 내다보았다. 시내를 벗어나자 철로 길 양 옆으로 우거진 숲은 보기만 해도 감사가 절로 나온다. '주 하나님 지으신 모든 세계 내 마음속에 그리워 볼 때……' 정말 끝이 보이지 않을 정도로 잘 자란 재목들이 즐비하다.

러시아, 153개 종족이 여러 지역에 흩어져 사는 곳이다. 러시아 미전도 종족 운동이 일어나 현재는 80여 종족이 복음을 알지 못하고 있다. 러시아가 그리스도의 계절이 되도록 끊임없이 기도해야 하고, 복음을 전해야만 되는 곳이다. 복의 근원을 삼고자 아제르바이잔 출신의 목사님을 보내시고 그 민족과 지역이 복을 받게 하기 위하여 준비케 하신 하나님을 찬미하며 창밖을 바라다보았다.

나는 창밖을 내다보면서 모든 일정을 하나님께 맡겼다. 믿음이 좋은 사람은 맡기는 것을 잘한다. 하나님께 모든 것을 맡기면 달라진다. 맡긴 다는 것은 전적으로 하나님을 신뢰하며 의지하는 것을 말한다. 하나님을 믿고 의지하니 저절로 힘이 난다.

2. 철로 길 따라 아름다운 숲 속이

라도스카야 역을 출발한지 3시간이 지났을 때 기차 길 옆으로 아름다운 들꽃이 피어 있다. 이름모를 꽃이지만 여행하는 우리에게 즐거움을 안겨줄 뿐 아니라 피곤하지 않게 한다. 2주간이 넘도록 숙소가 있는 강의 실에서 강의하며 훈련생들과 함께 지냈던 시간을 기억하며 들에 핀 꽃을 보니 찬송이 절로 나온다.

더욱 감사한 것은 한국인으로부터 받은 김밥 선물이다. 러시아에서 김밥과 자두를 먹을 수 있다는 것은 기적이다. 한국적인 모습을 보아도 신기할 정도로 김밥은 힘이 나도록 한다.

부이 역까지 가는 길 그곳은 아름다운 숲이 우거진 곳이다. 러시아의 목재 생산을 이곳에서 하여 기차로 수송한다. 러시아는 세계적으로 목재가 많기로 유명한 곳이다. 철길 옆으로 가끔 보이는 농가는 모두가 목조 건물이다. 그만큼 나무가 많아 집을 지을 때, 문틀과 문, 기차의 창문도 나무로 제작한다.

내가 기차를 타고 여러 나라를 여행한 경험이 있지만 철길 옆으로 끝없이 수목으로 우거진 곳은 처음 본다. 하나님이 주신 자연은 정말 아름답다. 라도스카야에서 부이로 가는 동안 곳곳에서 비가 내린다. 여름철에 그렇게 많이 내리는 비가 아닌데도 금년 여름에는 유난히 비가 많이 내린다고 한다. 이는 풍년을 의미하는 것인지도 모른다.

나는 기차를 타고 가면서 러시아로 유학 온 학생과 대화를 나누었다. 그는 한국에서 대학교 1학년 1학기를 마치고 유학을 왔다. 러시아 항공대학교에서 조종사가 되기 위해 공부를 한지 3년을 마쳤다. 올 가을이면 4학년 1학기가 된다. 그는 기차를 타고 여행하기 전까지 학교에서 비행조종실습을 하고 왔다며 자신의 학업에 대단히 만족스러워하고 있었다.

그가 다니는 항공대학교의 한 학기 등록금은 400만원이다. 인문 사회 계열은 200만원 정도이나 매년 등록금 인상률은 매우 높아 부담이 된다고 한다. 그는 한 학기에 40만원의 기숙사 비를 지불하고 식사는 매식을 한다고 한다. 그러나 집에서 지방으로 통학할 때보다는 부담이 덜 되고 자신이 전공하고 싶은 것을 하기 때문에 좋다고 한다.

그와 한참을 이야기하고 있는데 강아지(샤바감)의 울음소리가 난다. 러시아에서는 강아지를 데리고 기차에 탈 수 있는 것도 재미있다.

3. 부이 역에 도착하다

새벽 5시, 잠에서 깨어나 성경책을 펴고 역대하 1장부터 읽기 시작했다. 다윗과 솔로몬의 행적이 기록된 이 말씀을 묵상하고 잠시 팀원들과 함께 아침 묵상을 했다.

오전 6시 6분에 정확하게 부이 역에 도착하였다. 부이 역에 도착하여 기차에서 내리자 철로길 사이에서 오물 냄새가 코를 찌른다. 철길 건너편으로 정교회가 보인다. 정교회의 정문은 역 바로 옆에 있어 누구나 예배에 참석하고 여행할 수 있다.

이곳에서 파리스 목사의 영접을 받고 역을 빠져 나오자 광장 앞에 레닌 동상이 보인다. 레닌 동상은 부이 역 안에도 있지만 밖에도 세워져 있다. 역에서 5분정도의 길을 걸어 호텔로 이동하는데 비가 내린다. 나는 비를

맞으며 호텔을 향해 가다가 버스를 탔다. 버스는 30인승으로 러시아인의 체형에 맞게 잘 만들어졌다.

버스에서 내려 곧바로 호텔로 가는 동안 가슴 아픈 장면을 목격했다. 나이 많은 할아버지가 쓰레기통을 뒤지면서 폐품을 줍고 있었다. 이른 아침부터 폐품을 모아 팔면 얼마의 돈을 벌까? 아니면 보드카를 마시기 위해 폐품을 수집하는가? 생활비, 용돈을 벌기 위해서 그런 것인가를 생각하며 그 할아버지를 바라보면서 길을 걷고 있었다. 그런데 나에게 충격적인 것은 방금 쓰레기통에서 주운 술병의 술을 마시고 있지 않는가? 이른 아침부터 쓰레기통을 뒤져 술을 마시는 할아버지를 보면서 마음이 씁쓸했다.

할아버지의 뒷모습을 뒤로 하고 걸어서 호텔로 가는 동안 이 장면은 나에게 지워지지 않는 충격이었다. 복음을 전하는 사람이 복음과 빵을 같이 나누어 주어야 한다는 것을 발견하는 순간이었다. 그러나 성경은 빵만을 주어서도 안 된다고 말씀한다. 역대상 16:10절에 "하나님을 구하는 자는 마음이 즐겁다"고 했으며, "그를 경외하는 자가 복을 받는다"고 했다. 부이지역에는 정교회가 있지만 진정으로 하나님을 사랑하지 않는 것 같았다. 성경대로 살면 조금도 어려울 것이 없을 텐데 말이다.

4. 호텔에서 잠시 쉬다

러시아에 도착하는 날부터 지금까지 무척 바쁘게 지냈다. 그리고 14시간의 장거리 여행은 무척 피곤했다. 그래도 러시아 땅을 밟으며 여러 지역을 눈으로 확인할 수 있어 하나님께 감사의 기도를 드렸다.

부이에 있는 유일한 호텔에 도착해보니 입구의 계단은 낡아 흠이 많았다. 철문으로 된 곳을 통과하자 자전거가 놓여 있다. 이 호텔은 부이 역에서 가장 좋은 곳이라고 하지만 냄새가 많이 났다. 1층은 호텔로 사용하고 2층부터는 기숙사로 사용한다고 한다.

호텔 방에 들어서니 한쪽은 2개의 침대가 놓여 있고, 반대편에는 4개의 침대가 있다. 화장실과 욕실은 분리되어 있었고, 세면대는 밖으로 나와 있었다. 방으로 들어가서 침대에 누우려 하는데 삐거덕 하는 소리가 들린다. 침대위에 있는 매트리스가 바닥으로 내려앉는 것이 아닌가 걱정도 했다. 그러나 나의 걱정도 염려도 잠시뿐 이었다. 곧바로 잠이 들었다. 얼마나 피곤했던지 몸이 아플 정도였다. 깊은 잠에서 깨어 보니 오전 9시다. 이른 점심을 먹기 위해 버스를 타고 부이에서 20km 떨어진 치스트지 바리(Chistge Bory)라는 곳에 갔다. 부이시내에서 많이 떨어져 있지만 그 주변 경관은 아름다운 곳이다. 이곳은 부이에서 목회하는 목사님의 처갓집이다.

버스 종점에서 5분 거리의 아파트 5층으로 올라갔다. 그곳에서 목사님의 장모님은 많은 음식을 준비했다. 햄, 빵, 러시아식 닭고기로 만든 국수, 샐러드, 감자, 바나나와 사과를 준비했다. 하나님께 감사의 기도를 드리고 음식을 먹고 난 후 예배를 드렸다.

5. 부이 시의 셀 교회

부이지역은 전통적으로 러시아 정교회의 영향력이 매우 높은 곳이다. 앞에서 말했듯이 기차역내에 정교회가 세워진 것을 보면 도시민들이 정교회의 영향을 많이 받고 산다는 것을 상징적으로 증명해 준다.

부이 시내에는 개신교회가 보이지 않는다. 정교회는 4곳이나 되지만 교회 건물은 한 곳도 없다. 이 지역은 선교가 열악하다는 것을 보여준다. 교회라고 할 수는 없지만 시내에서 20km 떨어진 곳에 예배하는 곳이 있을 뿐이다. 셀 교회의 전체 교인은 10명이라고 한다.

오래전 부이 시내에 미국선교사가 들어와 사역을 했고, 교회를 세우려고 했는데 갑자기 나타나지 않아 그 뒤로 목회자가 없었다고 한다. 지금은 작은 교회지만 목회자가 있어 좋을 뿐 아니라 성경도 읽을 수 있어서 좋다고 말한다.

어느 할머니 성도는 이렇게 말한다. '내가 10년 전에 예수를 영접했어요. 그 전에는 정교회를 다녔는데 늘 참여만 하고 감동이 없었어요. 그래서 마음속으로 늘 기도했어요. 하루 속히 성경을 배우고 은혜를 체험할 수 있는 교회가 세워졌으면 좋겠다고요. 그랬더니 지금 목사님도 보내주시고 저희 집에서 예배할 수 있어서 감사드리고 있습니다. 앞으로 교회

도 세워지길 저희는 기도하고 있습니다. 그렇게 되길 기도하고 기다리고 있습니다.'

　나는 계속해서 질문해 보았다. 러시아 정교회에 출석할 때 성경책은 읽었으며 영적으로 체험한 경험이 있는가 묻자 그는 대답한다. 교회에서 성경책을 소리 내어 읽어 본 적이 없으며 참여만 했고, 그래서 정교회를 나와 다른 도시에 있는 교회에 출석했다고 한다. 그러면 현재 개신교회에 출석하면서 성경을 갖고 읽는다는 것은 매우 감사한 일이라고 한다. 자신이 성경을 많이 읽기 때문에 목사의 설교를 들을 때 이해가 빠르다고 말한다. 그리고 부이지역의 인구는 23,000명이지만 실제로 그리스도인은 1만 명에 불과하다고 말한다. 그리고 많은 청년들이 교회에 나왔지만 한번만 나오고 더 이상 출석하지 않기 때문에 이에 대한 대처가 필요하다고 힘주어 말한다. 그렇다면 젊은이들이 왜 교회를 떠나는가? 정교회는 구약 적이고 신약성경을 거의 읽지 않는 차이점이 있다.

　정교회에서는 구약중심으로 생활하며 신약성경은 배제하는 것이 흠이라고 말한다. 또 한 가지는 교회가 젊은이들을 위한 일자리를 만들어 주어야 하는데 이곳은 무엇인가를 하고 살 수 없는 곳이다. 아파트 주변에 있는 상가와 공장이나 사무실은 없다. 이곳에서 젊은이들이 무엇을 믿고 살 수 있는가? 경제활동을 전혀 할 수 없는 곳에서 어떻게 살아갈 수 있는가 이것도 문제 중 하나였다.

　목회자에게 당신의 기도제목이 무엇이냐? 당신의 목회비전이 무엇인가를 묻자 한마디로

교회가 있는 것이라고 말한다. 목회자에게 교회는 생명과도 같은 일터이며 영적 훈련장이기 때문이다.

다음으로 기도 제목은 교회가 자유롭게 예배할 수 있는 공간이 필요하다고 말한다. 러시아에서 교회가 성장하려면 단독 건물이 꼭 필요하다고 말한다. 교회 건물을 매입하는 것이고 새로 건축하는 것의 차이는 어떤 것이 있는가라고 질문해 보았다.

첫째, 우리가 마음껏 기도할 수 있는 교회가 세워졌으면 좋겠습니다.

둘째, 모든 러시아인들이 교회로 돌아오도록

셋째, 젊은 청년들이 교회로 돌아와 하나님을 찬양하도록

목회자는 이를 위해 최선을 다해 기도해 줄 것을 바랐다. 우리는 손을 잡고 힘차게 부르짖으면서 셀 교회의 발전을 위해 기도했다.

교회의 모든 성도들이 하나님께 합심기도를 마치고 계속하여 대화를 이어갔다. 교회의 대지와 건물을 구입하는 것 중 어느 것이 더 좋으냐고 묻자 기본적인 건물을 매입하는 것이 좋다고 말한다. 그렇다면 교회의 크기는 얼마나 되어야 하는가라고 물어 보았다. 목회자의 대답은 이렇다. "현재 저희가 기도하고 있는 교회는 50명 정도 모이는 장소와 대지가 필요합니다. 그러나 대지는 매입하는데 어려울 뿐 아니라 건축하기까지의 과정도 어렵기 때문에 건물을 매입하는 것이 더 쉽다고 한다. 교회로 사용할만한 공간을 매입하는데 드는 비용은 1,300만원(13,000$)입니다."

목회자의 목회비전과 철학을 듣고 난 후 우리는 합심하여 기도를 했다. 러시아 미션 프로젝트가 아름답게 진행되고 열매 맺기를 위해 눈물로 기도했다.

그러나 부이 지역의 복음화를 위해서는 몇 가지 준비사항이 필요한

것으로 보인다. 첫째는 목회자의 수준 높은 목회훈련이 요구되고. 둘째, 목회자의 목회철학과 교인들에 대한 재생산 프로그램을 통한 활성화. 셋째, 정교회로부터 개신교로 개종한 교인들에 대한 양육강화. 넷째, 정교회가 새롭게 정리하고 출발하려는 시기에 기독교의 후원이 절실하다는 점 다섯째, 기도후원자 개발을 통한 종족입양운동 등이다.

이 지역의 교회 성장을 위해 목회자 보급과 협력사역의 강화는 부이 지역의 2만3천명의 영혼을 품을 수 있다. 이를 위해 모든 교회가 동참하고 기도할 것을 요청한다.

6. 15세기 정교회

부이 지역에는 4개의 정교회가 있다. 15세기에 건축된 '여름에 정교회'가 가장 크고, 부이 역 정교회, 레닌 동상 앞의 작은 교회, 강 건너 편의 정교회가 있다.

최근 2년 동안 여름에 정교회는 계속 수리 중에 있다. 제일 먼저 십자가와 돔을 수리한 후 외벽과 1층 내부를 수리하고 있었다. 이 교회는 15세기에 건축되었다는 것 외에 교회역사에 대하여 아무도 모른다. 공산정권이 들어서면서 교회안의 이콘과 성물은 박물관으로 보내 버리고 빵 공장을 했다고 한다. 구소련 시절에 오랫동안 빵 공장을 한 관계로 거의 폐

허가 된 것을 이제 수리하고 새로운 도약을 준비하고 있었다.

여름에 정교회의 예배는 여름에는 2층에서 겨울에는 1층에서 예배를 드렸다고 한다. 교회가 한창 공사 중이라 인부를 통해 관리인을 불러 계단을 타고 2층으로 올라가 보았다. 2층 내부는 폐허가 되어 사용이 불가능하여 계속적으로 수리할 것이라고 한다. 그리고 1층 내부를 보기 위해 원형계단을 타고 내려가자 깨끗하게 시멘트로 미장을 마친 상태였다. 강단에는 3개의 문을 만들었고, 고해성사와 사제가 서서 성화의식을 할 수 있는 강단이 만들어져 있었다. 교회는 십자가 모형으로 되어 있었고 이콘을 그려 넣을 수 있는 벽도 만들어져 있었다.

여름에 정교회 보수공사를 위한 재정부담은 누가 하는가? 부이 시민들의 기부금과 부이시청의 재정적 지원이라고 한다. 정부가 교회 리모델링에 재정을 지원한다는 것은 교회의 힘이 막강하다는 것을 말해준다.

나는 정교회 문밖에 나오면서 몇 가지 생각에 파묻혔다. 하나는 정교회가 새롭게 출발하게 되면 개신교 성장에 장애가 될 우려가 있다는 것이다. 둘째, 정교회가 지니는 잠재력 즉 정치적 힘이 함께 할 때 미치는 영향이 막대할 것이라는 점이다. 이제 부이지역의 복음화를 위해서는 목회자를 파송하고 가정교회라는데 안심할 단계는 지났다. 하나님의 지상명령을 위해 본격적으로 한국교회가 개입하든지 아니면 현지 선교사들이 힘을 모아 전략적으로 선교해야 할 지역이다.

7. 경적소리를 울리는 신혼부부 차량

비가 내리는 오전, 결혼식을 마친 신혼부부 차량이 경적을 울리며 시내를 돌아다닌다. 조금 지나자 여기저기서 경적을 울리며 레닌 동상이 세워진 로터리를 세 번이나 돌면서 어디론가 사라진다.

세계 어디를 가나 결혼식 날은 즐겁다. 신혼부부와 신랑이 타는 차량에는 풍선과 두 마리의 비둘기 모형을 지붕에 달고 다닌다. 승용차 앞부분에 화환을 지붕에는 풍선을 달고 다니는 것을 보면 결혼이 좋은 것은 어쩔 수 없나 보다. 그리고 결혼식에 참석하는 사람들도 그리 많지 않다. 양가 부모, 친척과 친구들이 전부인 것 같다. 소수의 사람들이 모여 즐거움을 누리면서 어디론가 사라져 버리는 신혼부부 차량은 나에게 인상적이었다. 나는 이들을 향해 손을 흔들어 주었고, 웃음으로 축하를 대신해 주었다.

8. 셀 교회 성도들과 저녁만찬을

부이 시에 도착한 후 시내를 돌아보았다. 이곳은 러시아의 조그만 도시로 공기가 맑고 사람들이 생활하기에 편리해 보이는 곳이다. 하루 종일 비가 내리다가 또 멈추고 다시 비가 내린다. 빗길을 따라 시내 몇 군데를 다니면서 돌아본 후 오후 3시에는 부이 시내에 거주하는 교인들과 저녁식사를 하기로 했다.

저녁식사는 오후 3시, 아무리 생각해도 이해가 되지 않는 저녁식사 시간이다. 교인들은 오전부터 준비한 음식을 들고 박물관이라는 곳으로 가져왔다. 박물관 1층은 꽃과 나무로 만든 것을 진열하고 있었다. 중앙에 긴 테이블위에 많은 음식을 올려놓았다. 빵과 오이, 홍당무로 만든 야채, 당근볶음, 치킨 등이다. 아마도 치킨은 10마리 정도인 것 같은데 나무로 구운 것이라 맛이 독특했다. 러시아 음식은 짠 것이 특징이다. 추운 지방 사람들은 음식을 짜게 먹음으로 추위를 이겨낸다고 한다.

우리와 함께하는 현지 교인들은 모두 12명, 외국인이 방문한다는 소식에 방문한 분도 있는 것 같이 보인다. 우리는 감사 기도를 한 후 식사를 했고, 식사가 마칠 무렵 서로 소개하는 시간을 가졌다. 어느 여자 성도는 우리 일행을 향해 감격적으로 말을 한다.

"여러분이 한국에서 이곳까지 찾아주셔서 감사드립니다. 저희들은 부이 시내에 교회가 세워지길 오랫동안 기도해 왔습니다. 목회자가 우리의 영혼을 위해 목양하고 가르쳐 주기를 바라면서 기도했습니다. 이제 목사님이 오셔서 정말 좋습니다. 그런데 한 가지 문제는 부이 시내에 흩어져 사는 젊은이들이 교회로 많이 나왔으면 좋겠습니다. 젊은이들이 할 일 없이 이곳저곳으로 방황하는데 교회에서 목적이 이끄는 삶을 살았으면 좋겠습니다. 청년 사역을 위해 기도해 주시고 여러분의 앞길에 하나님께서 함께 하시길 빕니다."

그리고 러시아어로 된 찬송을 듣고 난 후 우리들은 '러시아' 란 노래로 화답했다. 나는 요한복음 20장 31절 말씀을 통해 격려를 하고 하나님의 복이 믿음을 가진 자들에게 드러나길 간구했다. 그러자 교우 중 한 명이 일어나 정교회 형식으로 얼굴과 가슴에 성부, 성자, 성령이란 사인을 한 후 주기도문을 노래하는 것으로 끝을 맺었다. 여자 성도의 주기도문 노래는 좀 어색했지만 이 지역에 맞는 상황이란 점을 인식하게 되었다.

오늘 하루 하나님의 은총 가운데 지냈다. 생면부지의 사람들을 만나 식사를 하고, 미전도지역의 땅을 밟으면서 기도할 수 있어 좋았다. 하나님의 얼굴을 찾는 백성이 늘어가고, 그의 음성을 듣는 무리가 더 많아지길 희망하면서 주일을 기다려 본다.

9. 안디옥 교회의 도시선교 모델이 필요한 곳

나는 부이 시내가 성경에 나오는 안디옥 교회와 같은 곳이 되길 기도했다. 이곳에서 하나님의 거룩한 음성이 들려지고, 찬양이 넘치는 곳이 되길 기도했다.

잠시 부이 시내를 돌아보며 얻은 결론은 초대교회 같은 역사가 일어나야 한다는 점이다. 안디옥 교회가 스데반 순교이후 핍박을 피해 안디옥에 흩어졌던 사람에 의해 복음이 전파되었다. 이때 성령께서 배타적인 히브리파 유대인보다 이방인에게 우호적인 헬라 파 사람을 통한 선교를 하셨다. 첫 선교의 관문이었던 안디옥 교회처럼 부이 지역을 통해 인근

지역이 복음화 되는 역사가 일어나길 희망한다.

현재 부이시내에 흩어져 사는 소수의 크리스천들은 흩어지지 않고 교회공동체를 이루면서 부이 시내 복음화를 위해 기도하고 있다. 안디옥교회가 사도들이 없었던 것처럼 이곳에도 목회자가 없었다. 평신도 선교사들에 의해 가정에서 예배했고 하나님의 이름을 찬양하며 여기까지 온 것이다. 이제 복음전도자 ○○○ 목사가 사역하고 있으니 하나님의 역사가 일어나는 것은 시간문제라고 본다.

부이 시내의 평신도들은 모두가 목회자이다. 사도행전 11장 22절의 말씀과 같이 믿음 있는 성도가 부이 시내 상황을 파악하고, 성도들을 돌보면서 복음화를 위해 전도하고 있다. 이들을 통한 신앙의 기반 조성과 공동체가 형성되어 있었다. 그리고 하나님의 역사 인식을 통한 사역을 시도하려는 아름다움이 엿보인다. 서로가 격려함으로 믿음을 견고히 할 뿐 아니라 믿음을 굳게 세워주는 목회자에 대한 신뢰가 높다는 것도 발전가능성이 높아 보인다.

부이 시내의 셀 교회는 영적으로 자격 있는 교우들과 지도력을 가진 성도들로 인해 하나님의 사역이 활성화 되어 가고 있다.

부이 지역의 복음화를 위해서는 새 신자 양육에 힘을 쏟아야 한다. 부이 시내에 숨어 있는 그리스도인을 찾아야 하고 그들의 양육이 시급하다는 점이다. 이 지역의 복음화를 위한 연차적 계획과 실천, 훈련을 통한 지역복음화가 전제되어야 할 곳이다. 따라서 지역선교 훈련 센터 기능을 유지하면서 또 다른 지역으로 선교사를 재 파송하는 전략 개발을 해야 한다. 부이 시내의 참된 제자 양육은 새 신자 전도, 새 신자들의 정착과 훈련, 성숙한 제자 만들기, 재생산하는 사역자가 되도록 해야 한다.

초교파적인 교회 협력 체제와 하나 됨의 증거가 필요한 곳이다. 안디옥교회가 단일 연합체를 이루어 선교한 것처럼 교파 색체를 벗어난 사역이 필요하다. 오직 예수 그리스도를 부이 시장으로 모시는 새로운 부족 공동체로 발전하는 곳이 되어야 한다.

부이 시내는 경제 활동을 하기에는 어려운 곳이다. 또한 가난한 자를 돌보는 교회로서의 역할이 필요하다. 도시선교의 특징 가운데 긍휼사역과 구제사역이 있다. 이른 새벽부터 술로 방황하는 사람들을 전도하고 그들을 위해 리드할 수 있는 교회가 되어야 한다. 구제사역은 초대 교회의 기본 사역이었다. 마찬가지로 시내에 가난한 자를 찾아(신 15:4-5)돌보고, 각각 힘닿는 대로 각 사람의 필요에 따라 나누어주는 역사가 일어나야 한다(행 11:29).

균형 잡힌 리더십을 갖춘 교회로 성장하도록 도와야 한다. 성경의 교회들은 균형을 보여주었고, 선지자와 교사들이 있었다고 했다(행 13:1). 마찬가지로 이곳에서도 목회자와 교사가 많아 균형 잡힌 리더십을 발휘하도록 해야 한다. 균형 잡힌 것은 바로 영적 상태의 건강을 표시하는 것이다. 교회의 수적, 영적인 부분에서 충만한 상태가 균형을 이룰 때 구심적 교회성장과 원심적 이방인 선교가 이루어진다. 그리고 교인들의 은사에 따라 세워주는 교회로서 역할을 다하도록 기도할 필요가 있다.

종교적, 인종적, 정치적 장벽이 제거된 우주적, 보편적 교회가 되어야 한다. 이는 범세계적

교회, 포괄적, 우주적인 교회로 발돋움하는 것을 말한다. 지역 내에 있는 종교적 장벽, 민족, 언어, 지리적 장벽을 넘어 하나로 연합하여 동과 서로 뻗어가는 교회가 되도록 비전을 가져야 한다. 성경에 의하면 유대인, 레위인 바나바, 아프리카 흑인 니게르인 시므온, 구레네 인 루기오, 헤롯 가문 마나엔, 유대주의자 사도들이 어우러진 공동체를 이루어 교회를 성장시켰다. 이와 같이 되기 위해서는 정교회의 울타리와 전통적 세계관에서 벗어나야 한다. 이를 위해서는 하나님의 절대적 도움의 손길이 필요하다. '주의 손이 그들과 함께 하시매 수다한 사람이 믿고 주께 돌아오더라' (행 11:21)는 말씀처럼 헌신하는 교회가 되어야 한다. 그리하여 모달리티(Modality)조직을 잘하여 소달리티(Sodality)로서 자발적인 선교지원과 자비량 선교가 늘어나는 교회가 되길 희망한다.

부이 시를 위한 성시화 운동을 위해서 한국교회도 적극적으로 협력사역을 모색해야 한다. 러시아 교회가 그리 크지는 않지만 선교사들에 의해 자국 선교사를 파송하는 단계에 이르렀다. 현지 선교사는 자국안의 다른 언어와 문화에 쉽게 적응할 수 있는 장점이 있다. 선교의 효율성과 효과의 면에서 외국 선교사보다는 높을 수 밖에 없다. 그래서 선교는 우리의 선교가 아닌 하나님의 선교라고 부른다.

따라서 현지인 없는 사역은 무너지기 쉽다는 것을 발견했다. 개인적으로 부이지역을 방문하면서 목회자, 소수의 교인들을 만나면서 그들과 관계를 돈독히 한것이 은혜라고 생각한다.

부이 시의 복음화를 위해 사회적, 문화적인 이해를 이론으로만이 아닌 실제적 이해와 준비가 절대적으로 필요하다는 점이다. 러시아만이 아니라 모든 나라의 자국문화의 복잡성과 다양성을 갖고 있다. 이것을 이해하려면 결국 시간과 언어의 필요가 절대적이다. 이같은 일을 하기 위해 적극적으로 대처하는 것은 시간이 걸리더라도 결코 늦지 않는다.

아무쪼록 부이 지역을 방문하면서 많은 것을 보게 하신 하나님께 감사드리며 주의 날개 아래서 깊은 밤을 지내기 원한다.

10. 카스트로마 지역으로 이동

어제는 종일 비가 내렸다. 잠시 멈추었다가 또 다시 비가 내린다. 정신없이 내리는 비로 인해 건물 안으로 뛰어 들어갔다가 다시 나오기를 반복했다. 비를 여러 번 피하고 나서야 저녁때가 되었다. 이른 저녁을 먹었기 때문에 글쓰는작업을 열심히 했지만 내일을 위해 일찍 잠을 자야 한다.

부이에서 카스트로마 지역은 남쪽으로 100km 떨어진 곳에 위치한다. 버스를 타고 가면 2시간 30분 정도 걸린다. 이른 아침 식사는 빵과 컵라면을 먹고 짐을 꾸려 호텔을 나왔다.

오전 7시, 호텔 밖에는 바람이 강하게 불어온다. 가을바람처럼 매우 춥다. 반팔을 입었다가 다시 긴 옷을 꺼내 입고 승합버스를 타기 위해 30분을 기다렸다. 바람 부는 날씨는 예사롭지 않았지만 곧바로 버스가 도착하여 짐을 싣고 출발했다. 부이 시내를 조금 벗어나자 직선도로 양옆에 숲이 펼쳐진다. 도로 옆으로 두 시간 동안 갔지만 나무숲은 끊임없이 이어진다. 러시아는 나무가 많다는 것을 또한번 실감하게 된다.

나는 몸이 피곤하여 창가로 얼굴을 대고 계속 잠을 잤다. 며칠 동안 이루지 못한 잠을 잘 수 있다는 것만으로도 행복했다. 그리고 예배시간에는 철저하게 하나님의 말씀을 듣기 위한 준비라고 생각했다.

11. 카스트르마 오순절교회

카스트르마 시내는 조용한 곳으로 느껴졌다. 카스트르마로 가는 도로는 울퉁불퉁하지만 부이에서 정기적인 노선버스가 있고 기차도 있어 교통은 편리한 것 같다.

카스트르마 시내에 들어서면서 운전기사는 교회가 있는 곳을 찾기 위해 확인전화를 여러 번 하기도 하고 차에서 내려 다른 기사에게 물어보기도 한다. 친절한 운전기사, 그리고 우리를 안내하는 현지 목사의 열정도 대단했다. 나는 카스트르마 모처의 오순절 교회에 오전 9시 30분에 도착했다. 현지 목사가 우리가 있는 곳에 와서 안내를 했기에 더 빨리 교회로 갈 수 있었다.

교회는 창고같이 보였고, 안에는 작은 강당을 예배처소로 사용하고 있었다. 건물 중앙은 교회로 사용하면서 강당 주변은 학교 교실로 사용하는 것처럼 보였다. 내가 러시아에서 느낀 것은 중국보다 신앙생활이 자유롭다는 점이다. 내국인이라도 자유롭게 종교를 선택하여 하나님을 찬미할 수 있다.

교회 목사는 우리 일행을 맨 구석진 빈방으로 안내한다. 이곳에 가방을 놓고, 찬양 연습을 하는 것이 좋겠다고 말한다. 그리고 예배의 설교는 한국에서 온 목사가 할 수 없고 미리 예정되어 있는 관계로 찬양을 부탁했다. 예배 시간은 오전 10시, 예배가 시작되는 기도와 함께 오순절 교회답게 일어나서 찬양을 부른다. 찬양을 부르는 도중 눈물로 기도하는 성도, 손을 높이 들고 하나님의 성호를 찬미하는 분도 있다. 여러 모양으로 하나님을 찬양하는 모습을 보았다.

카스트르마 오순절교회 목사의 설교가 끝이 나자 카메룬에서 온 유학생이 설교를 한 시간 동안이나 한다. 그는 모든 민족을 위한 기도가 필요하다며 소리 높여 기도한다. 그의 기도가 끝이 나자 우크라이나에서 온 목사의 설교가 이어진다. 그는 '꿈' 이라는 제목으로 설교했다. 이 교회는 예배 순서가 없는 것처럼 보였다. 그러나 나중에 안 일이지만 찬양과 통성기도, 어린이를 위한 기도, 찬송, 어린 아이의 간증, 설교, 헌금 그리고 설교, 찬송을 부르고 설교를 듣는다. 오전 10시에 시작된 예배는 세 명의 설교를 듣고서야 끝이 났다. 오후 1시가 조금 넘어 예배는 마무리 되었다.

특히 한국에서 단기선교를 위해 이곳에 방문한 팀이 '러시아' 라는 노래를 부르자 교인들 가운데 3명은 눈물을 흘린다. 러시아 곡은 감정적인 부분이 있어 나이든 교인들이라면 누구나 아는 노래이다.

12. 카스트르마에서 다시 부이(Bui)로

우리는 ○○○ 목사의 안내로 교회에서 조금 벗어난 곳에 위치한 고급 레스토랑으로 갔다. 우선 점심을 먹으면서 다음 목적지로 이동하기 위해서다. 원래는 러시아 교우들 집에서 민박을 하려고 했는데 준비가 되지 않은 관계로 이곳을 떠나야만 했다. 한 팀은 유로슬라브로 가고 나는 다시 부이로 이동하여 상트페테르부르크 행 기차를 타기 위해서였다.

점심식사는 고급식당이어서 그런지 그런대로 맛도 있었다. 샐러드와 감자튀김, 토마토, 오이 두 조각, 돼지고기, 빵이 전부였다. 러시아 음식이지만 맛도 좋고 저녁을 먹지 않을 만큼 만족스러웠다.

식사를 마치고 다시 교회로 가서 짐을 챙겨 버스터미널로 이동했다. 부이로 가는 버스는 오후 4시 정각에 출발한다(버스요금 117.70루블). 시외버스는 깨끗하고 좋았지만 의자가 고정되어 있어 뒤로 넘길 수 없어 편안한 여행을 할 수 없었다. 버스 좌석이 직각으로 되어 있어 장거리 여행을 하게 되면 피곤이 빨리 찾아오게 되어 있다. 러시아의 시외버스는 우리나라처럼 고속형 버스가 아닌 마을 버스 수준이다. 그래도 러시아 사람들은 노선버스를 타고 몇 시간이고 장거리 여행을 즐긴다. 나는 좌석이 고정되어 있는 버스를 타고 장거리 여행을 했으니 얼마나 힘이 들었는지 모른다. 그래도 이런 버스를 타고 다닐 수 있다는 것 자체가 좋았다.

13. 부이에서 기차역으로

오전에 부이 시내를 출발하여 카스트르마에 있는 교회에서 예배를 마치고 다시 부이시로 복귀했다. 나는 몸이 너무 피곤하여 기차에서 잠이 나 빨리 잤으면 하는 마음이 간절하다. 부이에 도착하자 현지 목사는 자기 집으로 가자고 한다. 자기 아내도 보고 가방도 놓고 역으로 가는 것이 좋겠다고 한다.

카스트르마에서 나에게 저녁을 대접하겠다고 했는데 내가 저녁은 부담스럽기 때문에 거절했었다. 그럼에도 불구하고 그는 계속해서 자기 집에 잠시 들른 후에 가라고 권한다. 내가 그의 요청을 거절하는 것도 실례가 되지만, 한편으로는 그가 어떻게 사는가를 보는 것도 중요하다는 생각이 들었다. 그의 요청에 흔쾌히 허락하고 호텔 근처의 마트에 갔다. 장거리 기차여행을 위한 먹을 것을 마련하기 위해서였다. 마트에서 사과, 요구르트, 물을 샀다. 마트에서 조금 떨어진 곳으로 걸어가자 허름한 아파트가 나온다. 그곳이 바로 신혼 방이면서 목사의 사택이다. 건물은 오래되어 낡았지만 두 사람만의 행복한 공간이다. 그곳에서 잠시 기도하고

간단한 저녁식사를 했다. 식사는 쌀밥과 샐러드, 오이와 토마토를 섞어 묻힌 것이 전부다. 오이와 토마토에는 소금을 많이 넣었는지 짠맛뿐이다. 그래도 외국에서 온 사람을 융숭하게 대접하려는 목사의 정성은 잊을 수 없다. 그의 사랑을 받으면서 나는 기차역까지 걸어서 갔다.

부이 시내 중앙을 통과하여 기차역은 불과 10분 거리에 위치하고 있다. 기차역 앞에는 은색을 칠한 레닌 동상이 서 있다. 그 뒤로 기차역이 있고, 바로 옆에는 정교회가 있다. 기차역 대합실에서 40분 정도를 기다렸다. 이때 현지 목사는 부이시내의 복음화를 위해 걱정도 하고, 젊은이들의 방황하는 문제로 고민을 하고 있었다. 젊은 남녀들이 할 일 없이 술과 담배, 이성간의 문제가 심각하다는 것이다. 어른들도 보드카와 담배가 사회문제라면서 부이 시내가 속히 복음화 되어야 한다고 말한다.

오후 8시 10분이 되었는데 해는 대낮처럼 밝아 저녁이라는 생각이 전혀 들지 않는다. 기차역으로 나가서 기다리는 동안 어머니와 딸이 함께

맥주를 번갈아가며 마시는 것을 보았다. 부모 자식 간에 자연스럽게 맥주를 마시는 곳이 이들의 문화이다. 그렇다고 질서가 없는 것은 아니다. 부모와 자녀 간의 질서는 지키지만 술을 먹

는데 그렇지 않은 것 같다.

러시아인들의 활동을 지켜보는 것도 잠시일 뿐이다. 상트페테르부르크로 가는 기차가 기적을 울리면서 도착했기 때문이다. 기차는 정시에 도착했고 출발했다.

나는 기차를 타고 하나님께 기도를 드렸다. 그리고 하나님 말씀을 묵상하면서 여행을 시작했다. 역대하, 에스라, 느헤미야, 에스더, 욥기를 읽으면서 장거리 여행을 했다. 기차 여행은 하나님의 말씀을 깊이 읽을 수 있는 유일한 시간이었다.

나는 부이와 카스트르마 지역의 교회를 방문하고 돌아오면서 다음과 같은 기도를 하나님께 드렸다. "하나님, 이 지역에 생명을 위한 기도를 드리는 자가 많아지게 하시고, 하나님의 손길이 임하사 그들을 도와주시고, 하나님의 선한 손의 도우심으로 교회가 발전케 하여 주옵소서. 그리고 도시 곳곳마다 엎드려 울며 기도하는 자가 많아지게 하시고 시민들의 가슴마다 그리스도의 계절이 임하게 하소서."라고 기도한 후 깊이 잠을 잤다.

14. 다시 상트페테르부르크로

　14시간의 장거리 열차 여행을 마치고 페테르에 도착했다. 역에 도착하자 고려인 나시자가 마중을 나왔다. 그와 함께 시내를 통과하여 한글학교로 갔다. 한글학교에서 내가 하룻밤을 머물고 다음날 출국을 해야 하기 때문이다. 여기서 짐을 풀고 다시 네프스키 대로로 나와 근교의 볼거리를 보기로 했다. 오랜만에 혼자서의 여행이다. 상트페테르부르크 시내에는 제정 시대의 많은 궁전이 있다. 주위의 건물과 조화를 이루어 매우 아름답다. 도시 주변에는 황제나 귀족들이 화려함을 과시하듯 세워진 많은 별궁과 저택이 세워져 있다.

　오후 2시 근거리 관광버스를 타고 출발했다. 페트로드보레츠(페테르호프)로 가는 동안 러시아 가이드는 열심히 주변의 건물과 공원과 관공서등에 대하여 설명한다. 그의 설명이 마무리 될 무렵 페테르호프가 다가오면서 주변 공원에서는 일광욕을 즐기는 사람들이 눈에 띈다.

표트르의 궁전이라는 뜻을 지닌 도시의 이름은 표트르 대제가 이곳에 여름 궁전을 세우면서 붙여진 이름이다. 그때까지는 페테르호프라는 황제의 땅에 불과했다.

표트르 대제의 명으로 이 땅에 여름 궁전이 세워지기 시작한 것은 1714년이었다. 많은 건축가, 조각가, 조경가 등에 의해 어디에도 비할 바 없는 아름다운 궁전이 완성되었다. 핀란드 만에서부터 점점 높아지는 테라스 모양의 지형을 이용해 정원과 궁전이 만들어졌고 분수와 조각상도 장식되어 그 아름다움을 더해 준다. 주변에는 크고 작은 나무들로 가득 채워져 있다.

페트로드보레츠는 아래 공원과 위 공원으로 구분된다. 총면적이 1,000ha의 광대한 땅이다. 중심공원은 핀란드 만과 접하는 아래 공원으로 폭 500m의 평지에 아름다운 가로수 길과 분수가 있다. 그 주변으로 작은 궁전이 만들어져 있다. 제2의 테라스는 해발 18m, 폭 5m으로 아래 공원을 내려다 볼 수 있는 끝부분에 대궁전이 세워져 있다. 궁전 뒤편은

위 공원이다. 140개나 되는 위아래 공원의 분수는 제3의 테라스, 바비곤 언덕의 수원을 이용한다고 한다. 조금 안으로 들어가면 아름다운 분수와 궁전모델로 지은 곳에서는 고대의 아름다움을 선사하는 여성과 남성들의 옷을 빌려 입고 사진을 촬영할 수 있다.

폭포와 분수로 아름답게 꾸며진 아래 공원은 러시아 예술의 진수이다. 위 공원이나 아래 공원에서 보면 조각전을 보는 것처럼 신기할 정도로 아름답다. 그 중심은 대궁전 앞의 폭포와 그것을 장식하는 64개의 분수는 절경이다. 아래 공원에서 보는 운하와 대 폭포, 금색으로 빛나는 많은 동상에서 뿜어 올리는 분수는 여름 궁전의 하이라이트다.

특히 사자의 입을 찢는 삼손이라 불리는 삼손 동상이 있다. 삼손 동상은 1802년 고즈롭스키가 만들었으며 높이 3.3m, 무게는 5톤이나 된다. 금박이 입혀진 사자 입에서 물이 20m나 뿜어져 나온다. 표트르 대제가 성경 속 영웅 삼손을 만들라고 한 것은 스웨덴과의 전쟁에서 러시아 군이 승리한 날이 성삼소니아 기념일이었기 때문이다. 중앙의 분수 외에도 피라미드 분수, 우산분수, 해분수, 아담분수, 이브분수, 넵튠분수 등 많은 분수들이 눈을 즐겁게 해준다.

페트로드보레츠를 관람하고 시내에 다시 도착하자 오후 6시 15분이다. 네프스키 대로에 잠시 앉아 사색에 잠겼고, 많은 시민들이 오고 가는 모습에서 자유로움을 느낄 수 있었다. 다시 숙소인 한글학교에 도착하여 처음으로 개인 시간을 갖게 되었다. 한글학교는 그리 크지 않다. 고려인과 상사 주재원 자녀 및 선교사 자녀들에게 한국어를 교육하는 장소다. 이곳에서 상트페테르부르크의 마지막 밤을 보내게 되었다.

15. 겨울 궁전

상트페테르부르크에서 마지막으로 숙소에서 나와 네프스키 대로를 걸었다. 백야의 땅은 햇빛도 매우 강렬하다. 에르미타쥐(Hermitage: 프랑스어로 휴식공간을 의미)로 가는 길에 고서점에 들렀다.

고대 성경을 구입하기 위해 갔지만 19세기의 것으로 가격은 100만원이다. 이 책은 러시아에서만 볼 수 있을 뿐 국외로 반출은 되지 않는다는 말에 놓고 나올 수밖에 없었다.

고서점을 나와 다시 에르미타쥐로 가면서 선물가게에 들러 2008년도 캘린더를 몇 개 구입했다. 그리고 웅장한 국립에르미타쥐 박물관 광장으로 진입했다. 에르미타쥐 박물관은 일명 겨울 궁전이라고 부른다. 그리고 소에르미타쥐, 구에르미타쥐, 신에르미타쥐로 되어 있으며, 궁정 광장에는 웅장한 참모본부가 있다. 에르미타쥐는 세계에서 가장 아름다운 박물관이다. 박물관 옆으로 겨울 운하가 흐르고, 옆에는 구해군성 본부가 있고, 건너편에는 로스탈트 등대가 우뚝 서 있다. 이 박물관의 명예는 매우 훌륭한 건축적 앙상블로부터 세계 문화와 예술 기념품의 화려한 컬렉션으로부터 상트페테르부르크의 황제 주택으로서의 탄생과 발전, 쇠퇴와 관련된 화려한 과거사로부터 비롯된다.

에르미타쥐의 기원은 러시아 황제들의 창조적이고, 계몽적인 사업에 의해 발생되었다. 러시아 군주들의 겨울저택은 표트르 대제에 의해 네바

강변에 세워졌다. 이는 대박물관의 결정체이며 건축의 아름다움과 조화를 이룬 예술적 보물들의 중심이 되었다.

에르미타쥐는 페테르부르크의 중심부에서 150여년의 건축 앙상블을 뽐내고 있다. 이 박물관의 역사는 자신의 다양한 모습과 다양한 유물이 자연스럽게 녹아내려 역사와 유물은 마치 하나가 된 듯하다. 나는 이 박물관에 들어서는 순간 유명한 건축가의 지혜와 건축형태의 독특성, 러시아 군주들의 활동적이었던 곳에 들어섰다는 기분을 갖게 되었다.

겨울 궁전은 에르미타쥐의 종합건물의 심장부분이다. 마르톨로메오 프란체스코 라스트렐리(1700-1771)의 계획에 의해 1754-1762년에 걸쳐 건축되었다. 첫째 겨울 궁전은 표트르 대제 통치시기에 페테르부르크에 지어졌다. 그 후 표트르 3세까지 이어지는 건축양식은 웅장할 뿐 아니라 정면의 색조는 궁전의 독특한 우아함을 나타낸다. 이러한 겨울 궁전의 인테리어는 계속해서 수정되어 왔으나 그 본래의 모습은 변함이 없다. 겨울 궁전의 설계와 장식은 러시아와 유럽 최고의 건축가 펠텐, 발렌 델라모트, 리날디, 크바렌기, 스타로프, 로씨, 드 몽페랑 등이 참여했다.

그리고 겨울 궁전의 의미는 진실, 정의, 위엄, 지혜, 공정, 풍요를 상징하는 조각상들이 벽감에 세워져 있다. 이는 궁전의 지상신, 덕을 행하는 이의 저택이란 의미를 내포한다고 한다. 에르미타쥐에는 구석기 시대부터 20세기까지의 각종 문화유산 270여만 점이 소장되어 있다. 우리가 상상해 볼 수 있는 모든 종류의 창조적인 이미지들이 이 궁궐 속에서 오로라처럼 찬란한 빛을 발하고 있다.

겨울 궁전은 세계적인 미술품 즉 15-18세기의 프랑스 미술품, 15-18세기의 독일 미술품, 16-18세기의 영국 미술품, 러시아 문화 예술, 15-16세기 네덜란드 미술, 14-18세기의 이태리 미술, 15-19세기의 스페인 미술, 17세기 플랑드로 회화 홀, 17세기의 네덜란드 미술 홀이 있다. 3층에는 로딩과 인상주의와 후기 인상주의, 피카소 홀이 있어 유럽의 예술을 만끽할 수 있다. 미술홀은 나에게 고대 미술의 서정적인 감동과 우아함, 시대 예술의 성격을 그대로 보여주고 있었다. 그리고 나폴레옹의 그림들은 사실주의적으로 묘사되고 있을 뿐 아니라 다비의 '사보와 파온'은 후기 고전주의에 속하는 작품으로 이상적인 미의 형태, 가구와 의상의 데탈에 이르기까지 고대 예술의 사실에 충실하게 그려내고 있다.

에르미타쥐의 박물관, 세상에서 가장 멋진 궁전의 하나인 상트페테르부르크 겨울 궁전은 낭만적인 동화 이야기의 무대로도 손색이 없지만, 무엇보다 예술적 상상력의 보금자리로 그 성과가 매우 높은 곳이다. 나는 많은 나라를 여행하면서 박물관 관람은 빼놓지 않고 갔다. 그 가운데 가장 아름다운 곳이 바로 에르미타쥐의 겨울 궁전이라고 생각된다.

에르미타쥐의 소장 예술품 가운데 가장 우수한 것들은 모두 서양 명화들이다. 다빈치의 '꽃을 든 마돈나', 조르조네의 '유다트', 티치아노의 '회개하는 막달라 마리아', 라파엘로의 '성가족', 렘브란트의[57] '돌아온 탕자', 루벤스의[58] '로마의 자비', 다비드의 '사포와 파온', 드가의 '머리빗는 여인', 마티스의 '춤' 등 동서양 미술사를 수놓은 듯한 위대한

---

57) 렘브란트는 17세기 네덜란드 미술의 최고 거장이다.
58) 17세기 플랑드로 미술의 최고 거장이다.

걸작들이 차고 넘친다. 나는 이 아름다운 미술품을 다 열거하기 어렵지만 가히 미술관 순례를 삶의 지표로 삼는 사람들이 꼭 가보아야 할 곳으로 추천하고 싶다.

여기서 렘브란트의 작품 중 '돌아온 탕자' 는 성경에 인용한 그림이다. 그의 작품 가운데 돌아온 탕자는 부모와 자식간의 사랑이라는 주제에 맞는 작품이다. 그는 성경의 누가복음 15장 29-30절을 기준으로 하여 작품을 완성했다. 아버지와 돌아온 탕자와 그의 형의 관계에서 "동생은 죽었다가 살아난 것"이라며 큰 아들을 다독였다. 똑똑하고 유능한 큰 아들에게는 원칙도 중요하지만, 따뜻한 가슴이 없다면 그 원칙이 쓸모없는 것이라는 사실을 부드럽게 깨우쳐 준다.

아버지 뿐 아니라 리더에게 필요한 가장 중요한 자질의 하나는 용서하는 능력이다. 실수를 인정하고 실패에 대해 용서를 구하는 사람을 내치는 이는 아버지도 아니고 리더도 아니다. 훌륭한 아버지와 리더는 실수와 실패가 매우 값진 자산임을 누구보다 잘 보여주는 작품이다. 사실 그들도 실패를 통해 커 왔기 때문이다.

그 외에 미술의 거장들의 작품을 해석하는 것은 무리이지만 에르미타쥐의 박물관은 여름에는 더위를 잊게 하고 겨울에는 추위를 잊게 할 부성애와 효심으로 충만한 곳이다. 동토의 겨울 궁전에도 인정과 상상을 얼어붙게 할 한파는 결코 불어오지 않을 것이다.

에르미타쥐 박물관을 관람하려면 적어도 3시간을 보아야 한다. 나는 시간관계상 2시간도 채 관람하지 못하고 밖으로 나와야만 했다. 러시아에서 출국해야 하는 시간이 다가오기 때문이다. 러시아 상트페테르부르크를 방문한다면 적어도 여름 궁전(분수 공원)과 겨울 궁전을 관람해야 한다. 그만큼 페테르부르크에서 유명한 곳일 뿐 아니라 세계적으로 유명한 곳이기 때문이다.

겨울 궁전 밖으로 나오자 이삭 성전이 보인다. 나뭇잎에 가려 이삭 성전의 돔만이 웅장함을 자랑한다. 차를 타고 이삭 성전 근처로 이동하자 그 웅장함과 건축미의 아름다움에 감탄했다. 이삭 성전 앞에는 페테르부르크의 시청과 러시아 국기가 휘날린다.

러시아를 떠나야 할 시간이 다가오고 있다. 오후 6시가 되었는데도 정오와도 같은 햇볕은 나의 얼굴을 뜨겁게 달군다. 창밖으로 고대 건축의 아름다움을 느끼면서 모스크바로 가는 기차역을 통과하자 교통체증으로 인해 마음이 급해져 간다. 나는 차에서 내려 숙소로 달려갔다. 짐을 챙겨들고 급히 공항으로 가기 위해서였다.

공항 가는 길은 교통체증으로 인해 혼잡하기만 하다. 나중에 안 사실이지만 교통사고가 났는데 차량을 치우지 않았기 때문이다. 교통사고 현장에 경찰이 도착해야만 합의가 이루어지기 때문이란다. 그래서 약속시간 혹은 공항에 가려면 시간 전에 출발해야 도착할 수 있다.

네프스키 대로를 벗어나 공항으로 가는 길로 접어들자 도로는 한적하기만 하다. 교차로를 통과할 때를 제외하고는 교통소통이 잘되고 있다. 나는 국제선 공항을 가야하는데 국내선으로 가는 바람에 다시 국제선으로 이동하는 수고를 해야만 했다. 이제 잠시 후면 러시아 공항을 떠나 한국으로 가게 된다. 우랄산맥을 통과하여 몽골의 울란바트 상공을 지나 인천공항으로 가는 긴 여행이 시작된다.

　이제 내가 해야 할 일은 러시아를 어떻게 복음화 할 것인가? 정교회와 러시아 민족성의 틈새로 어떻게 복음의 씨앗을 뿌릴 것인가를 세워야 한다. 이제 러시아 선교를 위한 선교전략을 생각해 보기로 하자.

러시아 선교전략

러시아 선교를 위한 원리 · 러시아 복음화의 강력한 선교세력으로서 복음주의 · 선교사역에서 일어나는 이슈들
사역의 내부적 이슈 · 언어와 문화의 장벽 · 러시아 선교전망

RUSSIA

RUSSIA

최근 들어 러시아에는 두 개의 종교적 그룹이 형성되어 있다. 하나는 러시아 정교회 그룹과 개신교 그룹이다. 개신교 그룹에서는 복음주의 교회, 침례교회, 오순절 교회(은사주의)가 핵심을 이루고 있다. 특히 러시아 정교회는 정치적이며 복음전파의 생명력 상실을 여실히 보여주고 있으며, 러시안들이 폭넓게 자리 잡고 있다. 이에 대해 러시아의 문학가는 복음을 받아 들인 지 천년이 넘었지만 그러나 그 복음은 한 번도 설명되지 않았다. 복음에 대한 해석이 없을 뿐 아니라 단지 예배 의식 참여, 예배 중 살아계신 하나님의 임재 경험으로 복음이 전파된다고 믿고 있을 뿐이다.

12장 러시아 선교전략

21세기 들어 러시아는 서방을 중심으로 중앙아시아를 비롯한 극동지역에 세력을 확대하려고 많은 노력을 기울이고 있다. 특히 러시아하면 먼저 모스크바의 크렘린을 떠올리게 된다. 모스크바는 누구나 알고 있듯이 러시아의 연방 수도이다. 구소련시절 워싱턴과 어깨를 나란히 하던 세계적인 도시였다. 지금은 그 위상이 약해졌지만 그런 만큼 친밀감이 느껴지고 한번은 가보고 싶은 도시이다.

"러시아 사람이면 누구나 모스크바를 어머니로 느낀다"라는 말이 있다. 러시아의 정신적 젖줄이란 뜻이다. 천재 작가였던 톨스토이는 '모스크바는 여행객의 마음도 사로잡아 쉽게 떠날 수 없다' 고 할 정도로 누구나 동경하는 곳이다.

겨울철 모스크바의 이미지는 침울하지만 왠지 역사의 중후함이 느껴지는 곳이다. 여름은 상쾌하고 녹음이 짙어 마음도 푸르게 하는 곳이지만 역사적으로 사회주의 국가라는 선입관으로 당황스러운 일도 많다. 이렇게 멋진 도시를 가보아야 한다. 모스크바의 중심인 크렘린이 있기 때문이다. 크렘린의 크고 둥근 지붕 위의 붉은 깃발은 구소련의 상징이다. 과거에는 전 세계 사회주의 국가의 종주국을 상징하는 깃발이었다. 과거의 세계 질서는 이곳 크렘린과 미국의 화이트 하우스에 모인 몇 사람에 의해 형성되었다. 구소련의 레닌이나 스탈린, 흐루시초프, 고르바초프도 서기장으로 이곳에 군림했었다. 현재 그 중심축에 앉아 있는 사람은

푸틴 대통령이다. 지금도 이곳에 들어가려고 밤낮을 가리지 않고 권력투쟁이 벌어지고 있다.

구소련의 초강대국의 정점이 크렘린의 한 모습이었다면 러시아 문화의 정수가 모인 곳이 크렘린이라고 한다. 크렘린은 원래 성벽을 의미한다.[59]

크렘린은 오랜 역사 속에서 서서히 확대되어 차르 황제의 성으로 번영해 왔다. 막강한 군사력을 손에 쥔 차르 황제는 그 힘을 이용해 크렘린 내에 다양한 건축물과 보물을 남겼다. 이 훌륭한 역사의 현장은 지금 경제와 정치의 도시로 러시아를 움직이고 있다.

이제 러시아의 전체적인 지역연구는 主知(주지)하고 일부분을 통해 어떻게 복음전도의 길을 열어가야 할 것인가를 생각해 보고자 한다. 물론 여행기로서 한계는 있지만 전략적 차원의 러시아, 유럽과 극동지역의 가장 핵심적인 것을 이해한다면 복음전파에 도움이 될 것이다.

---

59) 크렘린은 과거 세 번의 확장 공사를 통해 지금의 모습이 되었다 1156년 유리도르고르키 공이 볼로비츠 언덕에 목조 성채를 쌓으면서 크렘린의 역사가 시작된다. 그 후 1367-1368년 하얀 돌로 만든 벽으로 확장했으며 1485-1495년 러시아인과 이탈리아인 명장이 현재의 성벽을 건축하였다.

1. 러시아 선교를 위한 원리

　러시아 벌판, 광활한 대륙, 북극지역을 포함하여 서쪽과 동쪽까지 이어진 나라라는 단어를 쉽게 연상한다. 러시아는 광활한 땅이고, 수치로 보면 엄청난 크기의 땅이란 것을 짐작할 수 있다. 하지만 과연 그것이 어느 정도인지는 실감나지 않는다. 시베리아 횡단 열차를 타거나 그곳을 경과하지 않고는 알 수 없는 곳이다.

　소련이 해체되기 전에는 얼마나 큰 나라인가는 짐작이 갈 것이다. 지구의 1/6이나 독식했던 것이다. 러시아는 1991년 소련이 해체되면서 14개의 공화국에게 자기 몫의 상당 부분을 떼어 주었다. 그런데 남은 면적이 이 정도라면 러시아를 대국이라고 부르는 것은 당연한 일이다.

　러시아는 광활한 대륙과 더불어 5월-8월까지 이어지는 백야, 러시아 사람들의 기질로서 금욕주의, 작은 선물에 감동하는 사람들, 가난하지만 삶의 기쁨을 즐길 줄 아는 사람들, 불행을 신의 축복으로 받아들이는 낙천적인 사람들이다. 러시아 사람들은 괜찮아(니체보) 라는 말을 자주 쓴다. 이는 니체보는 좋지도 나쁘지도 않고 나빠도 충분히 참을 수 있으며 참다보면 언젠가 좋은 결과가 올 것이라는 기대감이 내포된 말이기도 하다. 니체보라는 말의 기원은 정교회의 영향을 많이 받은 것으로 알려지고 있다. 러시아 사람들은 인내와 희생정신을 가장 자랑스럽게 생각하고 있다. 그들은 어떤 어려움이 자신에게 다가온 다해도 그 고통을 견디어낸다. 고통을 이겨내는 것이 하나님께 가까이 가는 것이라고 생각한다. 이것이 그들의 기질이며 또한 열정과 신앙이 있다고 믿는 사람들이다. 이들에 대한 정확한 이해가 없이는 러시아 선교를 하는데 실패할 수밖에 없다. 보다 현실적인 선교를 위한 원리에는 많은 것들이 있을

수 있다. 전호진과 김상복 교수의 러시아 선교전략은 다음과 같다.

첫째, 러시아 선교는 비공개로 하는 것을 원칙으로 한다.

둘째 러시아는 인터넷과 문자메시지 그리고 방송선교가 효과적이다. 러시아는 광활한 곳으로 모든 지역에 다 접근한다는 것은 불가능하다.

셋째, 러시아 선교는 사람에 대한 깊은 사랑과 동정과 봉사가 요구된다.

넷째, 러시아 선교는 신앙과 실천의 통전이 요구된다. 정교회 신자들은 목사(pastor; 러시아인들도 목사를 통상 파스톨 이라고 부른다)에 대한 존경심을 갖고 있다. 목사의 삶과 행동은 러시아의 신자들에게 막대한 영향을 준다.

다섯째, 정교회의 신학과 의식을 알고 개신교의 특징을 살려야 한다.

여섯째, 원주민에 의한 원주민의 선교를 과감하게 시도하라는 것이다. 그러나 최근 러시아에서 활동하고 있는 미르선교회의 핵심전략은 러시아에서 협력과 일치를 보여 주라고 한다. 그 외에도 성경보급은 기독교 신앙을 세워주는데 매우 유익한 힘이 될 것이다. 특히 러시아인들은 노래 부르는 것을 좋아하기 때문에 찬양사역을 통한 그룹형성을 하는 것도 좋다.

그리고 글로벌 시대로서 한국과의 무역거래가 활발한 관계로 한국어 교육과 영어교육을 통한 선교전략, 시골지역에서 의료와 구제 선교는 타이밍이 잘 맞는 전략이 될 것이다. 그뿐 아니라 거리에서 방황하는 젊은 이들을 위한 청소년 사역과 그들의 재활을 위한 직업교육은 매력적인 전략이 된다.

나는 러시아 복음화를 위한 전략으로 몇 가지를 생각했다.

첫째, 러시아 복음화를 위해 타이밍을 노린 살라미 전략이 필요하다고 지적하고 싶다. 러시아는 지금 경제적 기초와 공산주의에서 자본주의로 전환되는 시점에서 구시대와 젊은 세대간의 격차가 심화되고 있다. 이런 경우 젊은이들과 노인들에게 필요한 것을 조금씩 던져주며 변화를 유도하는 살라미 전략을 활용할 필요가 있다. 조금씩 얇게 잘라 먹는 살라미 소시지처럼 단계적으로 접근해 들어간다는 의미다.

둘째, 국가적으로 정보가 신속한 곳에서는 찔끔찔끔 만나는 것이 유익하다는 것이다. 이를 성경적으로 말하면 간헐적 선교라고 해야 할 것이다. 이 전략은 장기간 인내해야 하는 약점도 있고 효율적인 면에서 무능력하다는 비판도 받을 수 있다. 특히 긴박하게 움직이는 선교현장에서는 그 강도가 높아진다. 그리고 시시각각 변화하는 지역의 정치, 사회구조, 문화에 대한 것과 현지인들에 대한 심리를 세심하게 관찰해야 한다. 마치 프랑스의 테러 진압 특수부대(GIGN)에는 음성, 표현과 수위의 변화를 분석하는 전문팀이 구성되어 있다. 따라서 선교사에게 특수부대는 없어도 그들에 대한 삶의 스타일, 사고의 방향, 신앙적 표현의 변화를 분석하는 태도가 있어야 한다.

셋째, 현지지도자와 주민들에 대한 체면 살려주기 방법이다. 한국인들은 인종차별과 삶의 스타일이 다르면 무시하는 경향이 매우 높다. 이런 방법은 선교지의 활동영역을 좁게 할 뿐 아니라 자신을 피곤하게 한다. 그래서 현지인들이 자신의 유익을 위해 선교사와 협력관계가 성공했을 경우에도 자신을 위해 수시로 말을 바꾸거나 약속을 깨는 일이 발생하게 되어도 '체면 세워주기 전략'을 쓰는 것이 더 효과적이란 의미다.

넷째, 선교지에서 가끔 경험하게 되는 일이지만 현지 지도자들의 심리전에 유의하라고 권하고 싶다. 그들도 지식과 경험, 자민족중심의 자존감이 있기 때문에 선교사와 관계나 인격적인 모욕을 받게 되면 심리전으로 대하는 경우도 있다. 이때는 감정 표출보다는 상대방에 대한 신상을 포함한 세세한 정보까지 다 알고 있다는 것을 인식시킴으로 심리적으로 무너져 하나님께 무릎 꿇게 하는 방법이다.

물론 선교사와 현지동역자간에 잘못된 생각으로 상황을 악화시킬 가능성도 배제할 수 없지만 나름대로의 원칙과 인내심이 필요하다.

다섯째, 선교사의 태도도 변수가 될 수 있다. 오랜 기간 동안 선교지에  거주하면서도 열매를 얻지 못하는 사역에는 여러 가지 요인이 있을 것이다. 그런 가운데 선교사의 현지 생활과 태도가 복음화의 변수가 된다는 것이다.

흔히 현지인들은 외국인에 대하여 수동적인 위치에 머물면서 선교사에 동화되는 '스톡홀름 신드롬'을 보이기 마련이다. 그 대표적인 것이 1996

년 페루 리마의 일본대사관에서 벌어진 납치 사건 당시 희한한 현상이 나타났다. 정부와의 대치 상태가 길어지는 가운데 납치범인 페루의 좌파 반군세력 일부가 인질들의 성품과 논리에 동화되기 시작했다.

이른바 리마 신드롬으로 불리는 이 사건은 인질의 태도가 사태해결에 어떤 영향을 미칠 수 있는지를 보여준다. 4개월 만에 페루 정부의 진압작전으로 전원 사살되기 전까지 납치범들은 강·온파 간 내분을 겪은 것으로 알려졌다. 한 사람의 태도가 얼마나 소중한 것인가를 가르쳐 주는 장면이다.

여기서 선교 전문가 혹은 사역자들은 현지인들과 종교적 차이에 대한 말싸움 등으로 갈등을 겪게 되면 도리어 선교 상황이 악화된다. 선교사는 가능한 현지에서 마찰을 피하는 것이 좋다. 아무튼 선교사의 삶에 감동해 복음을 받아드리도록 하는 전략이다. 복음화를 위한 모든 협력수단과 전략을 활용한 접점 찾기에 고심해야 한다. 이 같은 지혜는 성경에서 찾아 적용하는 것이 현명하다.

여섯째, 철저한 수준별 양육이다. 러시아는 도시와 시골, 산간벽지에 사는 사람의 삶의 격차가 조금씩 다를 수 있다. 하지만 철저한 수준별 양육과 현지인에 대한 맞춤식 지도, 그리고 신앙과 성경지식에 대한 논리를 수준별로 가르쳐주는 방식이다. 선교사가 현지인의 학력과 세계관, 전통신앙에 대한 의존도, 기독교에 대한 이해 등을 파악하여 지역에 맞는 지도자를 배치하는 것이다. 그리고 현지인들에 대한 밀착형 신앙 상담을 통해 케어(care)하는 방식을 동시에 적용해야 한다.

사실 러시아에서 복음화를 위한 전략은 보다 더 현실적이면서 구체화된 방법은 아니더라도 실천해 볼만한 것이다.

2. 러시아 복음화의 강력한 선교세력으로서 복음주의

내가 러시아를 방문하면서 놀란 것이 있다면 '나는 기독교인이다.' '나는 예수에 대하여 믿는다.' '예수는 성육신하신 분이고 부활하신 분'임을 믿는다고 말하는 사람들 때문이다. 이는 러시아 정교회가 1천년이 넘도록 사회에 미친 영향의 결과이다. 하지만 구소련시대 정교회는 복음의 제시와 양육이 미흡하고, 정교회가 타락의 극치를 달리면서 복음의 생명력을 상실했기 때문에 공산주의로 심판했다. 그러나 오늘날 러시아는 새롭게 출발하는 것처럼 보인다. 러시아내의 닫혀진 정교회가 새롭게 단장하여 문을 열고 사제들이 예배를 인도하면서 점점 정교회가 회복되어 가고 있다.

최근 들어 러시아에는 두 개의 종교적 그룹이 형성되어 있다. 하나는 러시아 정교회 그룹과 개신교 그룹이다. 개신교 그룹에서는 복음주의 교회, 침례교회, 오순절 교회(은사주의)가 핵심을 이루고 있다.

특히 러시아 정교회는 정치적이며 복음전파의 생명력 상실을 여실히 보여주고 있으며, 러시안들이 폭넓게 자리 잡고 있다. 이에 대해 러시아의 문학가는 복음을 받아 들인지 천년이 넘었지만 그러나 그 복음은 한 번도 설명되지 않았다. 복음에 대한 해석이 없을 뿐 아니라 단지 예배 의식 참여, 예배 중 살아계신 하나님의 임재 경험으로 복음이 전파된다고 믿고 있을 뿐이다.

또한 러시아의 복음주의 교회들은 각각 특징을 갖고 러시아내에서 활동하여 왔다. 러시아의 침례교회는 복음의 생명력이 존재함으로 공산주의 지배 하에서도 탄압을 견디면서 뜨거운 믿음의 공동체를 형성해왔다. 그러나 그들이 고쳐할 점은 편협한 보수성과 러시아인을 포용하는 자세가 결핍되어 있어 이를 수정해야 할 과제로 남아 있다.

오순절 교회는 러시아내에서 최대로 급성장하는 그룹이다. 그들의 예배 분위기는 밝고 활기차며 경쾌한 영적 분위기이다. 이에 대하여 러시아 정교회 문화에 익숙한 자들은 수용하기 어려운 부분도 있다. 그러나 오순절 교회의 성장은 대부분 자본주의 물결이 일어나는 대도시에 집중되어 있다. 그 이유는 러시아인의 도시화 율이 75%에 달하고, 접근성이 용이하기 때문에 성장이 빠른 면도 있다. 실제로 러시아는 도시와 시민은 있어도 경제적으로 죽어 있는 도시가 많아 교회의 역할이 매우 크다. 그래서 러시아의 복음주의 교회들은 복음화에 대한 잠재력이 매우 높다. 이들 교회는 순수한 복음을 가지고 있고 세계 복음화에 대한 사명감과 개척 사역에 열심이 있다.

그리고 러시아의 복음주의 교회들의 강점은 복음적 신앙을 세우는 신학적 기반이 확고하지만 성경적 기반에 근거해야 한다. 성경만이 교회의 생활 기준이 되고, 성경적 가치관과 세계관을 갖도록 해야 한다. 그러나 복음주의 교회는 알미니안 구원관을 거부하고 있으며 극단적인 오순절

파의 은사주의를 거절한다. 여기서 문제점은 체계적인 신학교육의 부재를 극복하고 목회자와 평신도 훈련을 극대화하는 것이 러시아 복음화의 관건이다.

3. 선교사역에서 일어나는 이슈들

전설에 의하면 러시아의 기독교화를 예언한 사람이 있다고 한다. 그 첫 번째로 부르심을 받은 사람은 예수의 제자 안드레(마가 1:16-19)였다. 1세기 중엽에 복음을 들고 동유럽의 광대한 평원을 여행하면서 네브로 강 유역의 황량한 구릉지대에서 무수한 성당과 수도원의 영상을 보게 되었다. 그는 "이 언덕에 하나님의 은총이 빛나고 있으니 여기에 큰 도시가 세워지리라"라고 하면서 언덕에 올라 기도를 했다. 후에 이 도시가 지금의 키예프라는 곳이 되었고 이 도시를 중심으로 형성된 키예프 루스는 강력한 공국으로 성장하여 오늘날 우리가 러시아라고 부르는 국가의 모토가 되었다.

이런 이유로 인해 러시아 사람들은 예수의 제자 안드레의 이름 앞에 반드시 첫 번째로 부르심을 받은 자로 수식어를 붙이며, 러시아인들도 예수의 구원 사업에 첫 번째로 부르심을 받으리라는 믿음을 말해주는 언어적 징표로 믿고 있다.[60] 이처럼 러시아인들은 복음에 대한 기본적인 자세는 되어 있다. 그럼에도 불

---

60) 석영중, 『러시아 정교』(서울: 고려대학교 출판부, 2007), 15-16.

 상트페테르부르크에서 와인잔을 깨다

구하고 이들에 대한 복음 전도가 어려운 것은 무엇인가를 고민해 보아야
한다.

1) 사역장소 확보

러시아에서 사역하는 분들은 대부분 사역 장소에 대한 고민을 한다.
현지 교회나 외국선교사 모두가 고민하는 것은 예배 장소를 얻기가 어렵
다는 점이다. 이미 언급한바 있지만 러시아의 정치적 흐름도 있겠으나
사회적으로 자신은 그리스도인이라는 자신감이 다른 일을 하는데 무리
가 된다. 이로 인해 지방자치 단체나 주변에서 종교적 집회 장소를 확보
하려 할 때 어려움이 따른다. 헌법상 종교의 자유가 있으나 내부적으로
공기관의 건물을 교회의 집회장소로 임대하는 것을 제재하고 있다. 만약
교회를 임대하여 성장하면 계속적으로 임대를 거부하는 것이 문제다.
만약 종교적 집회장소로 임대를 해도 비공식적 임대를 선호한다. 그 이
유는 공식적 임대는 상위기관에 재정보고를 하기 때문에 번거롭다는 것
이다. 따라서 최근 들어 러시아에서는 계속적으로 부동산 가격이 폭등하
는 사회 여건으로 어려움도 많다. 현재 상트페테르부르크는 석유등의 수
입으로 부자가 된 사람들이 계속 유입되고 있다. 그들은 시내의 아파트
를 구입하므로 부동산 가격이 폭등하는 원인을 제공하기도 한다.

아무튼 러시아에서 건물을 임대하여 사역한다는 것은 사실상 어려움
이 많다. 주의 영광을 위한 사역용도에 적절한 장소가 제한되어 있다. 공
산주의 체제하에서 국가의 목적으로 건축되었기 때문이다.

2) 사역자들의 지위와 권한

러시아가 그리스도의 구원 사업에 첫 번째로 부르심을 받으리라는 믿

음을 가진 나라라고 해도 정교회의 신부들보다 개신교 사역자들의 법적인 지위와 권한이 있어도 사회구조상 그것을 누리기가 힘들다.

사실 러시아에서 가장 존경받는 종교적 지위는 정교회의 사제들이다. 역사적으로 키예프의 통치자였던 블라디미르(Vladimir)는 러시아에 종교를 전해주는 사람들을 접견하고 난 후 그 이듬해에 세례를 받았다. 키예프 루스의 국교는 동방정교[61] 임을 만천하에 선포하여 그 이후 천여 년 동안 러시아인들의 정신을 지배하게 될 영성의 씨앗이 뿌려지게 되었다.

이때를 근거로 하여 아름다움의 신학이 탄생하였고, 이 신학은 따지고 토론하고 분석하기 보다는 관상하고 전 존재로서 체험하는데 비중을 많이 두고 있다. 러시아인들의 종교는 올바른 찬양의 종교였다고 한다. 그들에게 올바르다는 것은 아름답다는 것을 의미한다. 그들은 생각과 말로써 기록하는 신학 대신, 물감으로 그리는 신학, 돌과 나무로 짓는 신학, 금실 은실로 수를 놓고 아름다운 목소리로 노래하는 신학을 만들어 냈다. 이처럼 러시아인들의 신학은 신앙과 아름다움의 합일은 하나님을 찬미하는 중세 문학 작품과 찬란한 이콘, 장엄한 성가, 미가 세상을 구원하리라고 했던 도스토예프스키(F. Dostoevskii)에서부터 선을 전달하는 예술을 창조하기 위해 죽는 순간까지 괴로워했던 고골(N. Gogol), 20세

---

61) 여기서 '정교(Orthodox)' 는 러시아어로 'Pravoslavie' 라고 번역되는데, Pravo는 올바른을 의미하고, Slavie는 영광 혹은 찬양이나 예배를 의미한다. 러시아인들에게 종교는 올바른 찬양의 종교였던 것으로 그들에게 올바르다는 것은 아름답다는 말이 된다(Ibid. 20).

기 시인 아흐마또바와 빠쓰쩨르나끄(B. Pastermake), '시는 하늘을 위해 존재한다' 라고 했던 노벨 문학상 수상 시인 브로드스끼(lo, Brodskii) '하나님의 겸손한 종임을 자처하는 솔제니친(A, Solzhenitsyn), 구원의 이상을 영상미로 표현한 따르꼬프스끼(A, Tarkovskii)감독에 이르기까지 러시아 문화와 예술 전체를 아우르며 천년 동안 지속되어 왔다. 따라서 러시아인들은 이중적인 신앙을 갖고 있다. 이중신앙이란 기독교와 이교적인 토속신앙의 병행적 발전을 의미한다. 오늘날 러시아를 연구하는 학자들은 이것을 정설로 받아들이고 있다.[62]

러시아 정교회로 인한 사회적 배경은 종교와 예술, 문학 전 영역에 미치고 있어 개신교 사역자들의 지위와 권한은 어렵다고 보면 된다. 특히 러시아 정교회에서 개신교를 보는 시각은 정통성의 결여된 집단으로 보기 때문에 더욱 어렵다.

3) 빈핍한 경제생활

구소련의 단일경제가 무너짐으로 각 공화국에서는 경제권 지역의 양극화 현상이 심화되고 있다. 이로 인하여 빈부의 격차가 매우 심각한 상태이다. 그리하여 도시와 농촌의 소득격차는 술과 마약, 담배, 도박하는 자가 늘어나고 있다. 어느 할머니는 구소련 시절의 생활이 오히려 더 좋다고 할 정도다.

특히 상업성의 지하자원이 있는 지역은 경제가 서서히 일어나고 있으며 그렇지 않은 지역은 경제가 침체 상태다. 나는 러시아의 많은 지역을 여행하지 못하고 일부 지역만을 돌아 본 결과지만 경제적으로 빈핍한 생활을 하고 있음을 느낄 수 있었다.

---

62) Ibid., 20-21재인용.

4) 만성적 실업

시골에서 돌아 온 오후, 상트페테르부르크 골목길을 걷고 있는데 고려인 같은 젊은 학생이 A4용지 크기에 구직 광고를 전봇대에 붙이고 다닌다. 그는 얼마나 급했는지 한 전봇대에 2-3장이나 구직 광고지를 붙인다.

어느 한국인에게 물어 보았다. "러시아에서 취업하기가 그렇게 어렵습니까? 네, 정말 어렵습니다. 학생들은 아르바이트를 통해 공부하려고 저렇게 구직광고를 붙이고 다닙니다. 아마도 전봇대 광고가 그래도 효과가 있을 것입니다"라고 대답한다. 그의 말이 끝나자 마음 한구석이 어두워 오는 느낌을 받았다. 러시아의 복음화를 위해서는 젊은이들을 위해 교회가 사역할 방향을 선택해야 한다는 것을 발견한 것이다. 이들을 위해 교육할 수 있도록 사역 장소를 매입하고, 새로운 형태의 접근으로 학생들을 교육하는 것이다. 그리고 지역문화 회관, 교육시설 등을 확보하여 교육하는 것이 좋을 듯싶다. 이런 상황에서 러시아 정부는 '외국인 전문 인력 대환영' 이라는 구인광고를 내고 있다. IT분야 등에 구인난을 해결하기 위한 것이다. IT산업체에서 높은 연봉에다 시민권도 주기로 했다니 파격적인 대우이다.

모스크바의 정위용 특파원에 의하면 러시아 전역에 통신 중계 시설을 짓고 있는 살류트 사는 요즘 우크라이나에 사는 근로자들을 특별 전세기로 데려오고 있다고 말한다. 이 회사는 중계 탑을 만들 금속가공 및 기계 조립 인력 부족 사태를 해소하기 위해 해외 인력을 모스크바로 실어 나르고 있다.

러시아 주간지 '이토기' 는 최근 부족한 숙련 인력이 14만 명에 이르면서 전문 인력 몸값이 수직 상승하고 있다며 이는 자본주의 도입 뒤 교육

시스템에 개선되지 않는 탓이라고 보도했다.

고속 인터넷 기업 글로버스에서 일하는 로마네스 아르촘씨는 시스템 관리자나 웹 디자이너 등 정보기술(IT)전문가들을 대졸 초임(800$)의 5배 이상 주고 데려오고 있지만 아직도 빈자리가 눈에 띈다고 말했다.

러시아에서 구인난이 심한 직종은 재무관리, 회계책임, 마케팅, 항공기, 자동차제작, 의료, 의약품, 변호사 등이다. 이들 직종의 평균임금은 유럽에 비해 크게 낮아 해외 유출이 계속되었다. 지난해 러시아 자동차 엔지니어의 연봉은 3만 달러로, 유럽(7만2000달러)의 절반에도 못 미친다.

외국인 노동자 규제 정책에 앞장서던 러시아도 이제 외국인 인력에 대한 파격적인 혜택을 고려하고 있다. 블라디미르 슬르추 케르 러시아 연방회의(상원)의원은 올 가을 외국인 전문 인력에게 시민권을 주는 그린카드제를 도입하는 법안을 낼 계획이라고 말했다.[63]

러시아 젊은이들의 직장 구하기는 이래저래 어려울 듯이 보인다. 어떤 분야에 대한 전문성을 키우지 않는다면 취업은 어렵다는 것을 말해준다. 세계 어느 나라든지 철저한 학문연구와 직업정신이 있어야만 만성적 실업 구조에서 벗어날 수 있다.

4. 사역의 내부적 이슈

러시아는 정교회가 국민들에게 천 년여 동안 영향을 주었다. 페레스트로이카와 공산주의의 붕괴로 교회 박해는 마침내 종지부를 찍었다. 교회

---

63) 정위용, "러시아 외국인 전문인력 대환영" 동아일보 국제면 2007년 8월 21일(화)에서 재인용.

는 재속에서 다시 태어난 불새처럼 오랜 침묵을 깨고 일어서고 있다. 1988년은 마침 러시아가 기독교를 수용한지 정확하게 1천년이 되는 해였다. 희망과 불안, 축제와 소요, 회한과 기대가 뒤엉킨 이해에 고위 성직자들은 고르바초프와의 회담에서 교회의 법적인 권익을 보장해 줄 것을 요청했다. 고르바초프는 이를 수락했다. 고르바초프는 무신론자임을 자처했지만 당시의 혼란스러운 상황에서 민심을 수습하고 지식인의 협조를 얻기 위해 교회의 지지가 필요하다는 것을 간파했었다. 그때부터 러시아 정교회는 급속도로 그 위상을 회복하기 시작했다. 그해 6월에는 기독교 개종 천년을 기념하는 종교회가 개최되었고, 다양한 축하 행사와 학술 대회와 세미나 등이 줄을 이었다.

1990년 10월에는 마침내 종교의 자유에 관한 법령이 선포되었다. 때를 같이 하여 알렉시 2세가 삐멘의 뒤를 이어 총대주교로 선임되었다. 옐친은 성찬에 참여하기 시작했다. "우리는 종교를 소중히 여긴다. 예배에 나타나는 대통령을 대회 선전용이라고는 생각하지 말아 달라. 인간은 교회 안에서 영혼의 정화를 체험한다"라고 말한 것은 충격적인 발언이었다. 그 뒤 푸틴은 국가와 교회의 관계에 있어 일대 전기를 마련해 주었다. 푸틴은 러시아 정신의 부활을 위한 정교 신앙의 역할을 강조함으로서 교회의 권위를 높여 주었고, 그 덕분에 교회는 지속적으로 활동 영역을 넓혀 가게 되었다.64) 러시아 정교회는 두 지도자의 옹호발언과 함께 지금 소생하고 있다. 러시아는 종교의 자유가 있는 나라다. 그러나 1997년 신 종교법의 발표 이후 사이비 종교는 어느 정도 정리가 되었으나 문제는 정교회 성직자의 정치 활동이다. 교회의 위상이 높아짐에 따라 일부 성 직자들은 쉽게 정치 세력과 결탁하기 시작하였다. 물론 구소련시대의 성 직자들의 정치 발언 혹은 결탁은 교회를 유지하기 위한 거시적 목적이 있었지만 오늘날의 경우는 좀 다르다. 최근 성직자들의 정치적 발언은 교회의 정체성을 훼손할 소지가 많아 보인다. 이렇게 어려운 현실에서 가장 쉽게 접근할 수 있는 길이 있다면 러시아인들의 마음을 비추어주는 신앙의 불꽃이다. 신앙의 불꽃만이 러시아를 새롭게 하는 지름길이다. 그렇다면 새로운 러시아, 생명의 책을 보급하는 일은 바로 훈련된 성직 자와 전도자들의 몫이다.

최근 러시아 복음화 즉 선교 전략은 첫째, 지도자 육성문제이다. 모든 신앙의 시작과 끝은 언제나 하나님의 사랑이다(요 3:16). 신학은 신을 아 는 학문이지만 복음을 아는 것은 사랑을 토대로 시작되어야 한다. 또한 사랑으로 귀착되어야 한다. 바울이 외친 내용을 보면 더 정확하다.

> 내가 확신하노니 사망이나 생명이나 천사들이나 권세 자들이나 현재 일이나 장래 일이나 능력이나 높음이나 깊음이나 다른 아무 피조물이라도 우리를 우리 주 그 리스도 예수 안에 있는 하나님의 사랑에서 끊을 수 없으리라(롬 8:38-39)

그렇다. 러시아 사역의 핵심은 하나님의 사랑을 분명하게 전달하고 나 누어 주는 사역이다. 러시아에 천년의 역사와 토착화된 개신교 그룹이 존재한다 해도 그리스도의 사랑에서 끊을 수 없는 것 즉 앎에서 사랑을 준다면 영적회복은 보다 빨라 질 것이다. 특히 종교 개정법으로 각 교단

---

64) Ibid. 199-200재인용.

의 우산 아래로 들어가 여러 개의 교단이 형성되었어도 긍정적인 측면으로 보면 복음화를 위한 디아스포라로 이해하는 것이 올바른 것이다.

둘째, 영적지도자들에 대한 신학교육의 문제이다. 과거 중국선교를 위해 헌신했던 자들은 하나님의 부름을 받는 날까지 불꽃처럼 살다 간 신실한 선교사들이었다. 대표적인 인물이 로버트 모리슨, 제임스 허드슨 테일러, CT 스터드, 존 스템과 베티 스콧 선교사 부부, 에릭 리델 등 이다. 영국 선교사 로버트 모리슨은 '하나님 저를 어려움이 제일 많은 곳으로 보내주시고 가장 축복하기 어려운 사람들 사이에서 일하게 해 주소서' 라고 기도했다. 이런 기도의 사람, 성경을 사랑하는 사람, 하나님 앞에 거짓말을 하지 않는 사람이 되도록 인성과 영적 성장에 관련된 훈련을 해야 한다. 특히 신학 교육을 받는 자는 하나님의 시간표에 따라 러시아 복음화의 꿈을 키워야 한다. 이를 위해 보다 철저한 신학교육이 선행되어야 할 것이다. 그리고 공동체 안에서 교육하고 목사로 세우는 일이 시급한 실정이다. 현재 공동체 교육을 통해 3년제 신학교가 운영되고 있지만 보다 비전 있는 사람들을 양육하기 위한 커리큘럼과 교수가 확보되어야 할 것이다.

셋째, 현지교회의 자립을 도와야 한다. 러시아 경제는 석유, 목재 등의 수출로 흑자를 누리고 있지만 국민들의 삶은 여전히 어려운 실정이다. 경제의 성장은 국민들에게도 골고루 적용되어야 하는데 그렇지 않다. 교회에 출석하는 교우들도 경제적으로 여유가 있지 않지만 교회 스스로 문제를 해결하도록 할 필요가 있다. 과거 한국교회에 적용되었던 삼자원리 선교정책이 필요하다.

넷째, 러시아 국민들은 새로운 시장경제체제에 적응하지 못하고 있다. 과거 70년간의 공산주의 사회를 통해 누렸던 공동체 생활, 국가로부터 받았던 혜택 등으로 인해 사유재산에 대한 이해가 빈약한 실정이다. 지방 자치단체마다 차이는 있으나 사유재산을 거부하는 곳으로 모든 것이 국가의 것으로 인식하고 있다. 자본주의 관점에서 공산권의 사람을 보면 게으른 자로 보기 쉽다.

러시아의 선교는 매우 어렵다는 것은 누구나 안다. 러시아 정교회의 정부와 긴밀한 관계, 새로운 비자법 등이 외국 선교사들의 발목을 잡고 있다. 수많은 선교사들의 질병과 갑작스런 추방, 시민과 교회 권위사이의 충돌, 정복을 위한 폭력과 전쟁들, 그리고 원주민들을 선교사들로부터 분리시킨 문화적 차이점들이 복음화를 극도로 어렵게 만들었다. 무엇보다 원주민들과 접촉하는데 가장 기본적인 수단 즉 언어의 지식이 부족했다. 양문화간의 연결고리 결여는 너무 커서 차이를 극복할 수 없었으나 유일한 방법은 하나님의 은총이었다. 사실 러시아에서 선교사들은 첫 선포가 증거와 네트워크를 통해 이루어져야만 한다. 보통 선교사들이 쉽게는 자선, 복음화 그리고 지역의 발전이라는 선교방법을 제시할 수 있다. 그러나 그보다 더 현지인들에게 조화로운 생활을 이끄는 방법, 밭을 경작하는 방법, 자녀들을 교육하는 방법등을 가르칠 수 있다.

러시아에서 보다 효율적인 선교는 지역교회의 형성이다. 이를 위해서 정교회로부터 개종을 했거나 믿음을 가지려는 사람들을 향해 끊임없는 방문사역이다. 그들을 만나기 위해서는 토착언어 연구, 문화에 대한 접촉과 선교수행 능력의 약점등을 분석할 필요가 있다.

무엇보다 선교는 원주민들의 권리를 인정하는 방법이 있다. 인간의 기본 권리도 중요하지만 기독교인으로 살아가도록 권리를 인정하는 것이다.

구원의 메시지를 알리는 선교는 메시지를 드러내는 사람이 자신을 발견하는 다양한 상황에 따른 방식을 시도해 볼만하다. 우선 삶과 사랑의 증거 방식이다. 복음화가 개혁교회의 중심이지만 성경에 기초해야 한다. "만일 내가 복음을 전하지 않는다면 내게 화가 미칠 것이라"(고전 9:16)는 말씀이다. 그러나 말씀을 전하는 것도 소중하지만 더욱 포괄적인 것은 삶으로 증거하고 사랑으로 완성하는 말씀의 직무가 선행되어야 한다.

선교는 사랑과 존경, 다른 사람들을 있는 그대로 받아들이는 것, 현지인과 긴밀한 연대감등 다양한 방식이 있다. 그 외에도 선교는 선포와 세례, 선포와 회심, 교리 교육 등도 포함된다.

5. 언어와 문화의 장벽

나는 세계 여러 나라를 방문하면서 역사와 문화, 전통 등을 경험한다. 그리고 현지인들의 언어와 문화를 살펴보기도 한다. 보통 우랄알타이어 계통의 사람들은 문화도 비슷하다. 식사와 예절, 교육, 어린이 양육 모두가 비슷하다.

실제적으로 선교지에서 가장 중요한 것은 언어이다. 그들이 갖고 있는 문화적 장벽이다. 이를 극복한다면 선교는 비교적 수월해지게 된다. 현재 한국 내에서 선교지역 연구는 미약한 편이다. 이는 선행 연구가 되는 지역학에 대한 인식 부족으로 어려움을 겪고 있다. 이런 상황에서도 선교현장의 활발한 활동을 위해서는 선교사는 물론 지역학 연구자들도 기초 언어를 구사할 수 있어야 한다.

선교지에서 언어와 문화 이해는 현지인들과 깊은 관계성을 갖도록 해준다. 그리고 선교 정보에 대한 관심을 가지고 있는 교회와 선교단체, 선교사들이

선교지역 연구의 필요성과 중요성에 대하여 분명한 도움을 받을 수 있다. 현장 언어를 잘 하게 되면 현지인들이 갖고 있는 가치체계, 세계관, 공동체와 사회적 정체성을 이해하게 된다. 만약 언어 능력의 한계에 부딪치게 된다면 전문적 연구방법론에 대한 지식습득의 부족, 전문가로서의 활동에 참여하는 보고서 작성 등에 자신감이 없게 된다. 언어는 사역의 전문성과 지식 습득, 그리고 사역의 극대화를 가져다 줄 수 있는 필수 요건이다.

그런데 러시아에서 사역하는 선교사들은 고려인들을 통해 러시아 현지인 사역을 하려고 노력한다. 과연 고려인들은 선교에 도움이 되는가? 그들은 기회가 주어지면 한국으로 돌아오고 싶어 한다. 한국 내에 가족의 뿌리를 두고 싶어 하면서도 자신이 성장했던 러시아를 그리워한다. 러시아는 고향이고, 한국은 뿌리의 나라이기 때문이다. 고려인들 가운데 1세대는 이미 가고 없으며 2세대와 3세들만이 남아 있다. 이들은 한국어를 유창하게 구사하지 않지만 부모들로부터 배운 짧은 한국어와 문화를 계승하려고 한다. 고려인들은 명절이나 민족 해방일 을 맞게 되면 한곳에 모여 '아리랑' 을 부른다. 아리랑은 향수를 달래주는 노래이며 민족의 정체성을 갖도록 하는 노래이다. 그렇다면 고려인들은 선교사들의 사역

에 도움이 되는가 묻고 싶다. 러시아인들에게 구원의 다리 역할이 가능한가? 그들은 현지 언어를 자신 있게 한다. 러시아 문화를 잘 알고 있을 뿐 아니라 그들이 갖고 있는 충분한 정보도 소유하고 있다.

고려인들을 통한 현지 언어 극복이 가능하기에 복음전도의 비전이 있다. 또한 문화적응도 빨라 사역의 극대화를 가져올 수 있다. 그들을 통해 수집된 데이터를 모아 분석하고, 이를 다시 정보의 형태로 수집되고, 정리된 정보는 첩보의 형태로 전환하게 된다. 이들에 대한 종합적 분석과 연구를 통해 새로운 선교 전략이 개발될 수 있다. 이것이 선교 현장의 중요한 수단이 될 수 있다.

선교계의 최고 단점인 문화장벽을 뛰어 넘는데도 도움이 된다. 언어 능력은 무전략 선교로 인한 고비용, 저효율의 문제가 해결될 수 있다. 선교사의 현지인 의존율 배제, 선교자원의 중복투자, 선교 현장의 연합의 부재 등의 문제 해결에 많은 도움을 줄 수 있다. 언어와 문화장벽의 극복은 거시적으로 통합하고 현장과 후방을 연결하여 선교 역량을 강화하는데 기여하게 된다. 이는 전략적 이슈를 강화하여 선교지 연구조사 및 정보수집에 수월성을 가져다 줄 수 있다. 또한 선교 현장 조사 및 정보 수집을 공유함으로 가져오는 선교현장을 거시적 차원에서 바라볼 수 있게 된다.

선교정보 시스템을 구성하는 중요한 요소는 정보의 수집자, 정보의 분석 및 생산자, 정보의 사용자로 구분하게 된다. 이 세 가지가 제대로 협력만 된다면 유용한 정보가 전방위 선교에 도움이 된다. 결과적으로 언어와 문화장벽 극복은 선교역량의 종합적 결집을 요구하는 요인을 극복하는 것이 된다.

6. 러시아 선교전망

러시아는 보드카의 나라에서 맥주의 나라로 바뀌고 있다는 기사를 읽었다. 러시아는 젊은이나 노인이나 모두가 술을 좋아한다. 술을 좋아하는 것은 기후적인 영향이 매우 크다고 한다. 추운 날씨 때문에 14세기 이래 독주인 보드카가 대표적인 술로 자리 잡았던 러시아에 최근 맥주 바람이 불고 있다.

올 상반기 러시아의 맥주 소비는 지난해에 비해 2%나 증가했다(2007년 8월 기준). 2005년부터 일기 시작한 맥주 붐을 타고 서유럽 대형 맥주회사들이 대거 러시아로 몰리고 있다고 프랑스 경제지 레 제코는 2007년 8월 9일자로 전했다.

아무튼 러시아 맥주 시장은 급성장하고 있는 가장 큰 요인 중 하나로 국민의 주머니 사정이 좋아진 것을 들 수 있다. 석유, 천연가스 등 에너지 수출국인 러시아가 고유가에 힘입어 경제 사정이 좋아지면서 보드카에 비해 도수는 10분의 1수준이지만 가격은 더 비싸거나 비슷한 맥주를 찾을만한 여유가 생겼다는 이야기다. 이에 따라 빨리 취하려고 마시던 값싼 독주 대신 다양한 맛과 향을 가진 서유럽 맥주를 즐기는 쪽으로 음주 패턴이 변하고 있다.

러시아는 넘쳐나는 알코올 중독자가 오랫동안 사회 문제가 되었기 때문에 보드카 대신 가벼운 맥주를 장려하는 사회 분위기도 맥주 소비를 늘리는데 일조하고 있다. 러시아 방송에서는 1990년대 이후 보드카 광고를 할 수 없지만, 맥주 광고는 저녁 7시에서 10시 사이의 황금시간대를

제외하곤 허용된다.

　전반적으로 지구 평균 기온이 올라가면서 러시아의 혹독한 추위도 예전에 비해 많이 누그러졌다. 이 때문에 독주의 필요성도 상대적으로 떨어지고 있는 것이다. 이와 함께 맥주에 보드카를 타서 마시는 새로운 음주 풍속의 확산도 맥주 소비 증가에 한몫을 하고 있다는 보도다.

　하지만 러시아는 10대 청소년들의 불법 음주가 늘고 있고, 알코올 함량이 높은 맥주일수록 잘 팔리는 것은 바람직하지 않은 걸로 지적된다.

　러시아의 상황은 보드카에서 맥주가 좋아 하는 쪽으로 변화하고 있다. 경기 호전에 따라 매출도 껑충 뛰고 있는 러시아, 세계 3대 맥주 시장으로 부상한 나라에서 기독교 복음전도는 불가능한가? 복음전도에는 어떤 방법이 좋은가를 생각하게 된다. 여기에 대한 러시아 선교 전망은 매우 밝다.

　첫째, 한국 교회가 참여할 수

있다. 러시아는 81.5%가 유럽계 백인이다. 러시아 선교는 곧 백인 선교인 셈이다. 상트페테르부르크를 다니다 보면 전반적으로 백인이 많다. 어쩌다가 황인종이 눈에 띠지만 그들은 중국인 아니면 일본 사람이다. 한국

인은 그렇게 많은 편은 아니지만 고려인이 많다. 러시아에 한국교회가 참여하여 얼마든지 복음을 전할 가능성이 많다. 러시아의 신흥부호들은 한국인에 대한 좋은 이미지를 갖고 있고 한국인에게 은혜를 베풀려고 하는 마음가짐도 있어 선교의 전망도 밝은 편이다.

또한 러시아는 구소련 시절 다양한 연방국가가 모여 살았던 곳으로 인종적 장벽을 넘어 소비에트 공산주의 문화로 다양한 인종, 문화, 언어적 장벽을 낮추어 주신 것에 대한 감사가 있어야 할 것이다.

둘째, 선교가 넓게 열린 지역이다. 러시아는 자연환경도 아름다울 뿐 아니라 선교가 넓게 열린 지역이다. 러시아인들은 자신이 기독교인이라고 말한다. 그래서 기독교적인 것에 대해서는 거부 반응이 없다. 전도에 대한 규제와 제재가 없는 것도 특징일 뿐 아니라 기독교 선교에 핍박도 없다. 또한 선교사들에게 장기 비자도 가능하다.

셋째, 추수할 곡식이 많은 곳이다. 러시아는 아직도 미전도 지역이 많다. 러시아 정교회가 자리 잡고 있는 곳이 많고 정교회가 소생하고 있는 상황이다. 그러나 러시아인의 영적, 정신적, 물질적 굶주림이 신앙생활로 자연스럽게 인도할 수 있는 배경이 잘 형성되어 있다. 그래서 어디서나 복음전도에 대한 가능성이 있을 뿐 아니라 곳곳에 추수할 곡식이 많

은 곳이다.

넷째, 러시아는 다양한 선교전략을 구사할 수 있는 곳이다. 선교사의 전문성을 살려 얼마든지 다양한 선교가 가능하다. 러시아는 다인종, 다문화 사회이기에 다양한 선교 방법을 사용할 수 있다. 러시아 복음화를 위해 개인위주서 부부, 자녀 동반 가정 중심의 선교도 매우 호응도가 높다. 러시아는 다인종, 다문화 사회체제로 급변하는 상황에 맞도록 선교 패러다임을 전환해야 한다. 또한 종교색 없는 주민 강좌나 NGO 활동 등으로 간접 선교로 접근할 수 있다. 따라서 러시아의 경제, 예술인의 참여로 사역의 효과를 기대할 수 있다. 특히 러시아인들은 음악과 문학을 좋아하는 민족이다. 특히 피아노 연주나 음악회는 국민들에게 많은 호응을 얻게 된다.

1) 러시아 복음화를 위한 시나리오 플래닝

미래는 불확실하다. 특히 오늘날, 보다 큰 불확실성에 노출되고 있는 선교현장은 사역을 둘러싸고 있는 불확실성을 어떻게든 최소화해 보다 옳은 의사 결정을 내려야 한다. 미래를 예측하고, 대응하는 방법엔 크게 두 가지가 있다. 첫째는 말 그대로 미래예측(forecast)이다. 둘째는 시나리오 플래닝(soenario planning)이다. 미래예측이 하나의 미래상을 보여 준다면 시나리오 플래닝은 하나의 답을 제시한다기보다는 나타날 가능성이 있는 복수의 미래상을 제시한다.

즉 선교의 효율적 확립을 위해서는 미래의 불확실성을 인정하고 그 불확실성 하에서 장래 일어날 가능성이 있는 환경요인을 분석해 복수의 설득력 있는 미래상들을 그려보는 것이다. 그리고 미래상에 따라 최적의 대응전략을 수립·실천하는 일련의 과정이다.

복음전도를 통한 시나리오 플래닝에는 여러 가지 가능한 방법이 있지만 대부분 비슷한 것이 특징이다. 러시아 선교를 위한 7단계 과정을 보기로 한다.

(1) 선교 사역의 핵심 이슈를 파악

선교단체가 미래선교에 대하여 내려야 할 핵심 의사결정 포인트를 파악해야 한다. 이 과정에서 기존 선교단체 혹은 시니어 선교사들의 사고방식(mind set)을 검증하고, 어떠한 사고방식이 선교단체로 하여금 미래를 올바르게 바라보는 데 장애 요인으로 작용하는지 밝혀내야 한다. 여기서 주요한 포인트는 선교단체, 시니어 선교사, 현지 목회자가 가지고 있던 선입견과 편견에서 벗어나도록 하는 것이 급선무이다.

(2) 정보 수집

선교와 관련된 스토리와 시나리오를 작성하기 위해서는 당연히 리서치가 필요하다. 특정 시나리오를 개발하기 위한 좁은 의미의 리서치는 물론, 시나리오 플래너가 보다 근본적인 질문을 던질 수 있도록 도와주는 광범위한 리서치 모두를 실행해야 한다. 실제로 선교지에 오래 동안 거주하다 보면 생활 속에 젖어 자신도 모르게 리서치 하는데 게으르게 된다. 정말 복음화를 위한 열정, 모든 민족을 주께 인도하길 원한다면 끊임없는 정보수집이 필요하다. 선교 현장 리서치 후 예상치 못한 결과가 나오더라도 개방적인 자세로 임하여야 한다.

(3) 환경요소

선교현장에서 성공하는 선교사가 되길 바란다면 시나리오 결정요소
(Driving forces)에 큰 영향을 미치는 환경요소들을 파악해 내는 것이다.
이 단계에서는 플래닝에 가장 큰 노력을 기울여야 하며 통찰력을 발휘해
야 하는 과정이다. 이러한 분석에는 'STEEP' 분석이 유용하게 사용될
수 있다. 이는 사회적(Social), 기술적(Technological), 경제적
(Economic), 환경적(Environmental), 정치적(Political)의 앞 글자를 따
서 만든 용어이다. 이러한 방법론은 시나리오 결정에 많은 도움이 된다.
여기서 핵심은 다른 사람에게 쉽게 보이는 결정요소가 특정개인에게는
전혀 안 보이는 경우도 있으므로 반드시 팀을 이뤄 이 과정을 수행할 것
을 권한다. 이러한 연구를 위해서는 선교현장에서 팀워크가 잘 이루어져
야 한다.

(4) 핵심 불확실 요소 파악

선교지에서는 늘 확실한 요소만 있는 것은 아니다. 핵심요소와 영향력
을 미치는 트렌드를 우선순위 화하는 과정이 필요하다. 핵심 불확실 요
소의 중요도와 불확실한 정도가 높을수록 높은 우선순위를 부여하고 그
에 따라 선택된 요소들을 시나리오를 결정할 잣대로 사용할 필요가 있
다.

(5) 시나리오 작성

선교현장의 효율적 사역을 설득력 있게 설명하기 위해 플롯을 작성하
고 실제 시나리오를 써나가는 과정이다. 선교 팀 및 전문가들을 한 자리
에 모은 후, 토론을 진행하여 도출된 의견을 써 내려가는 방식이다. 여기
서 시나리오를 작성하는 사람은 여러 가지 플롯을 잘 구성하여 2-3개의

시작, 중간, 최종적 미래상을 자세하게 묘사한 시나리오를 도출하고, 이해하기 쉬운 제목을 붙여 완성한다.

시나리오를 작성할 때 주의할 점은 반드시 핵심이슈를 파악, 정보수집, 시나리오 결정요소(환경요소) 단계를 두루 인식하고 있는 팀원 및 전문가들을 포함시키는 것이 중요하다. 이는 현장에 대한 보다 전문적인 지식을 통해 구체화하기 위해서다.

(6) 대응전략 수립

전문가들을 통해 시나리오 작성이 끝났다면 이 가운데 2-3개는 선교현장에 가깝게 흘러가게 될 것이다. 하지만 후속작업 없이 선교지 미래를 알고만 만다면 아무런 의미가 없다. 선교단체와 현지 선교사회는 플래닝 개발 후 현재 가지고 있는 역량, 전략을 개발된 시나리오별로 대입해 검토한 후 그에 대한 대비책을 세워야 한다.

선교현장에 관련된 리포트가 작성되었다면 그 후 대비책은 최대한 구체적으로 세워야 한다. 대응전략 수립이 되지 않은 상태에서 시간만 보낸다면 아무런 의미가 없다. 시나리오를 사용할 수 있도록 지속적으로 연구하고 고민해야 한다.

(7) 선행 지표와 지침

선교지가 어떻게 변화하는지, 세계가 어떠한 시나리오에 가깝게 진행되고 있다는 것을 가능한 한 빨리 알아내 대응하는 것이 매우 중요하다. 따라서 리서치를 통해 분석한 분야별로 대응전략을 세우고, 선교단체는 환경변화 방향을 대표적으로 보여줄 수 있는 선행지표와 지침을 미리 정해 놓아야 한다. 특히 선교 지표와 지침에 따른 지속적인 모니터링이 가장 중요하다.

지금까지의 방법은 성경적, 신학적으로 올바른가라고 말한다면 할 말이 없다. 그러나 사회학적 방법은 안 된다고 말하기 전에 어떻게 할까를 고민해야 한다. 우리는 전통적인 선교방식에서 벗어나 새로운 것에 대한 거부감이 있다. 그러나 이러한 벽을 뛰어 넘는다면 선교는 보다 효과적으로 이루어질 것이다.

2) 전통적 선교전략

(1) 민족주의와 러시아 선교를 위한 비전

최근 러시아에 대한 새로운 용어가 발생했다. 일명 '곡물 민족주의' 이다. 러시아가 석유에 이어 곡물수출 분야에서도 자원 민족주의 바람을 일으키고 있다.

러시아 사람들은 주식으로 빵을 먹는다. 그만큼 빵은 그들의 삶의 핵심이자 생명이다. 이제 러시아의 최대 밀 생산지인 로스토프, 스타브로플, 크라스노다르 지역의 밀수출 업체들이 수출 물량을 억제하고 있다고 네자비시마야가제타는 전했다. 최근 국제 밀 가격이 최고를 기록했음에도 수출물량을 억제하는 것에 대하여 곡물 민족주의라고 비아냥거리고 있다. 세르게이 샤호메츠 러시아 곡물연합회 부회장은 "농민들도 높은 수출세와 수출 제한 조치를 우려해 수출용 밀 저장고를 열지 않고 있다"고 한다. 러시아 정부는 식량 안보 차원에서 최근 수출되는 밀에 원가의 30-40%에 이르는 관세를 물리고 있다.

러시아내의 밀 가격도 국제가 수준으로 상승되었을 뿐 아니라 빵 값도 2006년의 두 배 이상으로 치솟았지만 정부는 방치하고 있다. 이제 러시아는 전 세계를 향해 최고의 밀을 수출함으로 곡물 민족주의라는 소리를 듣게 되었다. 러시아 밀을 수입하던 이집트는 밀 가격이 27kg(1부셀)에 7.54달러로 최고치를 경신한 것을 구입함으로 곡물 민족주의의 쓴맛을 톡톡히 보았다.[65]

얼마 전 한국을 향해 민족주의가 가장 집착된 국가로 세계인권위원회가 비판한 적이 있다. 민족주의는 서구에만 있는 것이 아니다. 특히 민족주의자들은 서구주의 앞잡이로 보는 견해가 있어 서구주의가 아님을 알려야 할 때가 왔다. 민족주의는 종교를 가지고 있는 사람에게 있는 것도 아니다. 이제는 자국의 이익을 위해 모든 국가와 종족에게 적용되고 있음을 보게 된다. 나는 러시아가 곡물 민족주의라는 기사를 보았으나 그보다도 더 강력한 종교적 신념주의자들은 바로 정교회라고 말하고 싶다. 이제 정교회가 자신들만이 참된 종교이고, 개신교는 기독교가 아닌 것으로 매도하는 것을 방지하고, 역사, 교리적으로 그리스도를 한 몸인 공동체임을 강조할 때가 온 것 같다.

특히 러시아 선교를 위해 창조적 전략 몇 가지가 있다. 그것은 바로 명확한 비전과 집중력을 바탕으로 현실을 객관적으로 파악하고자 하는 개인적 숙련을 실천해 나가는 것이다. 선교사의 개인적 숙련은 교단의 조직전체가 학습조직으로 발전하는 데 필요한 가장 중요한 초석이다. 개인적 숙련이 잘 된 곳에서는 꿈을 이루려는 비전을 세워가는 것이 된다.

둘째는 선교현장에 대한 종합적 인식을 강조하는 정신모델의 확립이다. 정신모델은 개인이 선교현장과 사역 현상을 이해하는데 필요한 가장 근본적인 가정과 가치체계를 의미한다. 선교 특히 리더십 분야에서 흔히 이야기하는 것 중의 하나가 객관적인 실체보다는 개인이 실체를 어떻게

이해하느냐가 더 의미 있다는 것이다. 그래서 리더의 가장 중요한 역할 중 하나는 사역현장의 동역자 들이 현장을 긍정적이고 본질적인 관점에서 볼 수 있도록 카메라 렌즈와 같은 역할을 수행하는 것이다.

셋째, 선교 현장의 조직의 목표와 가치에 대한 인식을 공유하는 비전의 공유이다. 공유된 비전이야말로 시대를 대표하는 대표적인 위대한 선교사역이 가지고 있는 가장 중요한 특징이다. 선교 현장을 보면 선교사 개인의 리더는 있지만 공유된 비전은 없다. 사무실을 갖고 있는 죽은 비전, 학교 사역과 제자 양육이라는 죽은 비전을 갖는 것은 의미가 없고 오히려 사역 현장의 발전에 장애요소가 된다.

마지막으로 대화를 통한 팀 학습(team leraning)이다. 통제(control)와 효율(efficiency)로 수행되는 현장에서 동역자들이 가지고 있는 창의적인 잠재역량이 최대한 발휘되지 못한다는 점이다. 팀 학습이 효과적으로 된다면 상상할 수 없는 창의적인 아이디어와 결과를 잘 도울 수 있다. 이를 위해서는 선교사역자는 현장에 대한 모든 가정과 편견을 제거한 상태에서 진심으로 같이 생각해 나가는 대화가 필수적이다.

(2) 현지 개신교단과 협력사역

한 지역을 확보하기 위해 우리는 다양한 노력을 해야 한다는 것을 말해

왔다. 선교 현장에서의 모니터링을 한다든가 시나리오 작성을 위한 전문가들과의 토론은 매우 필요한 것 가운데 하나이다. 이 귀중한 일들을 성취하기 위해 기독교 선교단체를 통해 일해야 한다.

(3) 마음을 사는 사역이다.

선교지는 고국이 아니라 타국이다. 최근 세계 각국에서 일어나는 테러와 살인 행위는 두려움의 핵심이다. 전 세계가 테러와의 전쟁을 동남아에서 배우라고 할 정도다. 그러나 무수한 폭탄 테러와 납치로 악명 높은 이슬람 급진 세력이 요즘 맥을 못 추고 있다. 미국식 강변일변도 진압이 아니라 현지 주민을 돕고 포로를 감화시키는 유연한 전술이 효과를 내면서 테러와의 전쟁의 새 모델로 떠오르고 있다. 그렇다. 선교는 현지 주민들의 마음을 사는 일이 중요하다. 사람이 사는 곳에 마음을 잊어버리면 장기적으로 일한다는 것은 어렵다. 나는 조직체에서 일하지만 다양한 사람들로부터 인정을 받고 하나님께도 인정받으려 노력한다. 그렇지 않으면 조직에서 살아남기가 어렵다.

선교 역시 현장에 거주하는 사람들과 좋은 관계를 갖는 것은 위험한 일을 겪지 않게 되는 길이 된다. 그리고 그들로 하여금 사역의 일부분을 협력하도록 동기를 부여할 수 있다. 주민들의 마음을 사기 위해서는 사회봉사가 필연적으로 따라야 하며, 그들의 문화에 동화되는 삶을 사는 것이 중요하다.

(4) 전문인 사역

어느 분야에서 일하든 전문가가 필요한 시기가 되었다. 선교가 어려운 지역일수록 전문적인 지식을 갖고 사역하기를 바란다. 전문가 입장에서 현장에 필요한 것을 공급하고 주민들에게 나눔을 줄 수 있는 것이 필요하다. 특히 지역사회에 필요한 병원, 화장실을 지어 주면서 컴퓨터와 언어 교육을 같이 한다면 도움이 된다.

예수님과 같은 전문적인 상담가도 필요하다. 예수는 자신이 만난 사람들과 이내 친밀한 관계를 형성했음을 보여준다. 우물가에서 한 여인과 대화를 나누든, 정원에서 어떤 종교 지도자와 담소하든, 혹은 호숫가에서 어느 어부와 대화하든 그는 핵심을 찌르고 들어갔다. 그리고 몇 마디 짧은 대화를 나눈 사람들은 누구에게도 보여주지 않았던 자신들의 속마음을 그에게 털어 놓았다. 그 당시 사람들은 서기관이나 랍비, 바리새인들이나 경건한 사람들에게 될 수 있는 한 접근하지 않는 경향이 있었다. 그러나 예수는 그들에게 뭔가 다른 것, 말하자면 그의 옷을 만져 보려고 서로 밀치며 몰려들 정도의 깊은 갈망을 이끌어 냈다. 바로 선교현장에서 이런 전문적인 지도자가 필요하다.

그리고 전문인 사역은 나를 위한 것이 아닌 다른 이들을 위한 사람이라야 한다. 다른 사람을 위해 자기 자신을 무한히 방임했다. 그는 누가 식사 초대를 해도 대부분 응했다. 그 결과 공적인 인물로서 그보다 더 다양한 친구들을 사귄 사람이 없을 정도가 되었다. 그는 부자들로 시작해서 백부장, 바리새인들, 세리들, 창녀들, 문둥병자들에게 이르기까지 사람들은 예수와 함께 있는 것을 좋아했다. 그가 있는 곳에 기쁨이 있었다. 바로 이것이 선교사가 해야 할 일이다. 나는 오늘 아프리카 모 지역에서 사역하는 선교사와 현지 사업가간에 원수가 되었다는 말을 전해 들었다. 이 말은 나를 당혹하게 했고, 충격적이었다. 삶의 모델이 되어야 할 선교사가 일반인과 원수가 된다면 어떻게 복음화가 되겠는가 말이다.

⑸ 상황에 맞는 전략

선교는 은혜의 혁명이다. 은혜로운 선교 정책을 활용하기 위해서는 상황에 맞는 선교정책을 잘 활용할 필요가 있다. 그것은 세 가지 중요한 사항이 있다. 첫째, 경제적인 상황이다. 사람들이 사는 곳의 최대 관심사는 경제 회복임으로 경제 활성화를 위한 전략이 요구된다. 현지인들이 기독교로 개종한다면 그들의 삶의 질을 높일 수 있는 터전을 마련해 주는 방법이다.

둘째, 교육 환경적 상황이다. 종교 교육기관은 어려워도 미션홀을 만들 수 있다. 러시아의 김나지아 같은 것들이다. 이 같은 것은 러시아 청소년들을 길거리에서 방황하지 않도록 하는 방법일 것이다. 러시아에서 대안학교 같은 것은 청소년들을 위한 직업교육 시급성을 해결하는 지름길이 된다.

셋째, 사회적 상황이다. 러시아의 사회적 심각성은 가정의 붕괴가 빠르다는 점이다. 가정을 이루고 난 후 80%의 이혼율이 이를 증명해 준다. 한 가정이 성립되어 오랫동안 가정을 이루는 것이 아니라 3-4회 정도의 이혼 경력이 있다고 한다. 이는 러시아 사회의 온당치 못한 가족구조를 증명한다. 이러한 문제점은 공산주의 이데올로기 사회가 갖는 사회적 독특성으로부터 발생한 것이다. 보통 인간 공상주의는 인간을 물질덩어리로 보기 때문이다.

3) 선교사는 러시아인을 제대로 알고 있는가?

우리 선교사들은 선교의 승패를 좌우하는 현지인을 이해하기 위해 얼마나 노력하고 투자를 하고, 또 얼마만큼 체계적인 노력을 기울이고 있을까? 늘 나에게 던지는 질문이다.

많은 선교사들과 교회, 선교단체장, 선교학자들이 현지인을 이해하는 것의 중요성에 대해서는 인식하면서도 아직까지 이에 대한 과학적이고 조직적인 체계를 갖추지 못하고 있는 것이 현실이다.

국내 선교사들과 서구 선교사들의 전형적인 현지인 조사 과정을 살펴보라. 국내 선교사들은 현지인 조사와 분석, 리포트를 작성하고 보고하는 일이 미약하다고 할 수 있다. 서구 선교사들은 좀 더 현지인에게 근접한 연구를 통해 보다 섬세한 보고서를 제출한다. 그러나 여기서 현지인 조사 과정에서 의문은 늘 있기 마련이다.

첫째는 현지인 조사의 범위이다. 현지인들의 종교와 문화, 종족, 경제적 수준 등에 대하여 어떤 방식을 취하였는지, 아니면 현지인들의 세계관과 현실적 욕구 파악, 획기적인 새로운 아이디어는 조사를 통해 얻을 수 없을 것이다.

두 번째는 누가 조사를 하는가이다. 대부분의 경우, 선교사들이 조사의 경험이 부족하거나 설령 조사한다 해도 데이터분석 능력과 경험이 부족하다. 이로 인해 전문적인 선교 리서치 단체에 맡기기 쉽다. 하지만 데이터 조사연구 단체는 동시에 여러 단체의 것을 진행하기 때문에 시간이 부족하다. 결국 선교 현장의 정확도나 복음화의 전략을 정확하게 이해하기에는 턱없이 부족할 수 있다. 한마디로 선교사나 사역을 위해 후원교회 만큼의 결과를 내기가 쉽지 않다는 얘기다.

선교사는 현지인을 이해하고, 선교 전략을 짜는데 적어도 3단계의 분석과정이 필요하다. 첫째는 현지인들의 특성을 파악하여 비슷한 그룹의 현지인들을 그룹화(grouping)하는 현지인 세분화(actionsegmentation)과정이다. 둘째는 현지인 즉 타깃 현지인 군을 초상화(customer portrait) 그리듯 자세하게 그리는 것이다. 셋째는 현지인들의 정신사 즉

가치관, 세계관, 종교적 성향과 삶의 단계를 면밀하게 분석하는 과정
(buying process analysis: 복음을 수용하는 과정)이 필요하다.

(1) 현지인을 세분화하라

선교사는 선교단체나 파송교회, 총회로부터 내려진 지침을 수행할 수
있어야 한다. 선교사들의 전략적 방법을 보면 대체적으로 표면적인 것들
이 많다.

(사례1) 저는 한국교회의 선교사로 우선 먼저 언어 습득과 현지 문화적
응에 최선을 다하고 있습니다.

(사례2) 금번 현지사역에 임한 선교사로서 종족별 타깃을 만들고 있습
니다. 종족별 그룹이나 흥미나 놀이문화에 동등한 사람들에게 집중적으
로 복음을 전하기 위해 기도하고 있습니다.

(사례3) 러시아에 파송된 선교사로 세대별 즉 20대, 30대, 40대, 50대
가운데 30대 화이트칼라 남성이 주 타깃입니다. 직장과 사업으로 분주
한 이들을 대상으로 복음의 수용성과 수월성, 삶의 질과 행복, 마음의 안
정성을 적극적으로 알려주려고 합니다. 그 다음 타깃은 20대의 젊은 여
성과 남성들입니다. 이들에게는 비전마인드를 심어 비전무드 속에 삶의
영위하는 법이 무엇인가를 적극적으로 전하려고 합니다.

이 내용을 보면 첫 번째의 것은 전혀 현지인을 위한 전략이 세분화되
어 있지 않다. 따라서 선교사역이 중구난방이 되기 쉽다. 그저 현지 적응
과 문화충격 극복이라는 단순 논리에 빠져 장기적인 사역전략이 유명무
실해 질 가능성이 높다. 둘째의 것은 어느 정도 세분화 되어 있지만 구체
적인 계획이 부족해 실행하기가 쉽지 않다. 소위 말하면 뜬구름 잡는다
고 할까 아니면 구체성이 부족해 방향성을 잡기가 어렵다는 얘기가 된

다. 세 번째는 현지인 세분화 관점에서 보면 가장 명확하고 실행가능한 방법이다.

우리는 사역의 계획을 세울 때 현지인 세분화 방법은 기존의 현지인 세분화와는 많은 차이가 있다. 크게 나누면 실행가능(actionable)하고, '의미 있는(meaning-ful)' 세분화 작업이라고 할 수 있다. 여기서 실행가능하다는 것은 현지인 세분화의 결과를 가지고 선교사들이 타깃 현지인을 뚜렷이 인지하고 그들을 대상으로 직접적인 사역을 취할 수 있어야 한다는 뜻이다.

그런데 사례2의 경우는 종족별로 타깃을 정하고 정도로는 선교사들이 이해하고 사역을 취하기가 너무 어렵다. 반면 사례3에 제시된 30대 남성 화이트칼라 혹은 20대의 젊은이들을 대상으로 하는 것은 선교사들이 명확하게 인지할 수 있는 현지인 세분화이다.

선교사들이 현지인을 대상으로 하여 '의미 있는' 세분화는 무엇을 의미하는 것인가? 현지인 세분화를 해서 각 현지인 군을 나누었을 때, 각 현지인 군별로 내부적으로는 동질성을, 그리고 다른 현지인 군과는 이질성을 갖게 하는 것이다. 여기서 가장 현지인을 위한 의미 있는 일은 무엇인가 전략적 특성화를 세우라는 뜻이다. 선교 그것은 다른 무엇보다 획기적인 세분화 관점을 세워 실행하는 것이다.

(2) 현지인을 생생히 묘사하라.

선교는 성공이란 것이 눈앞에 바로 나타나지 않는다. 목회 사역에 성공한 목회자들을 보면 교인에 대해 정말 세세한 것까지 알고 있다. 생일, 결혼기념일, 자녀의 나이 등 수치적인 것 뿐 아니라 어떠한 스타일의 옷을 좋아하는지, 어떤 음식을 좋아하는지 등을 명확히 이해하고 있다.

현지인을 생생히 묘사하는 분석
은 바로 현지인이 어떤 사람인지
를 정확히 알려주는 기법이라 할
수 있다. 예를 들어, 고려인 목회
를 하는 선교사는 고려인 타깃으
로 20대부터 60대까지를 설정한
뒤 그들의 삶의 형태에 대한 광범
위한 조사를 토대로 묘사한다.

우리의 타깃 고려인은 세 아이
의 자녀를 두고 있으며, 한 달에 1
번씩 쇼핑을 한다. 집안의 가장인 남편은 아침 일찍 걸어서 전철역까지
가서 전철을 이용하고, 자녀에 대한 관심이 많아 조만간 자녀의 교육을
위해 많은 투자를 해야 할 것이다. 이들 가정은 부부 모두가 직장 생활을
하며, 한 달 수입은 현지인보다는 조금 높다. 이들은 자주 만나 대화하는
것을 좋아하며, 심방을 통해 자녀들과 함께 예배를 드리는 것을 선호한
다. 또 2-3일에 한번은 전화로 대화하는 것을 좋아한다.

내가 관리하는 교인을 이처럼 단순한 모습으로 형상화하여 지역선교
사들에게 전달할 경우 전 선교사들의 현지인에 대한 공감대와 이해가 높
아지게 된다. 우리는 현지인들에게 어떻게 적합한 복음을 전해야 할지,
어떠한 방법으로 접촉점을 찾아야 할지, 어떤 상황화를 이루어야 할지를
이해하고 사역해야 한다.

⑶ 복음의 수용결정 과정을 분석하라

마지막으로 선교사가 어떠한 과정을 통해서 복음을 전달하고, 받아들

이게 할 것이며 또 그 과정에서 어떤 영향을 누구에게서 받는지에 대해서도 분석해야 한다.

러시아는 대부분의 사람들이 기독교인이라고 한다. 그들은 모두 러시아 정교회 신자들이다. 그들은 러시아인의 특징인 보드카와 맥주를 마신다. 맥주는 러시아인의 50%이상이 즐겨 마신다. 그렇다면 이런 현상은 왜 일어나는 것인가를 분석해 보았는가? 단순하게 저들은 술을 좋아하고, 술을 마셔야 추위를 이길 수 있다는 말은 단순논리일 뿐이다. 보다 구체적으로 고려인, 한국인이라는 냄새만으로는 부족하다. 보다 현지인에게 가까이 접근할 수 있는 메뉴를 들고 다가서라는 것이다. 즉 현지인들의 삶과 피부에 느끼도록 다가서는 복음전도 전략은 엄청난 선교사역의 효율성을 거두게 된다. 현지인들 즉 세대별로 복음의 가치를 수용하는 과정을 면밀하게 분석하고 파고들라는 것이다.

(4) 고정관념에서 해방되라

한국선교의 맥은 고정관념 적이다. 자신을 둘러싼 제한적인 환경을 뛰어 넘어 기회를 잡고, 모든 장애를 극복하며, 평범한 현지인들이 인지하고 생각하고 행동하는 방식을 바꾸어 놓는 일이 쉬운 일이 아니다. 만약 그들의 사고방식을 바꾸어 그리스도의 자녀로 만든다면 우리의 관심을 끌게 될 것이다. 우리는 미술계의 거목이면서 창의적인 작품 활동을 했던 레오나르드 다빈치(Leonardo daVinci)를 생각하게 된다. 그의 아이디어와 업적은 500년간 찬사를 받아왔다. 그래도 여전히 그의 작품세계는 놀라울 정도다. 최후의 만찬, 모나리자 같은 회화와 드로잉 등 그의 위대한 예술작품들은 수많은 방문객과 연구자들의 관심을 갖게 한다. 그러나 정말 눈부신 것은 그가 했던 작업의 풍부함과 다양성이다. 레오나르드 다빈치의 작품세계는 조화와 통합을 갈망했다. 그가 하는 모든 일에서 인간의 자율성, 광학, 수학에 관한 사고방식에서 그의 마음을 쉴 수 없게 만드는 상황에서 변화하는 자연을 생각하는데서 근저에 흐르는 질서를 찾아내려고 했다.66) 그만큼 그의 작품세계는 실증적 관찰, 수학적 질서, 상상을 융합시킨 탁월한 회화를 통해 통합이라는 그의 꿈을 실현한 것이다. 마찬가지로 선교사에게도 교단의 교리장정이나 규범, 자신의 삶의 철학이란 고정관념에서 벗어나 새로운 미래를 향해 다양성과 실제적 관찰을 통해 통전적 사역을 실행해야 한다. 이것이 현지인을 분석하고 이해하는 첩경이다.

⑸ 현지인과 대화할 때 능력이 뛰어나야 한다

협상전략가인 코언 교수는 "한국인은 감정이 쉽게 노출되어 협상 상대로 만만하다"고 꼬집는다. 그는 30년 경력의 현역 협상가이다. 기업의 인수 합병은 물론 이란 주재 미국 대사관 인질사태, TWA여객기 납치 사건 등 1970-80년대 세계 주요 테러 사건의 협상을 현장에서 수행했다. 국내에는『협상의 법칙』이란 책이 잘 알려져 있다.

코언 교수의 말대로 한국 선교사가 거주하는 지역에서 선교사를 만만한 상대로 보고 있지 않도록 해야 한다. 한마디로 한국 사람은 협상능력 즉 대화능력이 노련하지 못하다는 이야기다. 한국인들의 특징은 호의를 베푸는데 인색하고 섭섭한 감정을 쉽게 노출함으로서 협상에서 손해를 보고 있다. 코엔은 "협상은 서로에게 이익이 되는 윈윈 게임"이라고 말한다. 이러한 점을 볼 때 한국선교사들은 "선교지의 영역을 뺏고 뺏기는 대

---

66) 제임스 맥그리거 번스,『역사를 바꾸는 리더십』조중빈 역,(서울: 지식의 날개, 2008), 213참조.

결구도"로만 보는 것 같다.

　선교사가 현지인과 대화의 리더가 되기 위해서는 먼저, 현지인의 아이들을 잘 관찰해야 한다. 아이들은 무엇을 한번 원하면 부모가 말려도 관철시키기 때문이다. 엄마한테 떼를 쓰다 통하지 않으면 아버지한테 접근하고, 그래도 안 되면 할아버지, 할머니한테 달려가 부모에게 압력을 넣도록 한다. 일종의 연합 전선을 형성해 원하는 것을 얻어낸다는 것이다. 코엔의 독특한 협상법칙을 들어보자.

　"협상을 잘하려면 내용 못지않게 스타일과 인상이 중요하다. 미국인들이 레이건 대통령을 좋아한 것은 그의 콘텐츠가 훌륭해서라기보다는 스타일이 좋았기 때문이다. 세련되고 멋진 풍모가 국민들에게 신뢰감을 준 것이다. 비즈니스 협상에선 거래 시작 전에 비공식 관계를 잘 형성해야 한다. 협상 때는 겸손해 보여야 한다. 상대와의 차이점보다 공통점을 먼저 이야기하고 실수는 무조건 인정해야 한다. 그러나 처음부터 양보해선 안 된다. 과거 빌 클린턴 대통령이 팔레스타인의 야세르 아라파트와 벌인 중동 평화협상에서 실패한 것은 클린턴이 처음부터 너무 양보한 때문이다. 상대방이 기대수준을 높여주면 협상이 제대로 이뤄질 수 없다."[67]

　나는 이 글을 읽으면서 선교사는 현지인과 대화에서 우위를 차지해야 한다고 본다. 선교사가 복음을 전하면서 양보할 때는 하더라도 적절한 선에서만 양보를 해야 한다는 것이다. 대화 도중에 지나친 양보는 고마워하지 않는다. 복음을 제시할 때는 분명하고 자신감 있게 할 필요가 있다.

---

67) 양선희 기자의 보도에서 인용(sunny@joongang.co.kr)2007년 12월14일 서울소공동 롯데호텔에서 기업인을 대상으로 한 허브 코엔 교수 의 강연내용이다.

그리고 선교사는 현지인과 대화할 때 항상 조심해야 할 것이 있다. 그 것은 현지에서 거주한다해도 외국인이란 사실이다. 그러기에 연대맺음 (engagement)을 강조해야 한다. "나는 당신들과 함께 할 것입니다." 나 는 "당신들과 함께"라는 말을 수도 없이 말하고 그들에게 신뢰감을 주어 야 한다. 이것이 선교사와 현지인간의 서사적 연대맺음이다. 현지인과 대화의 우위를 지키기 위해 우리는 힘 실어 주기(empowerment)가 가지 는 결정적인 도덕적, 실질적 기능이 있음도 기억해야 한다. 후배 선교사 혹은 현지 지도자들에게도 이런 힘 실어주기는 일방적일 수 있지만 그만 큼 효과가 크다. 사회학자인 빅토르 지카스(viktorGecas)가 "높은 자기 효능감과 반응 없는 체재에 대한 인식과 결과에 대한 높은 기대"로 요약 했던 동기유발이 가지는 힘을 주목해야 한다.. 리더십은 동기유발을 강 화함으로서 추종자에게 힘을 실어준다. 즉 자기 집단의 효능감 배양하 기, 자아와 실질적인 동기와 융합하기, 가치의 차원에서 필요, 불만, 열 망, 갈등, 목적을 묶어주기가 바로 그것이다. 그렇다면 선교사는 대화의 능력에 앞서야 하는데 이는 곧 책임을 지는 것을 말한다.

현지인과 만남을 가질 때 힘 실어주기와 당신과 함께 한다는 것을 잊 어서는 안 된다. 힘을 실어주는 것은 자신감, 경쟁력, 자유, 그리고 자신 의 판단에 따라 행동할 자원을 제공하고 선교사와 현지인 사이에 뚜렷한 도덕적 이해와 책임을 갖는 것을 말한다.

나는 코언의 견해와 동일하게 대화의 능력을 갖고 힘 실어주기, 관계 맺음을 분명히 할 필요가 있다고 본다. 특히 러시아적인 상황에서는 계 층 간, 그룹화를 통한 대화를 통해 선교의 목적을 달성할 필요가 있다.

(6) 신앙을 위한 비상한 리더십을 보여 주라

성경에 나타난 인물들 가운데 비상한 리더십을 가진 자들이 많다. 선지자들은 사회를 변화시키므로 리더십이 시작되었다. 아브라함은 막사로 초대한 세 나그네가 천사임을 알았다. 이를 통해 그는 거룩한 섬김을 통해 다른 점을 보여주었다. 야곱은 밤새도록 이름 모를 상대와 씨름하면서 외쳤다. "내가 하나님을 대면하여 보았다"(창 32:30). 룻기는 룻이 보아스에게 "나는 이방 여인인데 당신이 어찌하여 내게 은혜를 베푸시며 나를 돌보시나이까?(룻 2:10)라고 말할 때 절정에 이른다. 선교사가 일하는 현장은 하나님의 흔적이다. 유대교의 율법서에 의하면, "사람이 같은 주조소에서 동전을 찍어내면 모두 같다. 하나님은 사람을 같은 형상, 당신의 형상대로 지으셨으나 우리는 모두 다르게 나왔더라"고 기록되어 있다.

우리와 다른 모습 속에서도 하나님의 형상을 볼 수 있는지가 선교의 최대 과제이다. 이런 상황에서 선교사는 신앙을 위한 위대한 리더십을 보여 주어야 한다. 마치 "만군의 여호와께서 이르노라 해 뜨는 곳에서부터 해지는 곳까지의 이방 민족 중에서 내 이름이 크게 될 것이라"(말 1:11)는 것처럼 모든 민족에 대한 관심과 비전을 갖는 것이 선교사의 관점이라 본다. 그렇다면 선교사는 이방인이나 부족주의 혹은 보편주의에 있는 모든 사람에 대하여 큰 관심을 가져야 한다. 선교 현장의 종족들을 향한 관점이란 무엇인가?

첫째는 차이의 관용이다. 역사, 문화적으로 현장에 나타나는 현상이 무엇인가에 대한 관용을 가져야 한다.

둘째, 현지인의 신앙 성장에 대한 통제와 책임의 의무다. 선교사가 거주하는 현장은 빠르게 변화한다. 변화의 시대에서 자신감은 희귀한 덕목이다. 현지인 가운데 기독교인으로 개종한 이후 집단주의, 공동체의 극단적인 대응과 성도를 위협하는 권위주의적인 포플리즘을 낳은 것은 다

름 아닌 불안이다. 그것은 전통적인 종교로부터의 전환, 가족문화의 급
격한 변동과 관련이 깊다. 하지만 이것이 전부일수는 없다. 설령 그렇지
않더라도 선교사는 불안해하는 성도들에 대한 통제와 책임은 당연한 것
이다.

셋째, 선택과 책임이다. 현지인이 전통적인 신앙 즉 샤머니즘이나 가
족신앙에서 벗어나 새로운 문화에 대한 선택을 한 것에 대하여 책임이
있어야 한다. 이들이 선택한 신앙에 대하여 신 다원주의와 진화, 심화된
지식 등이 결합하여 영향을 미치지 못하도록 책임 있는 멘토가 필요하
다. 때로는 과거의 세계관으로 되돌아가려는 마음이 있을 것이다. 그것
은 가족공동체로부터 소외받지 않기 위한 태도일지 모른다. 하지만 그들
이 선택한 기독교 신앙에 대하여 믿고 지킬 수 있도록 책임을 지는 것이
중요하다는 것이다.

부록

러시아 개신교와 개혁주의

○○○ 목사(러시아복음주의협의회 회장)[68]

1. 러시아 개신교 ○○○ 목사 소개

미하일 목사는 러시아의 개혁주의 목회자 협의회 회장이며 개혁주의 교회가 세워질 수 있도록 노력하고 있다. ○○○ 목사는 하나님께서 모든 일을 이루신다는 동기부여로 시작하게 되었다. 오늘날 하나님께서 러시아에서 행하신 일들을 간증하면서, 강의의 주제는 16세기에 시작되는 러시아 개신교의 역사를 말하려 한다.

2. 러시아에서 기독교는 어떻게 시작되었는가?

러시아에서 어떻게 기독교가 시작되었는가? 러시아에서 기독교를 이해하려면 혁명전까지 살펴보아야 한다. 러시아가 기독교를 받아드린 것은 988년, 지금으로부터 천년 전이다. 988년에 키에프 대공 때 르네프 강에서 사람들에게 강제 세례를 받도록 명령했다. 그 때 당시에 성직자는 없었지만 매우 급속히 전파되어 국가 종교가 되었다. 겉으로 보이는 것은 별 차이 없는 모습이었는데 속으로는 매우 복잡하고 어려운 면이

---

68) 이글은 2007년 11월7일 백석대학교 선교학 전공, 선교-문화연구소, 크리스타 선교회 공동 주관으로 개최한 강의 내용을 요약한 것이다. 이들은 러시아 복음주의교회협의회 임원들이다.

많았다. 그만큼 문제가 있었다. 그 문제점에 대하여 몇 가지 언급하면서 이해를 돕고자 한다.

1) 성직자가 그리스에서 왔는데 문제는 러시아어를 모른다.

당시 성직자의 언어 부재와 교육의 부재는 정교회의 문제가 되었다. 그렇기 때문에 정교회에서 의미 있는 것은 예전중심(의식)이었다. 그럼에도 불구하고 성령님께서 역사하시고 크리스천이 존재해 왔다. 콘스탄티노플로부터 교회의 문제들도 유입되어 왔다. 대표적인 것은 성직매매가 성행하고, 성직자들도 말씀을 배우지 않았다. 성직자들이 말씀에 대하여 무지하게 되자 그들 가운데 악한 습관들이 자리 잡고 있었다. 말씀에 대한 무지는 권력 중심으로 사역을 하게 되고 개혁운동에 대하여 억압을 일으켰다. 그리하여 사망자의 수가 수천 명에 이르렀다. 이러한 상황은 많은 성도들에게 개혁주의 성향을 일으켰다. 결과적으로 개혁주의 성향은 교회 내에 운동으로 자리를 잡았다. 그러자 분파주의가 생성되었고 그 때 권력은 개혁운동을 억압하였으며 이러한 개혁 운동은 교육받은 지도자가 없기에 이단으로 지목받게 되었다. 그러나 이것이 러시아 개혁주의가 시작되는 태동이며 뿌리이다.

2) 칼빈주의자에 대하여

처음에는 리투아니아에서 영토를 나누는 과정과 리투아니아인 들이 편입된 자들이 칼빈주의자 들이었다. 당시 그들의 영향력은 루터교회와 연합되어 있어 영향력은 상상할 수 없을 정도로 많았다.

첫째, 칼빈주의자 들은 무역상인 들이었고 선교사가 아니었다. 이로 인해 러시아에서 국제적인 활동이 시작되었다. 둘째, 최초로 모스크바 칼빈 공동체는 배타적인 외국인 공동체였다. 그들의 숫자가 많았기 때문에 16세기에 모스크바에서 칼빈주의 특별공동체가 형성되었다.

3) 피터 대제 즉 18세기부터–1917년까지

개혁주의 공동체에 대해서 말하려 한다.

피터 대제 전까지의 개혁주의 교회는 상당히 좋은 평가를 받아 많은 영향력을 주었다. 또한 그들은 종교 교육기관을 세웠다. 그래서 그들은 러시아 제국에서 생활의 기독교 원리를 적용하였다. 종교교육 장소도 세웠다. 제국의 수도는 상트페테르부르크였다. 이때는 새로운 콘스탄티노플을 표방하면서 서구의 라틴 문화를 지향했다. 대제의 서구화 정책으로 러시아는 거의 모든 생활분야에서 서구 문화의 모더니티가 스며들기 시작했다. 정치, 교육, 문화, 군사, 경제, 예술, 의식주 등과 같은 문화의 전반에 걸쳐 위로부터 수용된 서구 문화는 러시아 일반 민중의 삶 속에도 많은 변화를 일으키기도 했다. 하지만 서구화는 19세기에 들어와서 서구주의와 슬라브주의의 대립을 불러일으키기도 하였다. 러시아의 전통적인 슬라브적 요소는 과거의 낡은 것이고 서구의 문화는 새로운 가치체계로서 신구의 대립적 경향도 나타나기 시작했다. 또한 19세기에 들어와서는 러시아 이념의 문제가 인텔리겐찌아와 같은 젊은 지식인들 사이에서 대두되기도 했다.[69]

그때 당시에 개혁교회는 도시 중심의 번화가에 위치해 있었다. 많은 개혁주의 자들은 많은 학자로 알려지고 명예와 명성을 안겨주었다. 하지만 정교회가 칼빈주의를 공격하게 되자 개신교회의 선교활동에 대한 제한을 받게 되었다. 이 때 정교회 신자가 다른 신자로 넘어가면 처벌을 받

---

69) 이덕형, 『천년의 울림 러시아 문화예술』(서울: 성균관대학교 출판부, 2006), 8에서 재인용.

게 되었다. 이러한 종교적 억압에도 불구하고 정신적인 영향력의 흔적이 남아있었다.

정교회는 러시아 민족이 아닌 다른 민족끼리 교회를 설립하는 것은 반대하지 않았다. 예를 들면, 루터 교회에서 자기 민족끼리 활동했다. 그러나 러시아 사람들에게 전도하려는 시도는 반대를 받게 되었다. 그러나 1917년 볼세비키 혁명 이후 종교 활동은 종결되었다. 혁명 후에 목사들은 탄압받기 시작하고 이민을 가게 되었다. 거의 80년 동안 무신론에서 저작된 책들로만 기술될 정도로 탄압이 심했다.

4) 현대의 러시아 개혁교회와 정교회에 관하여 말하고자 한다.

1990년 개혁 개방이후 종교적 상황은 급속한 변화가 일어났다. 지금은 100여개 러시아 종교단체가 세워졌다. 개신교 단체 수는 성장하는 지수로 볼 때 정교회를 능가하며 교인의 숫자로 볼 때 2위를 차지한다.

하지만 상대적으로 정교회와 달리 신앙의 정체성을 찾는데 어려움이 있다. 그렇다고 주일에 교회에 가는 사람은 극히 적은 수에 불과하다. 즉 러시아에서 자신의 종교인 정교회 교인은 50%에 불과한 개신교회의 교인보다 교회에 출석하는 수는 적다. 대부분 정교회 신자는 2번 교회에 간다. 태어나서 한 번, 죽어서 한 번 교회에 간다. 실제로 러시아에서 정교회는 종교적인 정치집단이다.

러시아에서 개신교회의 교인 수는 150만에서 180만 정도로 보면 된다. 전체 인구 1억 5천만 중에서 180만 명으로 보는 것이 정확한 것이다. 여기서 어려운 점은 칼빈주의 교회 즉 종교 개혁교파가 오순절 교회에 등록하는 일이 발생하고 있다. 이는 한국선교사들의 역할도 매우 크다. 러시아에서 개신교회 개신교 인구 180만 명 가운데 장로교는 5%인 7만

5천 명 정도로 성장하고 있다. 러시아 종교학자들은 개신교를 여호와의 증인, 몰몬교, 이슬람과 똑같이 본다. 러시아 개신교회에 병적인 문제들은 이단들이 적극적으로 활동하는데 있다. 여기에는 한국에서 온 이단도 와서 개신교로 활동을 펼치고 있다.

현재 러시아에서 칼빈주의 단체는 2가지로 분류할 수 있다. 하나는 선교사가 개척한 교회가 있다. 러시아에서 개척한 교회는 약 200개정도가 된다. 대부분은 한국 선교사들에 의해 개척된 교회들이며 개혁 주의적 장로교회가 많다. 이 점에 대하여 한국교회에 감사한다. 두 번째 개혁주의 교회는 러시아 사람들로 인해 시작된 것을 말한다. 이들 교회는 약 50개정도가 된다. 나는 여기서 매우 긍정적인 요인이 있음을 말하려는데 그것은 한국 선교사들과 협력하여 일을 하고 있다는 점이다. 이와 같은 협력이 러시아에서 칼빈주의를 발전시키는 역할을 한다.

또한 러시아 개혁주의 교회들은 유럽과 북미 교회와 교류하고 있다. 러시아에서는 개혁주의 신학교는 모스크바와 상트페테르부르크에 몇 개 있을 뿐이다. 대부분 한국 선교사들이 감당하고 있으나 학생은 소수에 불과하다. 그 이유는 정부가 신학교의 졸업장을 인정하지 않기 때문이다. 이제야 러시아 정부는 신학교의 졸업장을 인정할까? 말까? 논의 중이다. 지금 교회의 신학교를 국가에서 인정하지 않는 이유는 다른 종교단체들이(이슬람, 이단들) 요구할 때 어려울 것으로 보여 지연하고 있다.

5) 어떠한 비전을 가지고 있는가?
칼빈주의적 개혁교회 전망은?
이제 칼빈주의의 전망으로 우리 러시아 사람들은 특별한 성향을 가지고 있다. 어느 대륙에 속하는가? 라고 물으면 대부분 자신은 유럽 사람이라 생각하지 않는다. 다만 우리(한국)와 가깝게 여기고 있다. 우리가 항상 제국주의 영향아래 있었고 공산주의, 정교회 모두 혼합되었다.

그래서 러시아 사람들은 보기 드문 성격을 가지고 있다. 러시아인들은 다른 민족의 사상보다 우월적으로 생각한다. 이러한 상황 속에서 일하는 선교사들이 매우 힘들어한다. 그렇기에 나는 러시아를 위해 늘 기도해줄 것을 요청한다. 우리가 어려운 가운데 있어도 하나님께서 인도하고 계심을 믿고 감사한다. 하나님 나라의 복음을 위해 헌신하려는 상황이 어렵긴 하지만 두 가지 과제를 가지고 있다. 첫 번째는 교육적인 면, 사회적인 면, 개혁주의 성향을 가진 교회 설립이다. 이미 시작되어 있는 상태이며 교회와 성도들이 증가하고 있다. 이제 영적으로 성장하는 것과 복음적인 양육이 필요하다. 여기서 중요한 것은 러시아 사역자와 선교사와의 관계이다. 두 번째 과제는 정보와 교육에 관한 사역이다. 러시아인들은 교육을 받지 못한 사람들이 많이 있다. 그래서 반은 기독교 적이고 이교도 적인 사람이 많다. 그래서 그런지 러시아인들의 삶에는 이교도적습관들이 많이 나타난다. 따라서 이들을 위한 바른 가치관과 영적 성장을 위해 기독교 교육이 매우 중요하다. 이들을 가르치고 교육하는 것은 우리의 사명이다.

3. 한국 교회와 협력이 중요

앞에서 언급한 바와 같이 러시아 교회를 위해 우리는 세미나, 컨퍼런스도 하고 있다. 칼빈주의와 관련된 책과 유인물 등을 배포하고 있다. 하지만 더 많은 일을 해야 한다. 개혁주의 사상이 러시아에서 성공적으로 전파될 수 있도록 기도해 주시길 바란다.

우리는 하나님께 헌신하기 위해 모든 노력을 다할 각오가 되어 있다. 그래서 우리는 한국교회의 경험과 지식도 중요하고 필요하다. 우리는 여러분과 협력할 준비가 되어 있고 러시아로 초청한다. 우리가 선교사들을 위해 기도하고 있고 여러분도 우리를 위해 기도를 부탁한다.

러시아의 개신교회와 정교회의 관계와 전망

○ ○ ○ 목사(러시아 복음주의 협의회 서기)

제가 한국교회와 또한 귀한 대학교에서 러시아 교회에 관한 이야기를 할 수 있는 기회를 주신 하나님께 감사드린다. 제가 믿기는 여러분 가운데 미래의 러시아 선교사가 앉아 있다고 믿는다.

여러분, 제가 오늘 러시아에 대한 발표할 때 이론적 지식 외에 실제 상황을 이해하길 바란다. 우리 러시아는 하나님 나라를 위해 많은 선교사들이 필요하다. 저는 이 시간에 러시아의 정교회와 개신교 관계에 대하여 간략하게 말씀드리고자 한다. 19세기 성자 테어판은 교회를 향해 "병든 유기체와 같다"고 지적한 바 있다. 테어판은 교회는 성스러운 곳인데 부패한 자와 유사하다는 뜻이다.

러시아의 일락원 수도원장은 다음과 같이 말한다. "우리들은 생각하기를 많은 사람들이 개신교 신자를 기독교로 보는 경우가 많다" 그들은 건전한 기독교인이 아닌 사람이 많다. 정교회는 세계 교회 즉 에큐메니칼 운동을 반대하는 개신 교파들을 혹독하게 탄압했다. 그 대표적인 것이 1841년 니콜라이 황제를 까스까브로 유배를 보낸 것이 대표적인 예이다.

1891년 9월 보고서에서는 반 정교회파 부모들에게서 아이들을 빼앗고, 정교회 식으로 강제 세례를 베풀고 정교회의 관리 하에 두기도 했다.

1873년에는 러시아 귀족사회에서 시작한 러시아 복음주의 운동은 특별한 탄압을 받았다. 복음주의 운동은 영국 사람을 통해 시작되었다. 복음주의적 설교는 러시아 수도 상트페테르부르크 귀족 사이에 대각성을 일으켰다. 그 증거 중 하나가 강력한 리더가 있었다. 이는 러시아 복음주의 운동을 확산한 빠시코프 장군이었다. 빠시코프는 평생 정교회 신도였지만 중생하지 않았기에 하나님의 사랑을 경험하지 못하다가 복음주의 설교를 듣고 변화되었다.

1880년 4월경 반 빠시코프 단체가 만들어 졌다. 이때 정교회로부터 이탈을 주장한 빠시코프에게 책임을 물었다. 결과적으로 귀족출신의 운동자들은 모두 추방을 당하게 되었다. 그로 인해 많은 빠시코프 추종자들 역시 정교회로부터 이탈 책임을 물었다. 정교회로 이탈한 성도들은 죄인처럼 취급을 했고, 농민들은 시베리아로 유배를 시키거나 자신의 신앙을 부인하는 조건하에서 고통을 회피하도록 했다.

복음주의 기독교 신자들이 결혼을 하면 불법으로 보았고, 그들이 낳은 자녀는 사생아로 보았다. 개신교 신자들의 자녀는 출생신고도 할 수 없었고 학교에 입학하는 것도 허용되지 않았다. 러시아 정교회와 정부는 이단의 신자 즉 개신교도가 죽으면 정교회 묘지에 매장하지 못하도록 했다. 그래서 이교도들(개신교)은 정원과 밭에 화장했다. 이런 일은 최근에도 일어나고 있는 사건이다.

아무튼 러시아에서 단순한 집사, 성직자는 국가 공직자들이라는 것도 알아야 한다. 특히 러시아 정부는 신자들의 고해성사를 통해 그들이 고백하는 것을 정부에 보고 하도록 성직자들에게 명령을 내리고 있다. 이러한 정교회 성직자들의 행위가 1905년에 와서 종결되었다. 현대로 돌아와서 즉 1991년에 와서 복음주의 기독교 탄압이 없어지고 자유가 주어졌다. 그러나 그런 자유가 1997년에는 정교회가 기독교 종파보다 위에 서게 된다는 연방법이 통과되었다.

이런 점에서 러시아 연방이 세속국가라는 것으로서 정교회의 특별한 역할을 인정한다. 이 법은 의무적인 체제로 법인의 지위를 취득하도록 했다.

올해 2007년에는 러시아 정교회가 종교단체의 감독을 더 강화하고 있다. 외국 선교사들의 활동을 제한하고 있다. 즉 1년 비자를 받았어도 6개월 거주하게 한다는 것이 바로 그렇다. 이로 볼 때 에큐메니칼 정신을 지키는 정교회 신부들은 소수에 불과하다는 것을 알게 된다. 이제 행정 당국은 교회 활동에 대한 보고서도 요구하고 있다. 오늘날 러시아 정교회의 호전적 신부 중에는 개신교의 친구도 있었는데, 1990년에 정체불명의 살인자에 의해 피살되었다. 그가 바로 알렉산드르 신부이다.

대부분의 정교회 신자들은 교회 통합을 강조하며 에큐메니칼이라는 부분을 부정하고 있다고 말한다. 모든 이단들과 마찬가지로 에큐메니칼 운동도 거짓말을 한다. 그 대표적인 것이 요한, 상트페테르부르크에 있는 대주교이다.

정교회의 입장에서 원칙적으로 중요한 것은 정교회에 소속성이 없는 자는 구원이 없다고 말한다. 그리고 정교회 사상은 교회의 개혁과 칭의를 인정하지 않는다.

오늘날 정교회의 평판에 대해서 이렇게 답한다. 그 질문은 1990년 초 복음주의 교회의 교리가 러시아에 들어왔다. 그들은 누구인가? 어떻게 들어왔는가? 그 대답은 1990년 후로 들어온 복음주의 교회의 활동을 위해 들어온 사람들은 한마디로 이단들이라고 말한다. 그들 모두는 16세기부터 발생한 프로테스탄티노플과도 같다.

개신교들은 이콘을 부정하고 성경만 인정한다. 지금 수 천 명의 신자들이 어디가 기독교인지 모르고 이단에 빠지고 있다고 말한다. 러시아에서는 이단들이 성경을 인용해서 접근하고 있다. 정교회 신자들은 성경을 읽지 않아서 이단이 무엇인지 잘 모른다. 그렇다면 침례교 신자들은 누구인가? 신부가 말하길 결론적으로 침례교도들은 하나님이 보낸 사람이 아니라고 말한다. 이단은 사도교회인 정교회의 교리를 배척하고 성령을 훼방하고 있는 단체라고 한다. 이는 정교회에 대한 영원한 죄이다. 이와 같은 논리로 정교회의 대표자는 공식적인 발표를 통하여 복음주의 교회(개신교)와 적대적인 관계를 형성하고 있다.

때로는 정교회와 정부는 러시아의 여러 지방에서 개신교에 대항해서 불량배를 동원하여 선교하는 것을 막기도 한다. 한 가지 예를 들면 러시아의 작은 도시의 개신교 신자는 시장의 압력 때문에 직장을 사직한 일도 있다. 막심 목사가 섬기는 교회도 정교회 신부의 요청에 따라 교회가 건물에서 쫓겨나는 일을 경험하고 있는데 이러한 일은 자주 있는 일이다. 그뿐 아니라 개신교회가 종종 전도하는 일들이 중단되기도 하고, 기도할 때 교회가 방화되는 일도 일어나 물질적 손실이 종종 일어난다. 최근 정부가 복음주의 신자들을 위협하고 폭행하는 일들이 자주 일어나고 있다. 여기에 러시아 정교회 성직자가 관련된 것으로 보기도 한다.

이제 러시아 정부의 매스미디어와 정교회의 관계를 말씀드려야 할 때인 것 같다. 매스미디어에서는 개신교를 어떻게 보는가? 매스미디어에서는 정교회 성직자들이 매우 중요한 역할을 하고 있다. 대중잡지에 발표한 것을 보면 개신교회는 신자의 공동체가 아니라고 선언하기도 한다. 러시아 총 대주교는 다음과 같이 말한다. "교회는 국민의 동반자가 아니다. 잘 들어 봐라. 러시아 사람이면 넌 정교회 사람이다. 네가 정교회 신자가 아니면 넌 러시아 사람이 아니다"라고 말한다. 그러면서 그는 "성스러운 정교회가 국민이며 러시아의 광명이다"라고 말한다. 이 총대주교가 이렇게 개신교회를 향해 말하는 것은 그가 바로 러시아 사람이기 때문이다. 러시아의 신문 기자들은 푸틴 대통령을 정교회 황제 니잘라이와 비교하면서 신부를 참배한 것에 대해 "국민과 교회의 통합을 의미한다"라고 말한다. 이는 교회와 국민과 권력의 통합을 의미한다. 이로 인해 교회 성직자와 관료와의 만남의 뉴스가 신문과 방송에 계속적으로 보도되고 있다. 이러한 상황을 국민들은 대부분 국가와의 관계라고 말하고 있다.

러시아 총대주교가 알렉세이다. 그는 러시아 정부 권력자 가운데 2위에 위치할 정도다. 그러한 그를 향해 푸틴 대통령은 "정교회 없이 러시아가 없고 러시아 없이 정교회는 없다"고 말한다. 이와 같은 권력자의 발언은 러시아 정교회에 힘을 실어주고 있다. 그들은 이렇게 말한다. "오늘날 러시아 정교회 이외는 영적인 힘이 없다. 그래서 우리는 정교회를 지지할 것이다" 그래서 정부와 매스미디어는 사회에 확산되고 있는 개신교회를 향해 이단으로 간주하고 있다. 이들의 활동을 방어할 목적으로 이단 영상물을 제작하기도 했다.

러시아의 언론 기관에서 종사하는 많은 기자들이 개신교 신자들, 교회의 재정과 서류 압류를 통해 개신교회는 비도덕적이라고 설명하고 있다. 교회 자금에 대해서도 정교회는 문제되지 않지만 개신교회가 사용하거나 헌금할 때는 비도덕적 범죄로 규정하고 있다.

교회의 구제 활동에 대해서도 정교회는 자선활동, 기독교는 타종교의 슬픔을 악용한 것이라고 설명한다. 그래서 러시아에서는 모든 것이 좋아 보이지는 않지만 개신교회는 불쌍하다.

사랑하는 형제자매 여러분, 러시아의 사역이 얼마나 어려운가를 감지했을 것이다. 사실 자갈밭에서 일하는 것에 낙심하지 말고 러시아가 깨어나 부흥하기를 기대해 주기 바란다.

사랑하는 형제 여러분, 러시아의 사역을 위한 동역자가 되길 바란다. 사도바울의 말처럼 "주의 일에 힘쓰도록 기도"해 주시기 바란다. 아울러 러시아 정교회를 위해 개혁자가 생겨나기를 희망하면서 기도를 요청한다.

그리고 우리 개혁주의 교회는 아직도 성서교육, 신학교육이 필요하다. 정상적으로 교육받은 사람들이 정교회 사람들에게 반론자가 될 수 있다. 우리는 러시아 정교회가 서적과 교육, 라디오 대담을 통해 비난하는 것에 대한 대안을 가지고 있어야 한다. 즉 개신교에 대한 잘못된 정보를 바로잡기 위해 개혁주의 성향을 가진 사람들과 협력하여 반론할 생각을 가지고 있다. 이를 위해 많은 기도와 협력이 필요하다.

여러분, 러시아에 한국 선교사를 보내주심에 감사드린다. 또한 우리의 마음을 열어주시고 한국을 방문하게 해주심에 감사드린다. 금번 한국 방문을 통해서 한국의 부흥과 성장이 있다는 것을 이해하고 러시아 복음화에 적극적으로 적용할 것이다.

제가 알기로는 과거에는 한국이 불교국가였기에 기독교가 많은 어려움이 있었음을 알고 있다. 어떤 면에서 러시아 정교회와 비슷한 역할을 하고 있는 상황이다.

우리가 생각할 때 한국 교회가 영적인 축복을 우리와 나눌 수 있겠다는 생각을 갖고 있다. 이를 위해 러시아의 신학교를 위해 교수님과 목사님들이 방문하셔서 영적인 진리를 나누었으면 한다. 이는 매우 유익한 것이라고 생각한다. 우리는 여러분의 영적인 경험을 적용할 것이며 사용할 것이다. 경청해주신 여러분께 감사드리고, 한국을 축복해주실 것을 기원한다.

교회가 없는 곳에 어떻게 개척해야 할 것인가?

○○○ 목사

1. ○○○ 목사 소개

○○○ 목사는 한국 선교사를 통해 예수님을 믿었다. 하나님께 감사드린다. 제가 외국 선교사들과 동역하는 일을 감사한다. 여러분이 미르선교회 단체(러시아·한국 협력)를 알고 있는가?

이 미르선교회가 선교사로 저를 파송하여 현재 부이지역에서 사역하고 있다. 제가 사역하고 있는 도시는 목사 1명, 성도 12명이 전부다. 제가 이곳을 선택하여 사역하게 된 것은 하나님께서 사역의 마음을 주셨기 때문이다. 제가 살고 있는 도시인구는 3만 명이다.

2. 교회 개척에 관하여

우리가 부이 지역에서 교회를 시작하면서 예배 장소를 구하는 문제로 많은 어려움이 있었다. 임대 주인들이 정교회와 관계로 자신이 어려움을 겪게 될까봐 쉽게 임대하지 않는다.   지금 러시아의 총대주교는 알렉세이 2세이다. 그는 매우 높은 위치에 있기에 대적하려는 사람이 아무도 없다.

제가 생각할 때에 러시아에서 예배할 장소가 없으면 복음전하기가 매우 어렵다. 조그만 공간 즉 아파트를 빌려서 성경공부만 할 정도이다. 2007년 4월에 교회 개척을 시작했고 현재는 12명이 공부를 하고 있다.

제가 살고 있는 곳에서 20키로 떨어진 갈리트 지역에는 2만 명의 인구가 있는데 교회는 하나도 없다. 거기에서 일하는 사람들은 다른 사역자들과 교제하며 일할 사람을 필요로 하고 있는데 참 어렵다. 우리 목사들이 신앙고백이 다르기 때문에 동일한 신앙고백을 하는 사람을 만나는 것이 어렵다. 그 대표적인 것은 제가 정기적으로 만나는 목사는 오순절 목사이고 개혁주의 성향을 가진 목사는 없다. 그러나 그와 교제할 때 어려움이 없어서 하나님께 감사한다.

소련이 무너진 후에는 많은 사람들이 교회로 몰려왔고 지금은 10명이나 된다. 그러나 지금은 세속 주의적 영향이 매우 크다. 그러기에 러시아에서는 거룩한 교회가 필요하다. 세상의 영향과 알코올 중독자들이 많다. 그래서 러시아에서 중요한 것은 첫째, 삶을 통해서 모범을 보여주는 것이 필요하다. 이것이 교회 개척의 최우선 순위이다.

둘째, 선교회의 사역에 대해 생각해 볼 때 러시아는 많은 사람들이 살지만 교회가 없는 곳에 집중해야 한다. 지금 러시아에는 개신교 신자가 매우 적다. 개신교의 성도가 되면 이단시 되는 두려움으로 인해 쉽게 개종하지 않는다.

그동안 공산주의 70여 년 동안 무신론 교육을 받은 것도 영향이 있다. 그렇지만 지금은 많은 러시아 사람들이 정부에 대해 불만을 가지고 있다. 지금이 많은 사람들에게 복음을 전할 때이지만 복음에 대해 이야기하면 오히려 불만을 이야기한다. 이러한 어려움과 불만들은 하나님 앞으로 인도하는데 좋은 영향을 미칠 수 있다.

지금, 러시아의 많은 지역에서 나타나는 현상이 알코올과 마약 중독이다. 그래서 실제적으로 전도하고 교회를 세우는데 있어서 힘을 모아서 교회를 재건하는 것이 필요하다. 러시아 내에서 개신교파간에 서로 다른 신앙고백이 있지만 협력이 필요하다. 나는 부이에서 예배 장소를 얻으려고 하지만 많은 어려움이 있다. 이점을 기억하고 기도해 주었으면 한다.

셋째, 필요한 것은 신앙교육을 받아야 하는데 개혁주의 신앙을 공부해야 한다. 러시아 사람들 대부분이 성경을 모르고 있다. 러시아에서는 성경공부가 필수적이다. 러시아 사람들은 정교회에 가서 초를 꽂는 것이면 다 되는 것으로 인식하고 있다.

넷째, 러시아에는 기도하는 삶이 없다. 새벽기도를 하는 교회가 매우 적다. 정말 보기 힘들 정도이다. 그래서 이곳(한국)에 와서 많은 것을 보고 깨닫고 있다. 우리가 영적인 일들을 나누는 것은 유익한 일이다. 기도를 통해 서로를 중보하고 러시아를 위해 기도해 주실 것을 부탁한다.

다섯째, 그리고 성경번역의 현대화가 필요하다. 물론 성경번역은 수일 내에 할 수 없지만 중요한 일이다. 지금 사용하고 있는 개신교회 성경들은 대부분 1870년에 번역된 성경이다. 그때 당시 종교에 모임이 없었기 때문에 피터 대제가 시너지를 형성하여 번역한 성경이다. 그래서 많은 사람들은 생각하기를 이는 정치적 의도가 있으며, 정교회의 사상이 첨가된 번역 성경이라고 말한다. 그래서 러시아의 성경 번역을 위해 기도를 부탁한다. 이렇게 한국을 방문하고 방문해 주시는 것이 러시아 교회에 좋은 영향을 미칠 것이라 생각한다. 제가 기차를 타고 오는데 어떤 대학원 여학생을 만났는데 그는 사회학을 전공한다고 말해 주었다. 나는 그에게 물어 보았다. 왜? 프로테스탄트 국가들이 잘 살고 있는가? 그 학생의 대답은 매우 간략했다. 첫째, 여러 가지 많은 이유가 있겠지만, 기독교

국가는 술을 많이 마시지 않는다. 둘째는 예의가 있고. 일이 잘되는 것이 하나님의 축복이라고 생각한다. 이러한 복을 받은 나라가 핀란드와 한국이 해당된다. 그런 점에서 이 두 나라는 러시아 교회의 본보기가 된다.

다섯째, 지금 개인적으로 필요한 것은 교회 개척을 위해 성령의 능력이 필요하다는 것이다. 사람들이 보는 것은 살아있는 사람을 보기 때문이다. 그래서 러시아 속담에는 '사람들은 말을 듣지 않는다' 고 말한다. 다만 '본다고' 말한다. 믿느냐가 아니라 보고 믿게 된다는 것이다.

내가 지금 러시아 정교회에 대해 말씀드리고 싶은 것이 있다면 개혁되어야 한다는 것이다. 그러한 움직임이 서서히 일어나고 있다.

한 가지 아쉬운 점은 처음으로 정교회가 러시아에 들어올 때처럼 현재는 푸틴을 바라보면서 더 많은 생각과 소망을 갖고 있다. 몇 년 전 푸틴 대통령이 미국에서 동방정교회 대표와 만났다. 그 후 러시아에서도 동방정교회 대표가 만났다. 이는 획기적인 일이다.

역사적으로 17세기에 정교회와 분리되었는데 요즘에는 하나가 되려는 움직임이 있다. 과거보다 마음을 열고 하나가 되려는 노력을 하고 있다. 요한 바오로 2세가 어딜 가려고 하면 환영했지만 러시아는 오지 말라고 했다. 그러나 이제는 동방정교회의 정치적인 영향으로 인해 알렉스 총대주교는 로마교황이 러시아를 방문할 수 있다고 말한다. 결론은 이 정교회가 정교회끼리 그리고 가톨릭과 연합을 시도하려는 상황을 보면 개신교는 이단이라는 분위기가 조성되고 있다는 것이다. 개신교회와의 교제도 바라지만 실제는 어려운 현실일 뿐이다.

최근 러시아 국회에서는 정교회의 교회 건물들을 다른 목적으로 사용했던 것을 다시 정교회로 돌려주자는 운동이 일어나고 있다. 즉 러시아 정교회 복귀 운동이 일고 있다. 이러한 때 우리는 우리가 할 수 있는 모든

자원을 동원해서 러시아 복음화를 위해 애써야 한다. 여기에 한국교회의
교류가 러시아 선교회에 많은 도움이 될 것이다.